A era dos muros

Tim Marshall

A era dos muros

Por que vivemos em um mundo dividido

Tradução:
Maria Luiza X. de A. Borges

Copyright © 2018 by Tim Marshall

Grafia atualizada segundo o Acordo Ortográfico da Língua Portuguesa de 1990, que entrou em vigor no Brasil em 2009.

Título original
Divided: Why We're Living in an Age of Walls

Capa
Celso Longo + Daniel Trench

Preparação
Juliana Romeiro

Índice remissivo
Probo Poletti

Revisão
Carmen T. S. Costa
Adriana Moreira Pedro

Dados Internacionais de Catalogação na Publicação (CIP)
(Câmara Brasileira do Livro, SP, Brasil)

Marshall, Tim, 1959-
    A era dos muros : Por que vivemos em um mundo dividido /
Tim Marshall ; tradução Maria Luiza X. de A. Borges. — 1ª ed. —
Rio de Janeiro : Zahar, 2021.

    Título original: Divided : Why We're Living in an Age of Walls.
    Bibliografia.
    ISBN 978-85-378-1915-9

    1. Divisão (Filosofia) 2. Identidade política 3. Isolacionismo
4. Nacionalismo 5. Política mundial – Século 21 I. Título.

21-57090   CDD: 320

Índice para catálogo sistemático:
1. Política mundial : Ciências políticas 320

Cibele Maria Dias — Bibliotecária — CRB-8/9427

[2021]
Todos os direitos desta edição reservados à
EDITORA SCHWARCZ S.A.
Praça Floriano, 19, sala 3001 — Cinelândia
20031-050 — Rio de Janeiro — RJ
Telefone: (21) 3993-7510
www.companhiadasletras.com.br
www.blogdacompanhia.com.br
facebook.com/editorazahar
instagram.com/editorazahar
twitter.com/editorazahar

Para minha mãe, Margaret McDonald,
que dedicou a vida a construir pontes

Sumário

Introdução 9

1. O Grande Firewall: China 19

2. Construam o muro!: Estados Unidos 55

3. Os fatos no terreno: Israel e Palestina 97

4. Linhas na areia: Oriente Médio 131

5. Um ímã para migrantes: Subcontinente indiano 161

6. Estado das nações: África 201

7. União cada vez mais estreita?: Europa 235

8. Os lamentos dos britânicos: Reino Unido 279

Conclusão: Espaços intermediários 315

Agradecimentos 331
Bibliografia 333
Créditos da imagens 339
Índice remissivo 341

Introdução

O MURO NA FRONTEIRA DE ISRAEL com a Cisjordânia está entre os mais intimidadores e hostis do mundo. Visto de perto, não importa de que lado estejamos, ele se ergue do chão, avassalador e dominante. Diante dessa vastidão inexpressiva de aço e concreto, você se sente diminuído não apenas pelo seu tamanho, mas pelo que ela representa. Você está num lado; "eles" estão no outro.

Trinta anos atrás, um muro veio abaixo, marcando o início do que parecia ser uma nova era de abertura e internacionalismo. Em 1987, o presidente Ronald Reagan foi ao Portão de Brandemburgo, na Berlim dividida, e desafiou seu homólogo na União Soviética: "Sr. Gorbachev, derrube este muro!". Dois anos depois, o muro caiu. Berlim, a Alemanha e, por fim, a Europa estavam unidos de novo. Naqueles tempos emocionantes, alguns intelectuais previram um fim da história. A história, entretanto, não termina.

Nos últimos anos, o apelo "Derrube este muro!" tem perdido para a "mentalidade de fortaleza". Ele luta para ser ouvido, incapaz de competir com os assustadores picos de migração em massa, a reação violenta contra a globalização, a ressurgência do nacionalismo, o colapso do comunismo e os ataques do Onze de Setembro e suas consequências. Essas são as divergências que moldarão nosso mundo nos próximos anos.

Fala-se muito sobre o muro israelense, o muro na fronteira dos Estados Unidos com o México e outros na Europa, mas o que muita gente não compreende é que estamos construindo muros em fronteiras por toda parte. É um fenômeno mundial, no qual o cimento foi misturado e o concreto assentado sem que a maioria de nós sequer notasse. Milhares de quilômetros de muros e cercas foram erguidos no século XXI. Pelo menos 65 países, mais de um terço dos Estados-nações do planeta, construíram barreiras ao longo de seus limites; metade das que foram erigidas desde a Segunda Guerra Mundial surgiram entre 2000 e agora.

Dentro de alguns anos, é possível que, só na Europa, haja mais quilômetros de muros, cercas e barreiras do que havia no auge da Guerra Fria. Eles começaram separando a Grécia e a Macedônia, a Macedônia e a Sérvia e a Sérvia e a Hungria, e, à medida que ficávamos menos chocados a cada trecho de arame farpado que surgia, outros seguiram o exemplo — a Eslovênia começou a construir na fronteira croata, os austríacos ergueram cercas na divisa com a Eslovênia, a Suécia construiu barreiras para impedir que imigrantes ilegais cruzassem a partir da Dinamarca, e a Estônia, a Letônia e a Lituânia iniciaram fortificações defensivas em suas fronteiras com a Rússia.

Mas a Europa não está sozinha: os Emirados Árabes Unidos construíram uma cerca ao longo da fronteira com Omã, e o Kuwait fez o mesmo com o Iraque. O Iraque e o Irã mantêm uma divisão física, assim como o Irã e o Paquistão — nada menos que setecentos quilômetros de separação. Na Ásia Central, o Uzbequistão, apesar de não ter ligação com o mar, fechou-se para os seus cinco vizinhos, Afeganistão, Tadjiquistão, Cazaquistão, Turcomenistão e Quirguistão. A fronteira com

Introdução

o Tadjiquistão é minada, inclusive. E a história continua, com as barreiras que separam Brunei e Malásia, Malásia e Tailândia, Paquistão e Índia, Índia e Bangladesh, China e Coreia do Norte, Coreia do Norte e Coreia do Sul e assim por diante, em todo o mundo.

Esses muros nos revelam muita coisa sobre política internacional, mas as ansiedades que eles representam transcendem as fronteiras dos Estados-nações em que se encontram. O principal objetivo dos muros que estão surgindo por toda a Europa é deter a onda de migrantes — mas eles também são evidência de divergências mais amplas e instabilidade na própria estrutura da União Europeia (ue) e dentro de suas nações-membros. O muro proposto por Donald Trump ao longo da fronteira dos Estados Unidos com o México se destinava a estancar o fluxo de migrantes vindos do sul, mas também tirava proveito de um temor maior que muitos de seus defensores sentem de mudanças demográficas.

A divisão molda a política em todos os níveis — pessoal, local, nacional e internacional. Toda história tem dois lados, e assim também todos os muros. É essencial estar ciente do que nos separou — e do que continua a nos separar — para compreender o que está acontecendo no mundo hoje.

Pense no início da obra-prima de ficção científica de Stanley Kubrick, de 1968, *2001: Uma odisseia no espaço*, na sequência intitulada "A aurora do homem". Na savana africana, em tempos pré-históricos, uma pequena tribo de proto-humanos/símios está bebendo pacificamente num poço, quando outra tribo aparece. Os indivíduos não se importam de compartilhar a água com os membros do próprio grupo, mas não aceitam dividi-la com essa "outra" tribo nova. Segue-se uma disputa histérica, em que o novo grupo consegue controlar o poço, forçando os outros a baterem em retirada. Nesse ponto, se os recém-chegados tivessem o espírito prático de fazer alguns tijolos e misturar um pouco de cimento, poderiam ter murado sua nova propriedade e a protegido. Mas, uma vez que isso se passa alguns milhões de anos atrás, eles precisam lutar de novo quando a primeira tribo, mais bem preparada para a guerra, retorna alguns dias depois para recuperar o território.

Sempre gostamos do nosso espaço. Agrupar-se em tribos, temer a presença de um grande número de forasteiros e reagir ao que entendemos como uma possível ameaça são atitudes muito humanas. Formamos laços importantes para a sobrevivência, mas também para a coesão social. Desenvolvemos uma identidade de grupo, e isso frequentemente leva a conflitos com os outros. Nossos grupos competem por recursos, mas há também um elemento de conflito de identidade — uma narrativa do "nós contra eles".

Nos primórdios da história da humanidade, éramos caçadores-coletores: não tínhamos nos assentado nem adquirido recursos fixos permanentes que outros pudessem cobiçar. Depois, em partes do que hoje chamamos de Turquia e no Oriente Médio, os seres humanos começaram a cultivar a terra. Em vez de vagarem por um vasto território para procurar comida, ou pastorear o gado, eles lavravam os campos e esperavam pelos resultados. De repente (no contexto da evolução), mais e mais pessoas precisaram construir barreiras: paredes e telhados para se abrigar e conter os rebanhos, cercas para demarcar o território, fortalezas onde se refugiar caso o território fosse invadido

Introdução 13

e guardas para proteger o novo sistema. Esses muros eram funcionais — e com frequência eficazes.

A era dos muros acabara de se instaurar, e essas grandes fortificações nos fascinam até hoje. Ainda contamos histórias sobre as muralhas de Troia, de Jericó, da Babilônia, de Constantinopla, a Grande Muralha da China, o Grande Zimbábue, a Muralha de Adriano, as muralhas incas no Peru e muitas outras. Elas atravessaram épocas, religiões e culturas até o presente — mas agora são eletrificadas, iluminadas com holofotes e vigiadas com câmeras de segurança.

No entanto, essas divisões físicas são um espelho das que existem na mente — as grandes ideias que guiaram nossas civilizações e nos deram identidade e senso de pertencimento, como o Grande Cisma do Cristianismo, a divisão do islã em sunita e xiita, e, na história mais recente, as batalhas entre comunismo, fascismo e democracia.

O título do livro de Thomas Friedman, de 2005, *O mundo é plano*, baseava-se na crença de que a globalização iria inevitavelmente nos aproximar mais. Ela aumentou o comércio internacional: basta clicar um botão e alguém em Xangai embrulha uma coisa e manda para você — mas isso não significa necessariamente unidade. A globalização também nos incentivou a construir barreiras, sobretudo depois da crise financeira de 2008, quando o dinheiro acabou. Diante do que entendem como ameaças adicionais — terrorismo, conflitos violentos, refugiados, imigração, a crescente disparidade entre ricos e pobres —, as pessoas se fecham mais estreitamente em seus grupos.

A nova era de divisão em que nos encontramos é refletida e exacerbada por desenvolvimentos no mundo digital. O cofundador do Facebook, Mark Zuckerberg, acreditava que as redes sociais iriam nos unir. Mais tarde ele admitiu que estava enganado. Em alguns aspectos as redes nos aproximaram, mas simultaneamente deram voz e capacidade organizacional a novas tribos cibernéticas, algumas das quais passam o tempo vomitando invectivas e desavenças pela World Wide Web. Parece haver hoje tantas tribos e tantos conflitos entre elas como sempre houve. A questão que enfrentamos é: que forma nossas tribos modernas assumem? Nós nos definimos por raça, religião, nacionalidade? E é possível essas tribos coexistirem?

Tudo se reduz a esse conceito de "nós contra eles" e aos muros que construímos em nossas mentes. Às vezes o "outro" tem uma língua ou cor de pele diferentes, uma religião ou outro conjunto de crenças. Um exemplo disso ocorreu recentemente durante uma aula que ministrei em Londres, para um grupo de trinta destacados jovens jornalistas do mundo todo. Eu havia mencionado a guerra Irã-Iraque, em que nada menos que 1 milhão de pessoas morreram, e tinha usado a frase possivelmente inábil "muçulmanos matando muçulmanos". Um jovem egípcio pulou da cadeira e gritou que não podia permitir que eu dissesse aquilo. Mostrei as estatísticas daquela guerra terrível, e ele respondeu: "Sim, mas os iranianos não são muçulmanos".

A ficha caiu. A maioria dos iranianos é xiita, por isso perguntei: "Você está dizendo que xiitas não são muçulmanos?".

"Estou", respondeu ele. "Xiitas não são muçulmanos."

Essas cisões não se reduzem a competir por recursos, mas sim a uma reivindicação de que o que você pensa é a única verdade, e que os que têm ideias diferentes são pessoas inferiores. Com tal certeza de superioridade, os muros se erguem depressa. Se você adiciona competição por recursos, eles ficam mais altos. Parece que este é o ponto em que estamos agora.

Introdução 15

Sob muitos aspectos, o mundo está melhor do que nunca. Nas últimas décadas, centenas de milhões de pessoas saíram da pobreza extrema; os índices de malária estão declinando; a poliomielite foi quase erradicada; a mortalidade infantil está diminuindo. Você preferiria viver no século XVI ou no XXI? Apesar de todo o seu poder e riqueza, a rainha Elizabeth I sofreu muito mais com intensas dores de dente do que a maioria das pessoas que vivem hoje no Ocidente jamais sofrerá. Mas estamos pondo grande parte desse progresso em risco. A era do pós-Segunda Guerra Mundial, que culminou na queda do Muro de Berlim, deu lugar a uma nova fase, na qual o centro do espectro político sofre cada vez mais pressão, enquanto os extremos se fortalecem. Não estamos necessariamente regredindo, mas, se quisermos avançar rumo à unidade, precisamos compreender, admitir — e em alguns casos até aceitar — as divisões que existem.

Para o objetivo deste livro, uso muros como sinônimo de barreiras, cercas e cisões em toda a sua variedade. Em cada capítulo, trato de muros físicos de fato, a maior parte dos quais envolve tijolo e argamassa, ou concreto e arame, mas esses muros são o "o quê" da divisão, não o "porquê" — e são apenas o começo da história.

Não fui capaz de cobrir todas as regiões divididas. Em vez disso, concentrei-me nas que melhor ilustram os desafios de construção de uma identidade num mundo globalizado: os efeitos da migração (Estados Unidos, Europa, o subcontinente indiano); o nacionalismo como uma força tanto de unidade quanto de divisão (China, Reino Unido, África); e as interseções de religião e política (Israel, Oriente Médio).

Na China, vemos um Estado-nação forte com várias divisões dentro de suas fronteiras — tais como inquietação regional e disparidade na distribuição de riqueza — que representam um risco à unidade nacional, ameaçando o progresso e o poder econômicos; o governo, portanto, deve exercer controle sobre o povo chinês. Os Estados Unidos também estão divididos por diferentes razões: a era Trump exacerbou as relações raciais na Terra dos Livres, mas também revelou uma divisão até aqui incomparável entre republicanos e democratas, que se antagonizam mais do que nunca.

As divisões entre Israel e a Palestina estão bem estabelecidas, mas com tantas outras subdivisões dentro de cada população é quase impossível chegar a uma solução. Divisões religiosas e étnicas também desencadeiam violência em todo o Oriente Médio, destacando-se a luta fundamental entre muçulmanos xiitas e sunitas — cada incidente é o resultado de fatores complexos, mas grande parte deles se deve à religião, em especial à rivalidade regional entre Arábia Saudita e Irã. No subcontinente indiano, os movimentos populacionais, hoje e nos próximos anos, evidenciam o sofrimento dos que fogem de perseguição religiosa e dos muitos refugiados econômicos e climáticos.

Na África, está se provando difícil conciliar as fronteiras deixadas para trás pelo colonialismo com identidades tribais que continuam fortes. Em toda a Europa, o próprio conceito da União Europeia está sob ameaça, à medida que os muros voltam a ser levantados, provando que as diferenças dos anos da Guerra Fria não foram inteiramente resolvidas e que o nacionalismo nunca desapareceu de fato na era do internacionalismo. E, com a saída do Reino Unido da União Europeia, o Brexit deixa transparecer divisões em todo o reino — identidades regionais há muito estabelecidas, bem como

Introdução 17

as tensões sociais e religiosas mais recentes que se formaram na era da globalização.

Num tempo de medo e instabilidade, as pessoas continuarão a se agrupar para se proteger do que entendem como ameaça. Essas ameaças não vêm só das fronteiras. Elas podem também vir de dentro — como a China bem sabe...

CAPÍTULO 1

O Grande Firewall
China

Como o mundo real, o ciberespaço precisa
tanto de liberdade quanto de ordem.
PRESIDENTE XI JINPING

Páginas anteriores: A Grande Muralha da China tem mais de 21 mil quilômetros, estendendo-se aproximadamente ao longo da fronteira entre a China Central e a Mongólia Interior.

Os imperadores chineses sempre se esforçaram para unir seus feudos díspares e divididos num todo unitário. O presidente Xi Jinping não é diferente. Ele pode não ser um imperador, mas seus títulos oficiais entregam o jogo — secretário-geral do Partido Comunista Chinês, presidente da República Popular da China, presidente da Comissão Central para o Desenvolvimento Militar e Civil Integrado — a lista é interminável. Ele não é só um Líder Supremo, é um Líder Muito Supremo.

Tudo a respeito das coisas que ele lidera é vasto, inclusive os desafios. Os cinco fusos horários geográficos da China correspondem a uma área do tamanho dos Estados Unidos. Dentro desse espaço vivem 1,4 bilhão de pessoas etnicamente diversas, falando dezenas de línguas diferentes; é um império multiétnico com características comunistas chinesas. Pode haver cinco fusos horários geográficos, mas só um é oficial. A resposta à pergunta "Que horas são?" é "A hora que Beijing disser que é". Essa regra central está em vigor há muito tempo, mas o imperador do século XXI tem um luxo de que poucos de seus predecessores gozaram. Ele pode inspecionar seu império do ar — não apenas a área abrangida pelos Himalaias até o mar do Japão, e do deserto de Gobi até o mar da China meridional, mas agora o império econômico que abarca o globo.

Xi sabe projetar seu poder. Ele viaja mais do que muitos de seus predecessores. Visita as capitais do mundo, confiante no poder econômico unido da nova China, mas, a caminho do aeroporto, ele é lembrado do quão cuidadosos os líderes chineses devem sempre ser para assegurar que a autoridade central se mantenha firme. Para tanto, eles se tornaram mestres em promover silenciosamente a unidade por meio da divisão.

Quando se sai de Beijing pela Via Expressa do Aeroporto, em direção à Grande Muralha da China, a princípio é difícil para alguém de fora identificar as divisões dentro da população, mas logo elas ficam cada vez mais claras. Xi pode vê-las de imediato, porque muitas surgiram ao longo de sua vida, algumas sob sua liderança.

Partindo do centro da cidade, com seus templos ao consumismo reluzentes com letreiros de neon e seus prédios residenciais de luxo para a classe alta, a estrada segue por quilômetros de espigões de apartamentos habitados pela crescente classe média. Mais adiante estão os trabalhadores fabris e industriais que, ano após ano, continuam a afluir da zona rural para a capital e outras cidades grandes. Um morador local pode identificar quais prédios abrigam os ricos e quais foram construídos às pressas para fazer frente ao influxo. Uma vez que se chega às cidades pequenas e aldeias, há pouco neon e menos comércio. Nessa parte da China, as cidades são sem graça, sem cor, aglomerações espartanas com poucos confortos; para o olhar estrangeiro, há somente uma esmagadora impressão de cinza. Essa é talvez a maior divisão da China — a que existe entre o espaço urbano e o rural, os ricos e os pobres —, e, como veremos mais tarde, ela preocupa o Partido Comunista no poder. Ele sabe que a unidade e a estabilidade da República Popular

O Grande Firewall: China 25

dependem em grande medida da redução dessa disparidade, e que sua mão de ferro sobre o povo vai perder a força se não conseguir alcançá-la.

A unidade sempre foi decisiva para o sucesso da China, e ao mesmo tempo é um de seus maiores desafios. No passado, a única coisa a desempenhar um papel ao mesmo tempo físico e simbólico na unificação do país era a Grande Muralha. Se continuasse pela Via Expressa para além do aeroporto, Xi acabaria numa rodovia de oito pistas que avança em direção ao nordeste, e, por fim, chegaria a uma estrutura que arrebatou a imaginação do mundo.

Quando você se aproxima da seção Mutianyu da Grande Muralha, a rodovia se reduz a uma simples estrada de duas pistas, os prédios escasseiam e a paisagem se torna cada vez mais verdejante. A alguns quilômetros da muralha, há um estacionamento, onde você deve pegar um ônibus que o levará ao ponto em que a estrada termina. Depois, ou você pega um teleférico ou embarca numa íngreme caminhada de mais de três quilômetros, possivelmente acompanhado por um rebanho de cabras. A companhia das cabras não é opcional — se elas quiserem segui-lo, irão, se não quiserem, não irão. Seja qual for o caminho que escolher, você por fim verá algo que faz todo o esforço valer a pena.

Quando olhei pela primeira vez para os quilômetros de alvenaria estendendo-se sinuosamente ao longo dos topos das montanhas, não fiquei tão impressionado quanto tinha ficado, digamos, no Grand Canyon. Nem me senti pequeno, como diante do edifício mais alto do mundo, o Burj Khalifa, em Dubai. Não senti ideologia política emanando dela, como quando visitei o Muro de Berlim no auge da Guerra Fria. Mas havia alguma outra coisa. Senti, certa ou erradamente, que compreendia a China apenas um pouquinho melhor do que antes.

A experiência não me transformou em nenhum tipo de especialista — longe disso —, mas naquele momento tive uma apreciação muito melhor de expressões como "cultura antiga" e "o maior feito da história humana" e da noção de que muitos na República Popular ainda dividem o mundo entre os que são chineses e os que não são. Afinal, a muralha foi construída em torno de uma ideia simplista: de um lado dela estava a civilização e do outro a barbárie.

Atrás de mim, ao sul, estava o coração do Reino do Meio, habitado pelo povo han. Ao norte, muito ao longe, além das montanhas, ficava o ponto onde começam a estepe e o deserto da Mongólia, flanqueados à direita pela Manchúria e à esquerda pela região de Xinjiang.

Antes da construção da muralha, há cerca de 2500 anos, as montanhas setentrionais ofereciam alguma proteção aos han, que tinham desenvolvido sociedades estabelecidas nas terras férteis da planície do Norte da China. Mas grupos invasores e, ocasionalmente, exércitos inteiros de todas as três regiões sempre encontravam maneiras de atravessar os desfiladeiros da montanha e chegar às terras agrícolas planas dos Estados feudais e cidades como Beijing, Luoyang e Kaifeng. E assim, ao longo dos séculos, os chineses desenvolveriam o símbolo quintessencial e definitivo do "nós contra eles".

O grande sinólogo americano John King Fairbank fez talvez uma das melhores descrições da Grande Muralha, ao chamá-la de "linha de demarcação que separa a estepe do campo semeado, o nomadismo da agricultura e o barbarismo da civilização". E isso condiz com a atitude de "sinocentrismo" do-

O Grande Firewall: China

minante na época — a crença de que a China era o centro cultural da Terra e a civilização mais avançada. Os han também acreditavam que o imperador da China era o único soberano na Terra que recebia seu mandato do próprio céu, e, por conseguinte, o legítimo imperador do mundo. Seguia-se, portanto, que não só todos os outros soberanos lhe eram subordinados, mas que todas as outras civilizações eram inferiores. Vizinhos próximos de diferentes etnicidades deveriam ser postos sob o domínio do imperador, embora fosse permitido que tivessem seus próprios líderes locais. Estados bárbaros adjacentes podiam ter reis, mas tinham de reconhecer que eles eram inferiores ao imperador chinês. E até lugares mais distantes, como Xinjiang, Java e o Japão, eram considerados "Estados tributários" e eram obrigados a pagar tributo ao Reino do Meio. Essa não era uma visão de mundo destinada a ganhar amigos, mas certamente influenciava as pessoas e funcionou por um extenso período.

Ao longo dos séculos, a Grande Muralha aumentou a segurança da China, cingindo-a como uma entidade política e proporcionando estabilidade para o desenvolvimento de terras de cultivo nas regiões oeste e norte. À medida que se estendeu rumo ao oeste, a muralha também protegeu parte da Rota da Seda, promovendo assim crescimento econômico. Na sua maior extensão, e incluindo as muralhas paralelas, o sistema defensivo cobriu mais de 21 mil quilômetros. Para dar uma ideia de sua magnitude, isso equivale a quatro muralhas paralelas, todas se estendendo desde a costa leste dos Estados Unidos até o oceano Pacífico, com muito tijolo de sobra.

Embora o papel físico que desempenhava na união do país tenha diminuído com o passar dos anos, ela continuou sendo

28 *A era dos muros*

um importante símbolo na consciência nacional. Tanto que depois que os comunistas chegaram ao poder, em 1949, Mao Tsé-tung mencionou a muralha num poema sobre a Longa Marcha, intitulado "Monte Liupan", que inclui os versos:

Os céus estão altos, as nuvens estão pálidas,
Vemos os gansos selvagens desaparecerem rumo ao sul.
Se não conseguirmos alcançar a Grande Muralha não somos homens
[de verdade,
Nós que marchamos mais de 10 mil quilômetros...

O penúltimo verso foi mais tarde adaptado para um provérbio popular que diz: "Aquele que não consegue alcançar a Grande Muralha não é um herói", o que significa: "Se você não é capaz de superar grandes dificuldades, não é um herói".

O poema causou alguns problemas para o novo regime, pois os comunistas pareciam ter posições conflitantes a respeito da muralha — muitos a viam como um símbolo do passado feudal da nação e acreditavam que devia ser relegada à história, chegando até a encorajar as pessoas a vandalizá-la. Mas, uma vez que Mao escrevera sobre ela, outros comunistas queriam visitá-la para demonstrar "o espírito do presidente Mao". Se você for à seção Mutianyu, poderá ver escrito em caracteres brancos gigantescos no topo da montanha: "Lealdade ao presidente Mao". E a muralha foi mencionada no hino nacional, adotado em 1949, ficando claro, portanto, que o Partido reconhecia sua importância cultural e histórica. De modo geral, os comunistas se contentavam em ignorá-la — pelo menos num primeiro momento. Durante a Revolução Cultural, contudo, os guardas vermelhos mais ardorosos destruíram ativamente

O Grande Firewall: China 29

seções da muralha — para eles, ela era uma parte dos "Quatro Velhos", que não tinham lugar na nova China: Velhos Costumes, Velha Cultura, Velhos Hábitos e Velhas Ideias.

Mao morreu em 1976, e com ele a Revolução Cultural. Após 1978, o novo líder, Deng Xiaoping, iniciou uma reconstrução metódica da muralha. Ele começou devagar — os primeiros anos pós-Mao exigiam cautela —, mas, em 1984, estava confiante o bastante para anunciar: "Vamos amar a nossa China e restaurar a nossa Grande Muralha". Nesse esforço particular, é provável que Deng estivesse de olho no turismo e no capital estrangeiro; a liderança comunista começava a abraçar aspectos do capitalismo e estava bem ciente do quanto tinha ficado para trás em relação a outras partes do mundo. E assim aprovaram-se leis para tornar ilegal danificar, remover ou pichar qualquer parte da muralha, ao mesmo tempo que se desenvolveram tentativas de reconstruí-la (nem sempre bem-sucedidas) e um esforço para atrair visitantes.

A Grande Muralha desempenhou um enorme papel na imaginação popular tanto dos chineses quanto do resto do mundo — embora alguns historiadores afirmem que os europeus eram mais obcecados por ela que os chineses, e que isso contribuiu, na própria China, para uma conscientização a respeito da estrutura e uma identificação com ela. Assim, a muralha foi instrumental na definição da China tanto no exterior quanto dentro de seu próprio território.

Na realidade, em termos militares, a muralha teve apenas um sucesso parcial. Não há dúvida de que seu sistema de alerta rápido, as fortificações e as fortalezas estratégicas ofereciam alguma proteção, mas, como vimos, estavam longe de ser inexpugnáveis. No entanto, seu papel como um sím-

30 *A era dos muros*

bolo de defesa, de separação entre os han e os "forasteiros", foi inestimável; hoje ela continua sendo um ícone de uma cultura grande e antiga.

MAS O QUE DIZER DA CULTURA grande e moderna?

Qin Shi Huang, o fundador da dinastia Qin, conseguiu unir sete reinos beligerantes numa só China em 221 a.C., mas o simples fato de ela ter durado 23 séculos não significa automaticamente que durará mais um.

Os chineses não gostam de conversar com estrangeiros sobre os problemas ou as divisões do país. Enquanto você não precisa ir longe para encontrar alguém no Reino Unido ou na França, por exemplo, que lhe diga, com muito gosto, que seu país está indo para o buraco, na China é considerado antipatriótico e humilhante criticar o Estado. Além de arriscado, claro, uma vez que o país continua sendo uma ditadura unipartidária.

Existem, contudo, problemas e divisões nas 23 províncias, quatro municipalidades, cinco regiões autônomas e duas regiões administrativas especiais. Uma das mais significativas é a cisão entre a área central han e as áreas não han que a circundam, num semicírculo. A nordeste está a Manchúria; a norte, a Mongólia Interior; a noroeste, Xinjiang; e a oeste, o Tibete. Essas regiões são cruciais para a segurança, os recursos naturais e o comércio, mas não são todas favoráveis ao governo chinês. A Manchúria está agora inteiramente dominada pelos han, mas as outras regiões mantêm suas próprias identidades, línguas, costumes e, no caso de Xinjiang e do Tibete, suas próprias religiões (islã e budismo) e movimentos separatistas.

Distribuição da população han nas províncias da China (2010).

Por muitos séculos, a China tentou controlar Xinjiang e o povo uigur, mas a população nunca aceitou completamente o domínio de Beijing. Houve uma série de insurreições nos séculos XVIII e XIX e até uma efêmera República do Turquestão Oriental, nos anos 1930. Mao anexou então Xinjiang em 1949, e, hoje em dia, ele corresponde a cerca de um sexto do território chinês. Para dar uma ideia do quão árido e esparsamente povoado Xinjiang é, vale a pena ressaltar que a região tem cerca de metade do tamanho da Índia, mas menos de 2% de sua população.

Desde então, com o passar dos anos, o que se assistiu foi um movimento em massa de colonos han para Xinjiang, e dentro de alguns anos é provável que eles constituam quase metade da população atual de 22 milhões de habitantes. Isso não ocorreu sem resistência. Os uigures se queixam de que são excluídos dos melhores empregos e perseguidos por milícias formadas dentro das indústrias de construção controladas pelo Estado, e, ocasionalmente, ocorrem rebeliões e conflitos étnicos. Por vezes, a oposição é conduzida de forma legal, mas há também uma pequena campanha terrorista, alimentada em parte por combatentes muçulmanos que retornaram do Iraque e da Síria. Supõe-se que organizações jihadistas nas repúblicas da Ásia Central os auxiliam com dinheiro e, se necessário, locais de refúgio. O sinal de alerta começou a soar quando o grupo terrorista Estado Islâmico (EI) divulgou um vídeo em que mostrava homens uigures treinando no Iraque, prometendo plantar sua bandeira na China e ameaçando fazer "correr rios" de sangue.

Na primavera de 2017 houve uma explosão de violência étnica na área entre os uigures e os han. A isso se seguiu uma enorme demonstração de força por parte de tropas governamentais altamente armadas. O líder do Partido Comunista regional recomendou que os soldados "enterrassem os cadáveres dos terroristas no vasto mar da guerra do povo". O presidente Xi foi um pouco mais contido, contentando-se com um apelo à construção de uma "Grande Muralha de Ferro" para proteger Xinjiang e lançando um aviso de que divisão étnica não seria tolerada — "Devemos amar a unidade étnica tal como amamos nossos próprios olhos", disse ele. No início de 2018, a versão de Xi para essa unidade foi decretar que 1 milhão de funcionários do Partido Comunista seriam enviados para viver com famílias uigures locais. Os beneficiários dessas "visitas" forçadas são estimulados a dar sua contribuição para as relações étnicas fornecendo a seus "hóspedes" informações detalhadas sobre

O Grande Firewall: China

suas ideias políticas. É uma espécie de Bed and Breakfast chinês com o Ministério do Amor de Orwell, mas em que o Quarto 101 é a sua sala de estar.

Apesar da instabilidade, é pouco provável que Beijing alivie a mão de ferro. A região funciona como uma zona-tampão, está na nova Rota da Seda, sendo por isso crucial para o comércio, e tem grandes reservas do carvão de que a China faminta de energia tanto precisa. Mas, ainda assim, as autoridades estão seriamente preocupadas com os acontecimentos no local. Tais divisões e dissensão solapam a imagem do Partido Comunista como a única fonte de poder e como protetor do povo.

O mesmo pode ser dito do Tibete. Estrategicamente, ele serve como uma zona-tampão para o coração do país, impedindo que a Índia domine o terreno elevado ao longo da fronteira — pode-se dizer que os Himalaias funcionam como uma barreira, o que talvez seja a razão por que nunca surgiu um conflito maior entre as duas nações. Isso também permite à China proteger suas fontes hídricas — o Tibete é chamado às vezes de "Caixa-d'água asiática", tal é o número de grandes rios que fluem a partir da região.

Se você medir o Tibete pelas três províncias tibetanas, ele tem cerca de 2,5 milhões de quilômetros quadrados, ou quase quatro vezes o tamanho da França, sendo assim equivalente a cerca de um quarto da área terrestre da China. Entretanto, quando Beijing se refere ao Tibete, está falando da Região Autônoma do Tibete, que foi estabelecida depois que a China derrotou o exército tibetano, em 1950. Ela tem menos da metade do tamanho das três províncias originais, pois o restante da área foi absorvido por outras regiões chinesas, e contém apenas um terço da população etnicamente tibetana da China.

Assim como os muçulmanos uigures, os budistas tibetanos conservam um forte senso de identidade separada dos chineses han. Para ambas as regiões, porém, já quase não há qualquer esperança de autogoverno. No Tibete, estima-se que metade da população agora é de han. É difícil obter números precisos, mas acredita-se que existam cerca de 6 milhões de tibetanos e 6 milhões de han vivendo na área como um todo. Nas cidades maiores, eles vivem lado a lado, ainda que muitas vezes em bairros diferentes, embora nas áreas rurais os tibetanos continuem sendo maioria.

As divisões entre as etnias são algo que o Estado acredita conseguir controlar, desde que as que existem entre os próprios han sejam apaziguadas. E são precisamente essas divisões que podem representar a maior ameaça às perspectivas de prosperidade e união a longo prazo na China. É uma ameaça levada muito a sério pelo Partido Comunista. Ele aprendeu as lições da história e sabe o que acontece quando o Estado é enfraquecido por uma população fragmentada.

No século xix, a China registrou uma grande mudança de rumo na maneira como seu comércio operava. As rotas terrestres de comércio que atravessavam a Ásia Central sempre tinham sido a prioridade econômica, mas a partir de então as vias marítimas haviam se tornado a rota principal. Essa reorientação não ocorreu inteiramente por escolha — os britânicos e outras potências internacionais tinham usado seu poderio militar para impor à China condições comerciais favoráveis. Em consequência disso, o foco do comércio se deslocou para a costa do Pacífico, o que ajudou as comunidades da região a se desenvolverem, mas enfraqueceu as perspectivas comerciais do interior, o que por sua vez reduziu a quantidade de dinheiro gasto na sua infraestrutura. Assim, enquanto as regiões costeiras prosperavam, os agricultores paupérrimos continuavam paupérrimos — e os estrangeiros se tornavam cada vez mais poderosos. Isso enfraqueceu a autoridade central sobre as regiões e foi parcialmente responsável pela fragmentação do Estado. Com uma população tão dividida, o centro não conseguiu resistir. Uma China agora completamente enfraquecida estava impotente em face, primeiro, dos colonizadores "bárbaros" depois da guerra civil e, por fim, da invasão pelo antigo inimigo, o Japão, a partir de 1931.

Depois da Segunda Guerra Mundial, tendo vencido a guerra civil, os comunistas sabiam que precisavam reunificar o país de alguma forma. Os regimes comunistas não são conhecidos por suas tendências liberais ou pela complacência no que diz respeito às regras e ao compartilhamento do poder. Os estrangeiros foram expulsos, e os quadros do Partido foram para as capitais regionais. Sob a liderança de Mao, eles reprimiram brutalmente quaisquer sinais de dissensão nas regiões e centralizaram todo o poder no Partido sediado em Beijing, que, a partir de 1949, voltou a ser a capital do país.

Muitos dos vínculos comerciais com o mundo desenvolvido foram rompidos, o que resultou parcialmente naquele grande ideal comunista — igualdade. Com o tempo, as áreas costeiras se tornaram quase tão pobres quanto o interior, resolvendo esse desequilíbrio específico entre as regiões. Excetuando grande parte da hierarquia do Partido, a maioria das pessoas continuou pobre por várias décadas, enquanto Mao consolidava o poder e submetia os territórios não han ao seu controle.

Mao pode ter reunificado o país, mas isso se deu à custa do desenvolvimento, e exatamente no momento em que outras nações da região emergiam na economia mundial e evoluíam depressa. Japão, Coreia do Sul, Singapura e outros estavam todos ultrapassando a China em termos econômicos, alguns no campo militar também. Se essa tendência persistisse, iria ameaçar tanto a segurança defensiva da China quanto sua coesão interna, assim que ficasse evidente para todos o quanto os chineses tinham ficado para trás.

O sucessor de Mao, Deng Xiaoping, respirou fundo e fez uma aposta: se os consumidores chineses eram pobres demais para comprar muitas das mercadorias que a China podia produzir, era preciso abrir a economia outra vez para o mundo exterior. Isso significava fazer comércio pela costa do Pacífico, de modo que as regiões costeiras iriam voltar a prosperar mais rápido que o interior, com o risco de que se repetissem as divisões dos séculos xix e xx.

Foi, e ainda é, uma corrida contra o relógio. É também uma estratégia que depende de uma política econômica que deve manter seu ritmo acelerado a qualquer preço. A China precisa continuar fabricando coisas. O mundo precisa continuar comprando essas coisas. Se a demanda cair, a China não pode se dar ao luxo, ao contrário de um sistema capitalista normal, de parar de fabricar essas coisas. Ela precisa manter a produção, manter as fábricas abertas, subsidiar os bancos; não importa o excedente — despejar alguns produtos no exterior a preços de queima total, vender ainda mais para a parte da população doméstica que tem dinheiro para comprar. Só não pode deixar o sistema parar, porque se isso acontecer o país inteiro pode parar também.

Essa é uma fascinante versão capitalista do velho sistema comunista soviético, que produzia tantos tratores quanto o

O Grande Firewall: China

Distribuição da riqueza pelas províncias da China, PIB per capita (2010).

governo lhe ordenava, independentemente de quantos fossem necessários. Ela tirou centenas de milhões de chineses da pobreza — à custa, porém, de danos ambientais e do crescimento renovado da disparidade entre a região costeira e o interior, os ricos e os pobres.

A diferença salarial entre trabalhadores rurais e urbanos se estreitou ligeiramente nos últimos anos, mas, mesmo nos dias de hoje, quem trabalha na cidade pode ganhar três vezes mais que um trabalhador rural. Os níveis da desigualdade de renda na China estão entre os mais elevados do mundo, levando a um sentimento de que a máquina de produzir riqueza serviu a poucos, não a muitos — ou, em gíria chinesa, "à família Zhao", uma expressão idiomática similar a "os mandachuvas".

A expressão tem suas raízes populares num romance de 1921, *A verdadeira história de Ah Q*, de Lu Xun, que inclui a frase "Você acha que é digno do sobrenome Zhao?", em referência a um clã abastado. A frase começou a aparecer na internet chinesa em 2015, e, hoje em dia, a expressão "Zhaos e não Zhaos" equivale a "os ricos e os pobres".

Todos os países têm desigualdade de riqueza, e todos têm ditados semelhantes, mas a diferença na China é o tamanho dessa discrepância, e o imenso número de pessoas do lado errado dela. Um relatório de 2015 sobre o "bem-estar da população chinesa", elaborado pelo China Family Panel Studies, da Universidade de Beijing, concluiu que no geral a desigualdade na distribuição de riqueza estava se agravando. Ele indicou que um terço da riqueza da China pertencia a 1% das famílias, ao passo que os 25% mais pobres possuíam apenas 1% da riqueza. A origem da disparidade pode ser encontrada na abertura da economia, em 1979.

O governo está bem ciente dos problemas e dos perigos que tal divisão pode gerar, ainda mais depois que uma enquete realizada na internet, em 2015, sugeriu que a desigualdade na distribuição de riqueza, com seus efeitos colaterais sobre a saúde e a educação, é a principal questão que as pessoas querem que o governo enfrente. Numa notícia sobre o relatório, o jornal *People's Daily* comentou: "Essas desigualdades estão crescendo continuamente. Se não forem resolvidas com eficácia, podem muito bem ameaçar a estabilidade social e tornar-se assim um obstáculo ao desenvolvimento social futuro".

Há até uma cisão entre as gerações, com alguns idosos relembrando os dias de Mao e da "igualdade". Eles olham com desconfiança para a geração mais jovem, cada vez mais urbana,

O Grande Firewall: China

mais bem-educada e consumista, ou pelo menos tentando ser. O futuro do Partido Comunista depende do que proporcionar a eles e vice-versa.

Não se pode permitir que as fissuras crescentes na sociedade chinesa se ampliem. Uma das maneiras pelas quais o governo pretende enfrentar o problema é criando uma população urbana consumidora muito maior, contrabalançando com isso os golpes à economia quando as exportações para o exterior diminuem. As estimativas variam, mas pelo menos 150 milhões de pessoas deixaram as áreas rurais neste século e espera-se que o número aumente. São as gerações mais jovens que estão deixando o interior, e, entre elas, há um número desproporcional de homens — homens casados às vezes viajam em busca de trabalho nas cidades, deixando a família para trás, cuidando do campo. Apesar disso, é fundamental lembrar que, mesmo hoje, cerca de 900 milhões de chineses vivem em áreas rurais e cerca de 500 milhões em ambientes urbanos.

A mudança foi rápida, e vai se acelerar. Em 2026, Beijing espera ter deslocado mais 250 milhões de pessoas, o que significa que, a essa altura, metade da população será urbana. Para alcançar isso, será necessário um desenraizamento em massa de populações, junto com a destruição de aldeias e a construção de cidades, megacidades, estradas e ferrovias de alta velocidade. A maior parte do movimento continua a ser do oeste para o leste, com o oeste ainda tendendo a ser mais rural e com índices de analfabetismo mais elevados; o leste, especialmente em direção ao litoral, é cada vez mais urbano e voltado para a tecnologia, a indústria e os negócios.

No entanto, a migração em massa para as cidades revela e exacerba outra disparidade no seio da população urbana, mais uma vez entre ricos e pobres. Ela foi criada pelo sistema *hukou*, uma forma de registro que está arraigada na estrutura social do país. O sistema foi uma das coisas que ajudaram a consolidar a percepção da população rural como cidadãos de segunda classe.

O sistema *hukou* é anterior à Grande Muralha, remontando à dinastia Xia (2070-1600 a.C.), que começou registrando todos os membros de todas as famílias. Em 1953, o Partido Comunista continuou usando o antigo sistema, mas também começou a classificar as pessoas como moradores rurais ou urbanos. Isso não foi apenas mais uma maneira de controlar todo mundo; destinava-se a impedir que as pessoas migrassem para as áreas urbanas, que não eram capazes de absorver o influxo na época, e a evitar uma repetição das desigualdades entre zona rural e urbana do século anterior.

O sistema existe até hoje, e o nome de todas as pessoas, nomes dos pais, data de nascimento, cônjuge etc. devem ser registrados — o que é normal em muitos países. Mas, na China, o lugar onde você está registrado determina o lugar onde você vive e, crucialmente, onde você pode receber ajuda do Estado e de que forma. As principais divisões surgem nas categorias local versus não local e agrícola versus não agrícola.

Digamos que sua família esteja registrada como não agrícola em Xangai. Isso lhe dá acesso imediato a uma ampla gama de serviços de saúde e educação na cidade. Por exemplo, segundo um artigo publicado na *China Economic Review*, o financiamento por aluno em Beijing, em 1998, era doze vezes maior que na província de Guizhou, uma proporção que au-

O *Grande Firewall: China* 41

mentou para quinze em 2001. Por outro lado, se sua família estiver registrada como agrícola numa região rural a mais de mil quilômetros a oeste de Xangai, as escolas a que você terá acesso estarão muito abaixo do padrão das de Xangai, e o leque de serviços sociais será igualmente limitado. Além disso, seu ofício consistirá em trabalho extenuante, que às vezes resultará apenas em agricultura de subsistência.

Assim, você se muda para Xangai para procurar trabalho numa fábrica. Seu salário será imediatamente mais alto, e você talvez seja capaz de mandar algum dinheiro para casa. Mas estará registrado como "agricultor rural", por isso não se qualificará para a previdência social ou a assistência médica em Xangai. Se você se casar e tiver um filho, seu registro também não permitirá que seu filho seja educado em Xangai. Isso resultou numa enorme classe marginal de trabalhadores migrantes vindos de áreas rurais que estão agora parcialmente excluídos dos serviços sociais. Eles eram cidadãos de segunda classe na zona rural, e agora descobriram que são vistos como tal também nas cidades.

Para resolver o problema, o governo precisa enfrentar um dilema. Uma opção é iniciar uma revolução no financiamento social da zona rural e trazer as áreas rurais para os padrões das cidades. Mas isso não só custaria vastas somas de dinheiro como também poderia manter as pessoas na zona rural, quando o governo sabe que ainda precisa criar uma população urbana consumidora para que sua política econômica funcione. Pior ainda, alguns dos que já estão nas cidades poderiam optar por voltar para casa. Caso isso aconteça, o milagre econômico vai por água abaixo, o desemprego dispara e a desordem social vem em seguida.

Beijing precisa equilibrar as contas de alguma forma. Precisa financiar um sistema *hukou* nas cidades para os que vieram das áreas rurais, aumentando também ao mesmo tempo o financiamento dos serviços sociais em geral, à medida que as cidades continuam a crescer — depois, de algum modo, idealmente de maneira simultânea, elevar os padrões na zona rural enquanto continua estimulando o movimento para as áreas urbanizadas, de preferência criando novas cidades no interior.

Esse é um grande desafio, e a forma de enfrentá-lo não é simples; afora a enorme despesa, a criação de tantos novos ambientes urbanos, espalhados por todo o país, é um desafio logístico. Beijing está flertando com a ideia de conceder aos governos regionais mais poder para tributar em nível local, aumentar as receitas por meio da venda de terrenos e gastar os lucros como julgar conveniente. Talvez funcione. Mas, se fracassar, Beijing terá de socorrer os governos locais. E, mesmo que dê certo, poderia alimentar o que o Partido mais receia — o regionalismo.

Deng parecia saber que sua aposta daria lugar a muitas dessas questões. Numa entrevista famosa, em 1986, Mike Wallace, da CBS News, perguntou ao líder comunista, então com 82 anos, sobre a surpreendente frase atribuída a ele no final dos anos 1970, em que dizia que "enriquecer é glorioso". Deng respondeu:

> De acordo com o marxismo, a sociedade comunista se baseia na abundância material... portanto enriquecer não é pecado. Contudo, o que entendemos por enriquecer é diferente da sua concepção. A riqueza numa sociedade socialista pertence ao povo. Enriquecer numa sociedade socialista significa prosperidade para

O Grande Firewall: China 43

todo o povo. Os princípios do socialismo são: primeiro, desenvolvimento da produção, e, segundo, prosperidade comum. Permitimos que algumas pessoas e algumas regiões fiquem prósperas primeiro, com o objetivo de alcançar a prosperidade comum mais depressa. É por isso que nossa política não levará à polarização, a uma situação em que os ricos ficam mais ricos, enquanto os pobres ficam mais pobres.

Ele estava em parte certo e em parte errado. Em parte errado porque os ricos ficaram mais ricos, mas em parte certo porque, apesar da vasta disparidade na igualdade, os pobres não ficaram mais pobres — na verdade, muitos ficaram mais ricos.

A China criou uma classe média de cerca de 400 milhões de pessoas e tirou outras centenas de milhões da pobreza extrema. É um trabalho em andamento, e não podemos excluir a possibilidade de as coisas desandarem, mas há um número suficiente de chineses que ainda são capazes de lembrar de quão pobres a maioria das pessoas era antes, e que quase não havia possibilidade de escapar dessa pobreza — afinal, em sua maioria, os avós dos adultos já mais velhos de hoje eram camponeses numa sociedade feudal. Isso dá ao Partido um pouco mais de tempo para tratar do problema, mas se ele não conseguir reduzir a desigualdade na distribuição de riqueza logo, um dia o ressentimento dos "não Zhaos" vai crescer.

Outro problema que o governo enfrenta é o do envelhecimento da população. Isso não é exclusivo da China, claro. Mas é uma questão particularmente importante para o país por causa da política do "filho único", que significa que a população está envelhecendo mais depressa que em outros países. Em menos de uma década, o número de idosos passará de 200 milhões para 300 milhões. Será que o governo está preparado para tal mudança na demografia? Sua política econômica tem dependido de uma força de trabalho jovem e abundante. Proporcionalmente, esse grupo de trabalhadores — e de contribuintes — disponíveis vai diminuir justo no momento em que os encargos financeiros de cuidar de uma população envelhecida aumentarem, pondo o progresso econômico em risco.

Mais uma vez, a solução não é clara. Uma opção é elevar a idade para a aposentadoria em cinco anos, mas isso apenas adia o problema, e nesse meio-tempo cria outro: os recém-formados que o sistema universitário está produzindo querem emprego; o desemprego e a estagnação na carreira já são dificuldades, e vão só piorar se a geração mais velha se aposentar mais tarde. A alternativa é assegurar que os serviços sociais possam fornecer aposentadorias e abandonar a política do "filho único". Esta última medida foi tomada em 2015, mas o governo ainda está procurando maneiras de financiar a primeira.

Essas são as múltiplas divisões que fervilham dentro da população han, todas representando uma ameaça potencial ao governo, caso se agravem. As autoridades precisam conservar o controle sobre o coração da China se quiserem manter sua política econômica nos eixos e as regiões periféricas sob seu jugo. A solução tem sido monitorar o fluxo de informação, para evitar que ideias discordantes se espalhem e impedir que a oposição se consolide. É preciso dividir para unir; e assim, na era da internet, surgiu o Grande Firewall da China.

Isso cria políticas contraditórias: suprimir informação ao mesmo tempo que se cria uma economia vibrante cada vez mais baseada na troca de dados tanto dentro do país como

O Grande Firewall: China 45

com o mundo exterior. Nos primórdios da internet, isso não era problema para um governo determinado a proteger sua posição como única fonte de poder e informação da China. O acesso era limitado, de modo que toda a comunicação interna de massa era controlada pelo Estado, e era fácil monitorar, tanto física quanto eletronicamente, as poucas lan houses ou universidades conectadas à internet que havia. Até 2005, só 10% da população tinha acesso à internet. Hoje, contudo, esse número chega a 50% — e está crescendo. São cerca de 700 milhões de usuários, o que é aproximadamente um quarto da população on-line mundial. E isso é mais difícil de controlar.

Manter os chineses digitalmente desconectados do mundo exterior tem sido mais fácil do que separá-los uns dos outros. O que o mundo exterior chama de o Grande Firewall é conhecido na China como o "Escudo Dourado". Espera-se que esse firewall voltado para o exterior proteja a população chinesa de ideias perniciosas tais como democracia, liberdade de expressão e cultura livre. Embora seja possível contornar o firewall com soluções alternativas, como serviços de rede virtual (vpn, na sigla em inglês), projetados para cavar túneis sob a muralha, a maior parte do povo chinês não tem acesso a sites como *Time*, Dropbox, *The Economist*, Facebook, YouTube, Anistia Internacional, *The Tibet Post*, *The Norwegian Broadcasting Company*, *Le Monde* ou Pornhub.

Enquanto isso, os muros internos impedem o surgimento de redes cibernéticas potencialmente políticas e mantêm o que está acontecendo numa parte do país — em Xinjiang, por exemplo — longe do conhecimento das outras regiões. O principal temor do Partido é que as redes sociais sejam usadas para organizar grupos com ideias semelhantes que poderiam promover manifestações em locais públicos, o que por sua vez poderia levar a uma insurreição pública.

Roger Creemers, pesquisador de direito e governança na China, da Universidade de Leiden, na Holanda, é um dos maiores especialistas na internet chinesa. Segundo ele, o mundo exterior não compreende plenamente a atitude do governo chinês em relação à revolução digital: "Eu diria que, em comparação, nós costumamos ver a internet através de uma lente cor-de-rosa, um lugar onde todos são livres, onde há liberdade de informação, democracia etc. A China, desde o início, foi sempre muito mais cética. Eles achavam que a nova tecnologia teria novas consequências e que precisaríamos lidar com elas. Quando os chineses falam de *wangluo anquan* — segurança cibernética —, não estão falando só de integridade tecnológica [proteger o sistema físico, os cabos de energia, por exemplo, de dano] ou de cibercrime. Eles estão se referindo a toda a influência que a tecnologia da internet pode ter na desestabilização econômica e social. Assim, coisas que nós talvez não veríamos como segurança cibernética, boatos on-line, por exemplo, eles veem".

Os chineses são líderes mundiais no controle da esfera digital. Claro que é mais fácil implementar isso na China do que no Ocidente, já que se trata de uma ditadura. É muito mais difícil para sociedades abertas exercerem o mesmo nível de controle, e, embora isso seja uma força para as democracias, é também uma fraqueza — uma fraqueza que a Rússia tentou explorar.

Sob o presidente Putin, a Rússia passou vários anos tentando solapar seus oponentes a partir de dentro. O exemplo clássico é o canal de televisão RT, antes conhecido como Russia Today, com transmissões em inglês, francês, espanhol e árabe. A au-

O *Grande Firewall: China* 47

diência do canal de televisão é baixa, mas nas redes sociais a emissora também posta vídeos, em seis línguas diferentes, que atraem um número maior de espectadores. Parte da produção da RT é equilibrada, mas há uma clara influência do Kremlin em boa parte do conteúdo. Reportagens sobre pequenos atos de corrupção ou manifestações de pequena escala em Estados estrangeiros são transformadas em assuntos de extrema importância, dando a impressão geral de que são países em declínio, corruptos e instáveis. À RT, podemos acrescentar agências de notícias como a Sputnik e outros meios de comunicação. Mais recentemente, vimos a ascensão dos *bots* de Twitter e de contas aparentemente aleatórias nas redes sociais que espalham desinformação direcionada e tumultuam o discurso on-line, explorando intencionalmente os preconceitos das pessoas. Juntos, eles ajudam o Kremlin a separar os países ocidentais uns dos outros e buscam enfraquecer a confiança de suas populações no Estado.

A China também atua na "mídia de mensagens", mas parece menos agressiva em impelir essas mensagens aos rivais. O que ela faz, porém, é procurar se proteger de mensagens do exterior. O país tem suas próprias versões de empresas como Google, Facebook e Twitter, na forma de Baidu, Renren e Weibo, mas elas são intensamente monitoradas. O nível de censura varia entre as regiões; por exemplo, no Tibete e em Xinjiang os firewalls são mais altos e mais profundos. Um universitário em Xangai pode se safar usando uma VPN para acessar uma fonte de notícias estrangeira proibida, mas se estivesse na capital uigur de Ürümqi provavelmente receberia um convite para discutir a tecnologia na sede da polícia municipal. Há maneiras de rastrear quem está usando VPNs e por que razão, e o Estado quer saber tudo a esse respeito. Ele sabe que algumas empresas domésticas e estrangeiras, e de fato alguns indivíduos, usam a tecnologia para fins de negócios, situações para as quais, em geral, faz vista grossa. Mas, em 2009, ativistas uigures conseguiram acesso ao Facebook, e a origem dos incessantes problemas legais da empresa na China pode ser atribuída a esse incidente.

Até 2013, uma sucessão de startups de plataformas de mídia viu as oportunidades de negócios que a internet oferecia, e algumas se tornaram bastante populares, mas acabaram em apuros e foram proibidas. Em agosto de 2015, por exemplo, o site de notícias Initium Media foi lançado em Hong Kong. Apenas uma semana mais tarde, houve uma explosão numa fábrica de produtos químicos na cidade nortista de Tianjin. Repórteres da Initium conseguiram passar pelos cordões de isolamento e descobrir que 173 pessoas tinham morrido, e continuaram a cobertura, informando sobre as conexões de alto nível do proprietário da fábrica. Dias depois, sem nenhum anúncio oficial, o site foi bloqueado na China continental, o que obrigou a empresa a mudar seu modelo de negócio e a se concentrar em alcançar chineses fora da China — um mercado um pouco menor.

As autoridades ficaram particularmente alarmadas em 2010, quando os smartphones se tornaram acessíveis e as pessoas passaram a ter capacidade de espalhar informação de maneira fácil e rápida, o tempo todo. Por isso, como o dr. Creemers explica, a liderança recorreu a várias políticas e regulamentos para empurrar as redes sociais para a esfera privada: "Por exemplo, tentaram assegurar que a plataforma Weibo [microblog] se tornasse menos popular, mas que o WeChat fosse amplamente promovido. Por quê? Porque o WeChat não é público: se você

O Grande Firewall: China

posta alguma coisa dentro do seu grupo de chat, aquilo não é compartilhado com muita gente, e o que é compartilhado, é compartilhado num ritmo mais lento. Isso faz com que seja mais fácil de monitorar — é dividir para conquistar".

A nova legislação chinesa de segurança cibernética, que entrou em vigor em 2017, tornou os muros mais altos que nunca, metaforicamente falando. A legislação, formulada para assegurar "soberania digital", inclui leis generalistas clássicas, criadas para significar aquilo que o Partido entender que signifiquem. Por exemplo, se uma empresa estrangeira estiver envolvida em qualquer parte da estrutura chinesa de informação crítica, ela deve armazenar toda a sua informação em bancos de dados dentro da China. O que constitui "crítico" não ficou definido. Essa informação pode ser acessada pelo governo e não pode ser enviada para fora da China sem ser verificada pelos serviços de informação. Empresas de redes sociais estrangeiras e domésticas devem conservar todos os detalhes de registro de aspirantes a usuários, depois rastrear e registrar toda a atividade on-line deles por pelo menos seis meses e estar preparadas para entregar esses dados se o governo o solicitar. A linguagem legal é tão vaga que, teoricamente, qualquer empresa estrangeira que tenha escritórios na China poderia ser obrigada a armazenar qualquer informação que possua sobre um cidadão chinês dentro da China. A empresa deve também concordar em auxiliar ativamente qualquer investigação sobre seu armazenamento de dados pelo governo.

Tudo isso custa dinheiro, que as empresas domésticas prefeririam estar gastando em outras coisas e que as empresas estrangeiras poderiam se furtar a gastar. Com a preocupação adicional sobre o risco para a sua "propriedade intelectual", firmas de TI e de novas tecnologias, em especial, poderiam decidir investir num ambiente de negócios mais benigno. Embora isso possa teoricamente liberar espaço para que empresas domésticas se desenvolvam, elas são estorvadas pela restrição ao livre fluxo de informações e ideias. Mesmo antes da legislação de 2016, o *Washington Post* relatou que, segundo a Câmara Americana de Comércio na China, quatro de cada cinco de suas companhias associadas tinham experimentado um impacto negativo nos negócios devido aos regulamentos e à censura na internet.

O dr. Creemers descreve o Partido como "a empresa suprema de gestão de riscos", sempre monitorando o horizonte em busca de quaisquer sinais de agitação política. Ele acredita que, quando a internet chegou à China, as autoridades levaram alguns anos para descobrir como lidar com ela, mas agora sabem muito bem onde concentrar seus esforços:

A tática mais importante que o governo desenvolveu consiste em evitar oposição organizada. Eles não permitem a materialização de interesse transversal. Acreditam que devem manter as pessoas divididas, para que elas não possam se organizar ao longo das faixas de classe, região ou do que quer que seja. Os meios de comunicação tradicionais eram organizados de modo a serem limitados; por exemplo, jornais profissionais para a indústria do aço que só escreviam sobre aço, jornais locais que só noticiavam sobre sua região. Assim, mesmo que um meio de comunicação saísse da linha, o dano era limitado. A internet estragou esse modelo. Pela primeira vez na história recente, indivíduos chineses têm acesso às ferramentas da comunicação de massa, e houve alguns anos em que a internet ficou fora de controle. Algumas pessoas

O Grande Firewall: China 51

acham que o governo é paranoico; não tenho tanta certeza, acho que eles estão seriamente conscientes de tudo.

Ciente dos riscos crescentes para seu monopólio sobre o poder, o presidente Xi conduziu pessoalmente o esforço de revisão da estratégia cibernética da China, ordenando que os grupos que a elaboraram se reportassem diretamente a ele. Para o presidente, a propagação da comunicação é uma ameaça potencial, por isso a censura começa no topo.

Xi é o primeiro líder chinês a chegar ao poder plenamente ciente do potencial da internet. Desde que assumiu o cargo, em 2013, ele supervisionou pessoalmente todas as estratégias cibernéticas chinesas, tanto internas quanto externas. Todos os grandes departamentos cibernéticos do governo se reportam diretamente a um comitê que ele preside. Ele usou esse poder não só para conceber as políticas, mas também para ajudar a criar uma espécie de "culto da personalidade" em torno de sua pessoa. O Partido até lhe "outorgou" o título de "líder central", o que o põe num panteão antes ocupado somente por Mao e Deng, e indica algo próximo do poder absoluto. O rosto do líder central está agora por toda parte na China, olhando para você a partir de outdoors, em escritórios e em milhões de produtos à venda em lojas para turistas em todo o país, de Beijing e Xangai à Grande Muralha.

No XIX Congresso Nacional do Partido Comunista, no final de 2017, o presidente consolidou ainda mais o seu poder. Ele assegurou que seus apoiadores fossem eleitos para o politburo, e eles por sua vez promovem o conceito de "Pensamento de Xi Jinping sobre o Socialismo com Características Chinesas para uma Nova Era". Essa foi a primeira vez desde Mao que as ideias de um líder foram promovidas como "pensamento", o que, em termos chineses, é o ponto mais alto a que um líder pode chegar. Ele continuou esse movimento em março de 2018, permitindo a remoção do limite de dois mandatos para o exercício da presidência, o que em teoria lhe permite ser presidente vitalício.

Uma outra divisão digital se dá entre a minoria de chineses que fala inglês e os que não falam. Digite "Praça Tiananmen, revolta, tanque" na caixa de busca do Baidu em alemão e você possivelmente receberá de volta um link, em alemão, para os acontecimentos de 1989. Digite as mesmas palavras em chinês e provavelmente verá: "Em conformidade com as leis, regulamentos e políticas relevantes, alguns resultados não são exibidos", ou, se tiver sorte, verá uma bela fotomontagem de uma das maiores atrações turísticas do mundo.

David Bandurski, codiretor do China Media Project, notou a introdução de um novo termo sendo usado pela Administração do Ciberespaço da China — "energia positiva". Segundo ele, é um eufemismo para conteúdo considerado aceitável para as autoridades, mas alguns estudiosos chineses estão "preocupados com a possibilidade de uma repressão aos 'direitistas' sob o pretexto de promover 'energia positiva'". Até 2016, o chefe da administração era Lu Wei, um homem que compreende o poder da informação. Wei tinha galgado degraus na hierarquia da agência de notícias Xinhua antes de assumir seu papel no ciberespaço. Em seguida, foi promovido a subdiretor do Departamento de Publicidade do Partido Comunista da China, o que em essência significa subchefe de todo o controle dos meios de comunicação no país. Foi Wei que disse que seu país tinha "cibergovernança com características chinesas", ecoando a frase de Deng "socialismo com características chinesas". Wei acrescentou que seu país era "muito hospitaleiro ao mundo exterior, mas posso escolher quem convido para a minha casa".

A censura à internet restringe o potencial econômico da China. O país ainda é o líder mundial em comércio eletrônico, com vendas a varejo digitais que correspondem a quase 40% do total global, mas vendas a varejo pela internet e inovação são duas coisas diferentes. A China quer não apenas criar um mercado interno muito maior mas também fabricar produtos de alta qualidade e desenvolver tecnologia de ponta. Ela está muito consciente de que, embora os iPhones sejam fabricados no país, o design e a tecnologia vêm de muito longe, do Vale do Silício.

Esse é um preço que o governo acredita que vale a pena pagar por enquanto; faz parte do jogo de equilíbrio e da aposta no tempo. O Partido Comunista precisa assegurar que pode alimentar 1,4 bilhão de pessoas, encontrar trabalho para elas, encontrar coisas para elas fabricarem e encontrar mercados nos quais vender essas coisas. Ao mesmo tempo, acredita que deve aniquilar a possibilidade de qualquer oposição organizada, seja ela representada por estudantes amantes da democracia, tibetanos desejosos de independência, religiosos praticantes de Falun Gong ou mesmo por expressões artísticas de liberdade. Se isso significar conter o livre fluxo de informação em detrimento do milagre econômico, que assim seja.

Qin Shi Huang só derrubou as muralhas internas dos Estados beligerantes depois de estar confiante em sua capacidade de mantê-los unidos. Mais de 2 mil anos depois, o poder da liderança e a unidade dos han e da nação ainda vêm em primeiro lugar. Mesmo que essa unidade seja alcançada por meio de uma muralha digital que separa a China do resto do mundo e que divide a si mesma.

CAPÍTULO 2

Construam o muro!
Estados Unidos

Mostrem-me um muro de quinze metros,
e eu lhes mostrarei uma escada de dezesseis.
JANET NAPOLITANO, ex-secretária de Segurança
Interna dos Estados Unidos

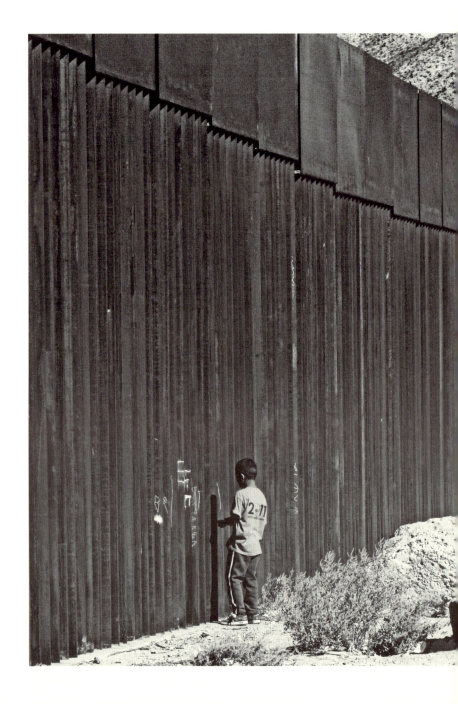

Páginas anteriores: Parte da barreira existente ao longo da fronteira entre os Estados Unidos e o México, separando Ciudad Juárez, no México, de Sunland Park, no Novo México.

No DIA SEGUINTE À ELEIÇÃO de Donald Trump como o 45º presidente dos Estados Unidos,* a comentarista neoconservadora Ann Coulter publicou um "cronograma detalhado" meticulosamente planejado das prioridades para seus primeiros cem dias no cargo. Ela começou com: "Dia 1: começar a construir o muro". Depois avançou para: "Dia 2: continuar construindo o muro". E assim por diante: "Dia 3: continuar construindo o muro. Dia 4: continuar construindo o muro". E seguiu até: "Dia 100: informar o povo americano sobre o progresso do muro. Continuar construindo o muro". Isso pode parecer engraçado, um misto de fanfarrice e jornalismo caça-cliques, e deve ajudá-la a pagar o financiamento da casa, mas é improvável que Coulter fosse ingênua o bastante para achar que iria acontecer. E, claro, não aconteceu.

Trump passou meses prometendo construir um muro na fronteira entre os Estados Unidos e o México para ajudar a refrear a imigração ilegal para o país. Embora ele pareça sobretudo "consultar seu próprio gênio" (para usar a frase francesa sobre o presidente Giscard d'Estaing), mesmo antes de entrar na Casa Branca ele foi informado do custo da construção do

---

* Este capítulo foi escrito ainda durante a presidência de Donald J. Trump (2016-20). (N. E.)

muro, da oposição política a ele e, de igual importância, do terreno no qual o muro deveria ser construído. Os discursos sobre "um muro, um grande e belo muro" surtiam bom efeito junto a seu núcleo de apoio, mas essa é uma base pobre para um projeto de engenharia tão grande, e os planos em sua cabeça logo se chocaram com um muro de realidade — e com a areia movediça de Washington, D.C.

Semanas depois da eleição de Trump, senadores republicanos conservadores, como Lindsey Graham, já estavam se apressando para sair dessa areia movediça. Graham, um dos mais inteligentes operadores do Capitólio, começou a dizer que a palavra "muro" era um "código para melhor segurança na fronteira", como se os discursos do presidente tivessem sido pronunciados no estilo das transmissões codificadas da rádio BBC para a Resistência Francesa durante a Segunda Guerra Mundial: "Aqui é Londres! Jean tem um bigode comprido".

Não era um código; Trump tinha até especificado que o muro seria construído com pranchas de concreto pré-moldadas com uma altura média de nove metros. Entretanto, fazer de conta que era um termo metafórico foi um truque linguístico muito útil para permitir que o Partido Republicano fosse em frente sem muitos danos. Em seguida, o presidente assinou uma lei de 1,1 trilhão de dólares para financiar os gastos do governo durante o restante do ano fiscal. Os fundos reservados para o muro totalizaram zero. Esse é talvez o mais famoso muro inexistente do mundo. Mas mesmo que ainda esteja por ser construído, é um símbolo poderoso de como a divisão impeliu, e continua a impelir, o colosso cultural e político que são os Estados Unidos.

Mas não seria a falta de financiamento que iria deter o presidente. A Agência de Alfândega e Proteção de Fronteiras dos

Construam o muro!: Estados Unidos

Estados Unidos fez uma licitação para a construção do muro de Trump, estipulando que a barreira deveria ser forte o suficiente para resistir a golpes de até quatro horas de "marreta, macaco de carro, picareta [...] propano, butano ou outras ferramentas manuais semelhantes". Outras regras indicavam que ele deveria ser "fisicamente imponente em altura" e "impossível de escalar". As aproximadamente duzentas propostas apresentadas foram interessantes.

Uma delas veio de um tal Rod Hadrian, da Califórnia, que ignorou o sucesso limitado de seu xará, o imperador Adriano, em impedir a invasão de hordas estrangeiras. Outra, da Clayton Industries, sediada em Pittsburgh, disse ter a solução — uma cerca de arame do lado mexicano da fronteira, e um muro do lado americano. Entre os dois, haveria uma trincheira com resíduos nucleares. De Clarence, em Illinois, a Crisis Resolution Security Services enviou um projeto que era uma cópia da Grande Muralha da China, incluindo os torrões e os muros ameados. Ela consistia de um muro duplo de concreto, de oito metros de altura, construído sobre um banco elevado de terra batida de nove metros de largura. Ao longo do topo haveria um caminho para pedestres, como na Grande Muralha da China, mas o fundador da empresa, Michael Hari, também via potencial para ciclismo ao longo do muro e sua transformação numa atração turística. Hari, um ex-subdelegado, afirmou ter compaixão pelas pessoas que tentam entrar nos Estados Unidos ilegalmente, mas disse que tinha apresentado o projeto por razões patrióticas, declarando ao *Chicago Tribune*: "Veríamos o muro não apenas como uma barreira física à imigração, mas também como um símbolo da determinação americana em defender nossa cultura, nossa língua, nossa herança, de todos os estrangeiros".

Este é o cerne da questão. Muros podem reduzir travessias ilegais, embora essa barreira fronteiriça em particular seja especialmente porosa, mas eles fazem mais do que isso — fazem as pessoas que "querem que alguma coisa seja feita" acharem que alguma coisa está sendo feita. Como diz o dr. Reece Jones, da Universidade do Havaí e autor de *Violent Borders*: "Eles são símbolos poderosos de ação contra o que se entende como um problema". A Grande Muralha da China pretendia separar o mundo civilizado dos bárbaros. O muro de Trump pretende separar americanos de não americanos. É o conceito de nação que une os americanos — e agora, para alguns, o muro de Trump significa a preservação e a inviolabilidade desse conceito. Ele endossa a ideia de tornar a "América Grande Novamente" e simboliza o apoio que existe para colocar a "América em Primeiro Lugar".

Todos os países têm divisões. Os Pais Fundadores dos Estados Unidos sabiam disso e tentaram estabelecer uma só nação sob Deus, com igualdade para todos. As falhas do período inicial, notadamente a escravidão, são bem conhecidas, mas, após uma história conturbada, os Estados Unidos se tornaram, em termos constitucionais e legais, um país livre, que protege os direitos e a igualdade de seus cidadãos e se empenha em romper as divisões internas. Isso é por si só um feito notável: a igualdade na lei é uma base forte para se alcançar a igualdade na prática.

Um dos ideais do país é que todos os seus cidadãos são definidos como americanos, uma população ligada por valores compartilhados, e não por raça, religião ou origem étnica. O lema que a águia segura no bico no Grande Selo dos Estados Unidos diz: "*E pluribus unum*" (entre muitos, um). Mais do que a maioria dos países, os Estados Unidos conseguiram, ao menos em parte, misturar povos do mundo inteiro numa nação.

No Líbano ou na Síria, por exemplo, a identidade nacional é bem menos importante do que a identidade étnica, religiosa ou tribal. Contudo, não é preciso procurar muito na reluzente "cidade na colina" para ver que algumas partes dela estão longe de ser brilhantes e outras estão cobertas de ferrugem.

Cada muro conta sua própria história. A barreira saudita ao longo da fronteira iraquiana é funcional, e funciona. Ela não constitui uma evidência da desconfiança saudita em relação ao "outro", porque do outro lado da fronteira os "outros" são em sua maioria da mesma religião, língua e cultura que as pessoas no reino. Com os Estados Unidos é diferente. É a "alteridade" dos que estão entrando no país, e o medo de que eles poderiam diluir o que alguns entendem como cultura "americana", que torna o muro tão importante para seus defensores. Para os que se opõem a ele, o muro vai de encontro aos valores americanos de liberdade, igualdade e uma América para todos. A controvérsia sobre o muro chega ao cerne do debate sobre quem pode definir o que significa "americano" no século que se inicia.

Segundo o Departamento do Censo dos Estados Unidos, em 2015 havia 27,5 milhões de pessoas no Texas, 38,8% das quais eram hispânicas. Estudos do Pew Research Center, um *think tank* não partidário, sugeriram que, em 2014, havia 4,5 milhões de imigrantes no estado, a maioria dos quais falantes de espanhol. Essa tendência é vista também em alguns dos outros estados da região. Se você partir de Phoenix, no Arizona, e atravessar as planícies do deserto na direção da fronteira, a cerca de 290 quilômetros de distância, quanto mais ao sul chegar, mais espanhol irá ouvir, e mais hispânica será a vida a sua volta. Considerando o crescimento dessa tendência, é possível que

64 *A era dos muros*

dentro de algumas décadas vários estados concedam à língua espanhola igualdade legal à língua inglesa como idioma oficial nas escolas e no sistema governamental. No nível federal, os Estados Unidos não têm língua oficial, mas em trinta dos cinquenta estados ela está atualmente arrolada como inglês. No entanto, alguns estados, inclusive o Texas e o Novo México, já usam tanto o inglês quanto o espanhol em documentos governamentais e outros inevitavelmente seguirão o exemplo com o decorrer dos anos. À medida que a língua e a cultura espanhola se tornarem cada vez mais dominantes, algumas regiões poderão começar a reivindicar uma autonomia ainda maior em relação ao sistema federal. Talvez leve décadas para que isso ocorra, mas é uma possibilidade muito real; a história está repleta de exemplos de Estados-nações que evoluíram dessa maneira.

Por isso, algumas partes do eleitorado americano estão preocupadas com a possibilidade de, com as mudanças demográficas, os Estados Unidos deixarem de ser um país anglófono de maioria branca, e essa é uma das questões que impelem a política americana de Trump. O nativismo parece ter chegado a um ponto culminante, e a construção de um muro concreto simbolizaria um período particular na história americana. Mas é importante compreender que a fronteira dos Estados Unidos com o México é problemática há muito tempo. Sua rota atual foi mapeada após o Tratado de Guadalupe Hidalgo, de 1848, que pôs fim à Guerra Mexicano-Americana. Não é inconcebível que, um dia, a fronteira possa voltar a mudar.

Onde exatamente se situa a linha divisória se tornou uma questão de segurança nacional após a Compra da Louisiana, em 1803, que trouxe o sistema do rio Mississippi, que desaguava no porto crucial de New Orleans, para dentro dos Estados Unidos. Na época, os espanhóis controlavam o Texas como parte da "Nova Espanha", o que então se tornou uma preocupação para os americanos, pois significava que uma força militar potencialmente hostil poderia se aproximar de New Orleans o suficiente para atacar. Eles queriam controlar a região. Os americanos afirmavam que o Texas fazia parte da Compra da Louisiana; a Espanha discordava, mas estava numa posição fraca desde o início. Segundo um censo espanhol de 1793 havia menos de 5 mil colonos não nativos americanos no Texas. A Espanha ficava muito longe, as guerras europeias a haviam tornado uma potência enfraquecida e os Estados Unidos eram vizinhos do Texas, com ambições de se expandir.

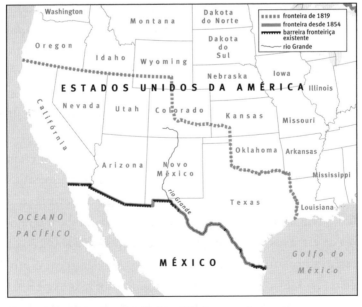

Fronteira Estados Unidos-México em 1819 e em 2017, com as cercas existentes.

Em 1819, como parte das negociações subsequentes, os dois países concordaram que a Flórida iria para os Estados Unidos e que a Espanha continuaria a controlar o Texas, com os Estados Unidos desistindo de qualquer reivindicação à área. Entretanto, em 1821, o México conquistou a independência da Espanha e reivindicou o Texas como parte de seu território. Ainda em grande desvantagem numérica com relação à população indígena na época, o México sentia que a maior ameaça à sua hegemonia era a nação comanche, e por isso sua prioridade era aumentar a população do Texas, de forma a consolidar seu controle — mas isso acabou por acarretar o resultado oposto.

Pensando que uma maior população americana funcionaria como um tampão entre os comanches e seus próprios colonos e seria facilmente absorvida na população, o governo deu todos os tipos de incentivos para atrair colonos dos Estados Unidos bem como do México para a região. De fato, três anos após a chegada, eles receberiam cidadania mexicana. No entanto, os novos imigrantes resistiram a certos aspectos da cultura mexicana e não se integraram como o governo esperava. Dois obstáculos em particular se interpuseram no caminho: a religião e a escravidão.

Em sua maior parte, os americanos que chegavam eram protestantes, alguns deles devotos, e não estavam dispostos a abraçar o catolicismo, que o México insistia que deveria ser a única religião do território. Muitos deles eram também senhores de escravos, ao passo que o México apoiava a abolição da escravatura, tornando-a ilegal em 1829. Ao identificar o problema, o México tentou limitar a imigração, mas as pessoas continuaram a chegar ilegalmente, e, em 1834, superavam os colonos mexicanos numa proporção de quase dez para um. A

Construam o muro!: Estados Unidos   67

crescente hostilidade foi muito conveniente para Washington, D.C., que encorajou uma insurreição contra o governo mexicano; em consequência, o Texas se declarou uma república em 1836. Em seguida, tentou se unir aos Estados Unidos, mas durante vários anos Washington negou o pedido. Havia dois problemas principais. Primeiro, fora de fato criada uma zona-tampão entre New Orleans e o México, e não se considerava que valia a pena perturbar os mexicanos. Segundo, a União estava em tumulto por causa da escravidão, e o Texas era um estado escravocrata. Entretanto, em 1845, Washington concordou: o Texas se tornou o vigésimo oitavo estado, e a fronteira meridional dos Estados Unidos agora chegava ao rio Grande.

Em seguida, os Estados Unidos continuaram a avançar para o oeste, desencadeando a Guerra Mexicano-Americana. Em 1846, uma escaramuça ao longo do rio Grande foi o estopim. A guerra durou até 1848, e, quando terminou, o México perdeu cerca de um terço de seu território no Tratado de Guadalupe Hidalgo, incluindo a quase totalidade dos atuais Novo México, Arizona, Nevada, Utah e Califórnia. E foi isso. O México era fraco, os Estados Unidos eram fortes. Mas essa situação não vai durar necessariamente para sempre. As fronteiras já mudaram uma vez e poderiam mudar de novo. Os americanos sabem disso: faz muito tempo que eles vêm se barricando ao longo de sua fronteira meridional, e isso não é unicamente uma característica republicana.

Após o fim da Guerra Mexicano-Americana, em 1848, foi feito um esforço de seis anos para inspecionar e estabelecer a linha fronteiriça entre as duas nações, mas, de início, apenas 52 marcadores de limite demarcavam a fronteira de quase 3,2 mil quilômetros, e a linha era, de modo geral, apenas casualmente respeitada. Durante os anos da Lei Seca (1920-33), contudo, houve um acentuado aumento do contrabando de álcool a partir do México, e, para combater o problema, foi criada a Agência de Patrulha de Fronteiras dos Estados Unidos, em 1924. Um ano depois, a cidade de El Paso foi encorajada a construir uma "cerca de arame farpado à prova de porcos, da altura de um cavalo e à prova de contrabandistas de bebidas alcoólicas". Claro que eles nunca conseguiram estancar inteiramente o fluxo de bebidas alcoólicas ilegais através da fronteira — afinal, era um negócio muito lucrativo. À medida que o século foi avançando, a Lei Seca terminou, mas o tráfego de produtos ilegais através da fronteira, não. Os americanos começaram a aumentar seu consumo de drogas, assim, em vez de álcool, quantidades cada vez maiores de maconha, heroína e cocaína eram enviadas para atender à demanda, e ao mesmo tempo números crescentes de pessoas rumavam para o norte, em busca de trabalho.

A Grande Depressão foi um momento decisivo para o fluxo de migrantes do México para os Estados Unidos. Com sérios problemas econômicos em toda parte, a questão dos imigrantes tirando empregos dos americanos se tornou central, e os mexicanos foram especialmente visados — durante a Repatriação Mexicana, algo entre 500 mil e 2 milhões de pessoas foram deportadas para o México, muitas das quais eram na realidade cidadãos americanos nascidos no país. Os Estados Unidos mudaram sua estratégia depois que ingressaram na Segunda Guerra Mundial; com a maioria dos trabalhadores americanos absorvida pela economia de guerra, a partir de 1942 houve um esforço combinado para atrair trabalhadores, em particular para indústrias agrícolas, a fim de servir uma

Construam o muro!: Estados Unidos

florescente América pós-guerra, uma tendência que continuou até meados dos anos 1960.

A política governamental em relação à imigração mudou de novo quando a retração econômica e a migração crescente se traduziram em apelos renovados por medidas de contenção da imigração, e as barreiras começaram a se elevar para valer. Em 1978, o Serviço de Imigração e Naturalização (SIN) lançou uma licitação para duas cercas de 3,65 metros de altura, encimadas com arame farpado, a serem construídas no Texas. Um empreiteiro de Houston garantiu ao SIN que seus projetos iriam "decepar os dedos dos pés de quem quer que tentasse escalá--los", devido ao gume do arame laminado que ele iria fornecer. Já tinha havido um aumento na construção de cercas, mas essa declaração específica atraiu atenção e indignação nacional, com críticos apelidando o projeto de "Cortina de Tortilhas". A questão já estava na consciência nacional, mas o incidente ajudou a elevar ainda mais a percepção pública — e ela vem crescendo desde então.

A construção de cercas continuou, ainda que com menos celebração da amputação de dedos, mas os níveis de imigração não se reduziram de maneira perceptível. Em 1986, o presidente Ronald Reagan fez um acordo: cerca de 3 milhões de imigrantes ilegais que estavam vivendo nos Estados Unidos desde antes de 1982 foram "anistiados". Em troca, o Congresso aprovou regulamentos mais rigorosos para impedir que as empresas contratassem imigrantes ilegais, bem como para que tivessem segurança reforçada nas fronteiras.

No curso dos anos seguintes, barreiras adicionais foram construídas, mas com um orçamento limitado e ocasionalmente usando materiais que tinham sobrado da Guerra do

Vietnã, como lâminas de aço perfuradas, que eram usadas como pistas de pouso provisórias para aviões. Um trecho de muro no sul da Califórnia foi construído usando dezenas de milhares dessas lâminas de metal, mas, para cortar custos, elas foram erguidas horizontalmente, em vez de na vertical. Cobriram mais terreno, mas a barreira ficou então mais baixa, é claro, e como as lâminas eram corrugadas também forneciam providenciais pontos de apoio para quem quisesse uma ajudinha para escalá-las. Quaisquer que fossem as cercas erguidas, as pessoas sempre conseguiam transpô-las com relativa facilidade. Os funcionários da Patrulha de Fronteiras começaram a pensar nas várias barreiras simplesmente como uma maneira de reduzir a velocidade com que as pessoas podiam entrar nos Estados Unidos, tornando assim mais fácil apanhá-las, mas não como um meio de impedi-las de entrar.

No início dos anos 2000, com George Bush na presidência e na esteira do Onze de Setembro, o governo dos Estados Unidos lançou um programa completo de fortificação das fronteiras, impondo um grau de separação sem precedentes ao longo da maior parte dela. O Congresso aprovou a Lei da Cerca Segura, concordando que poderia construir mais 1126 quilômetros — entre os que votaram a favor da medida estavam Hillary Clinton e Barack Obama; mas, mesmo depois desses melhoramentos e com apoio interpartidário, a cerca era, como a descreveu em 2008 o porta-voz da Patrulha de Fronteiras Mike Scioli, pouco mais que "um quebra-molas no deserto".

Quando o presidente Obama chegou à Casa Branca, havia mais de novecentos quilômetros de barreira, e ele continuou construindo — estendendo a cerca, duplicando-a em algumas regiões, às vezes até triplicando-a. Durante seu mandato,

Construam o muro!: Estados Unidos   71

houve um fluxo constante de remoções forçadas de imigrantes ilegais e um aumento do número de pessoas impedidas de entrar nos Estados Unidos. Isso não deveria constituir uma grande surpresa, dado seu discurso ao Senado em abril de 2006, quando ele descreveu o sistema de imigração como "rudimentar", permitindo um "fluxo de ilegais" para os Estados Unidos.

> O povo americano é um povo acolhedor e generoso. Mas aqueles que entram em nosso país ilegalmente, e aqueles que os empregam, desrespeitam o Estado de direito. E como vivemos numa era em que terroristas estão desafiando nossas fronteiras, simplesmente não podemos permitir que pessoas entrem em grande quantidade nos Estados Unidos sem ser detectadas, sem documentos e de maneira não controlada. Os americanos têm o direito de exigir melhor segurança nas fronteiras e melhor cumprimento das leis de imigração [...]. E, antes que qualquer trabalhador visitante seja contratado, o emprego deve ser disponibilizado para americanos a um salário decente com benefícios.

Obama adotou um tom mais suave quando pediu que fosse permitido a imigrantes sem documentos sair das sombras e "trilhar um caminho rumo à plena participação em nossa sociedade [...] não só por razões humanitárias; não só porque essas pessoas, tendo violado a lei, o fizeram pelo melhor dos motivos, tentar proporcionar uma vida melhor para seus filhos; mas também porque é a única maneira prática de conseguirmos lidar com a população que está dentro de nossas fronteiras neste momento". Essa foi uma abordagem pragmática do problema, reconhecendo as dificuldades envolvidas na identificação e deportação de imigrantes que já estavam lá e abrindo espaço para eles ficarem, mas ao mesmo tempo aceitando que a imigração ilegal era um problema e tomando medidas para deter a "torrente".

Contudo, o sucesso de todas as tentativas de Obama e seus predecessores de erguer barreiras ao longo da fronteira para estancar o fluxo de imigrantes é questionável. A população migrante não autorizada de fato caiu de 12,4 milhões em 2007 para 11,1 milhões em 2011, mas é difícil determinar exatamente que porcentagem pode ser atribuída às barreiras, ao aumento das deportações ou a mudanças das condições econômicas.

Parte do problema é que ainda há oportunidades nos Estados Unidos — não só para os que procuram emprego, mas também para empregadores inescrupulosos propensos a explorar seus trabalhadores, e aqui enfrentamos um aspecto da hipocrisia por trás de alguns dos argumentos anti-imigrantes. Diversas empresas americanas, grandes e pequenas, empregam um enorme contingente de imigrantes ilegais, pagam-lhes pouco, não lhes dão nenhum direito legal e escondem sua presença das autoridades. O governo poderia começar a prender equipes de gestão americanas que contratam imigrantes ilegais deliberadamente. Quão popular seria essa medida junto às empresas que dependem de mão de obra barata para contratos de construção e colheita de frutas é outra questão.

Em última análise, são muito poucas as barreiras impenetráveis. As pessoas são engenhosas, e as suficientemente desesperadas vão encontrar uma maneira de contorná-las. Barreiras adicionais apenas empurram possíveis imigrantes ilegais para áreas despovoadas e não vigiadas cada vez mais distantes. Estas em geral ficam no deserto e precisam ser cruzadas a pé, o que significa que milhares de pessoas morrem em consequência da exposição ao clima para chegar à Terra Prometida.

Construam o muro!: Estados Unidos 73

Há uma ironia em tentar construir algo que pode parecer resolver o problema de como impedir as pessoas de entrarem, mas ao mesmo tempo as impede de sair. Na verdade, muitas pessoas entram nos Estados Unidos legalmente, com visto de turista. Na década atual, mais da metade dos que atravessaram do sul para o norte ficaram por lá; no entanto, um muro torna mais difícil para elas voltarem para casa depois que se tornaram "ilegais". Se você estiver trabalhando ilegalmente em, digamos, Phoenix, mesmo que as coisas não estejam indo bem para você há pouco incentivo para tentar voltar, sabendo que pode ser preso na saída.

Outra ironia em toda essa situação é que o México tem suas próprias leis de imigração muito rigorosas, e deporta anualmente mais pessoas que os Estados Unidos. Sua política de imigração é sustentada pela Lei Geral da População de 1974, que estipula que as pessoas que desejam entrar no país podem ser repelidas se sua presença perturbar "o equilíbrio da demografia nacional". As leis dos Estados Unidos são duras com os estrangeiros, mas as do México são mais. Por exemplo, se você for pego no México sem autorização uma segunda vez, pode enfrentar até dez anos de cadeia. Políticos republicanos nos Estados Unidos se deleitam em recordar essas leis aos seus colegas mexicanos. Alguns caçoam deles sugerindo que todos os três países que fazem parte do Tratado Norte-Americano de Livre-Comércio (Nafta) têm as mesmas leis de imigração, mas se baseiam nas do México.

As políticas de imigração dos Estados Unidos foram também influenciadas pelo aumento de incidentes terroristas nos Estados Unidos e em todo o mundo ocidental. Trump reagiu com uma posição mais severa em relação à imigração que seus predecessores, com proibições a viagens, o muro e uma política de deportar e desencorajar. Se alguma dessas coisas ajuda é discutível, em particular no que diz respeito ao muro. Para começar, não há evidências de que terroristas tenham entrado nos Estados Unidos pela fronteira com o México — o Departamento de Segurança Interna deu várias declarações que contradizem as alegações de ameaças a partir do sul da fronteira; em 2014, por exemplo, ele atestou que não tinha "nenhuma informação crível que sugerisse que organizações terroristas estejam planejando ativamente transpor a fronteira sudoeste".

São poucas também as informações (pelo menos de domínio público) que indicam a existência de uma grande ameaça em permitir a entrada de refugiados no país. Alex Nowrasteh, um especialista em imigração do Cato Institute, um *think tank* libertário sediado em Washington, D.C., pesquisou ataques terroristas nos Estados Unidos nas últimas quatro décadas, e concluiu que dos 3,25 milhões de refugiados cuja entrada foi permitida nesse período apenas vinte tinham sido condenados por tentar ou cometer terrorismo em solo americano, e "apenas três americanos foram mortos em ataques cometidos por refugiados — todos por refugiados cubanos nos anos 1970". De fato, desde o Onze de Setembro mais de 80% dos envolvidos em incidentes terroristas eram cidadãos ou residentes legais dos Estados Unidos.

Bill Clinton ressaltou que a difusão de ideias não podia ser detida por muros, usando como exemplo o incidente terrorista de 2015 em San Bernardino, na Califórnia, em que catorze pessoas foram mortas e outras 22 feridas. O ataque foi realizado por Syed Rizwan Farook e Tashfeen Malik, que haviam sido

Construam o muro!: Estados Unidos 75

convertidos ao islã radical nas redes sociais — Farook nascera nos Estados Unidos e era um residente permanente legal. Clinton comentou: "Podemos construir um muro através da nossa fronteira com o Canadá também. Criar quebra-mares gigantescos ao longo do Atlântico e do Pacífico [...]. Podemos enviar toda a Marinha dos Estados Unidos para a costa do Golfo e impedir que qualquer pessoa entre lá. Poderíamos usar todos os aviões da Força Aérea para impedir que aeronaves pousem. Ainda assim, não conseguiríamos conter as redes sociais". Ele tinha razão, mas o presidente Trump não se deixou convencer pelo conselho. Afirmar que é difícil policiar as redes sociais ou que terroristas não entram ilegalmente nos Estados Unidos pela fronteira mexicana tem menos ressonância emocional que os benefícios de um muro físico.

O que de fato continua a fluir através da fronteira são produtos ilegais — e essa é uma via de mão dupla. Drogas fabricadas no México podem ser vendidas por muitas vezes mais que seus custos de produção, porque milhões de americanos estão dispostos a pagar muito dinheiro por sua substância ilegal preferida. Seguindo na outra direção, armas compradas legalmente nos Estados Unidos podem ser vendidas no México por preços altíssimos. As evidências sugerem, contudo, que barreiras fazem pouco para interferir no comércio, e que de fato mais drogas chegam pelos postos de controle oficiais do que atravessando o deserto — é mais barato para traficantes subornar um funcionário que organizar uma corrida por terras patrulhadas ou cavar um túnel. É exatamente por isso que os chefes de gangues lutam entre si pelo controle das cidades fronteiriças muradas. Ganhe a cidade, e você ganhará acesso aos funcionários. Contrabandistas de armas e drogas são muitas vezes bandidos assassinos de sangue-frio, mas são também homens de negócios.

Faria sentido para os dois países trabalharem juntos nessa questão, não só para controlar o movimento de pessoas, produtos e substâncias ilegais mas para estimular o comércio e a prosperidade econômica na região. México e Estados Unidos são lugares muito diferentes em termos de língua, cor da pele, religião, clima e história, mas os dois estão cada vez mais ligados pela economia, e se tem uma coisa capaz de atravessar barreiras é a motivação do lucro. E embora haja muitas maneiras de evitar imigração indesejada, uma coisa é certa: uma economia vibrante e florescente ao sul do rio Grande faria mais para reduzir o fluxo de entrada que um muro, pois menos pessoas se dariam ao trabalho de atravessar a fronteira em busca de trabalho.

Consideremos a indústria automobilística no local, que se tornou conhecida como a Região do Superaglomerado Automotivo Texas-México. Há 27 montadoras de veículos no Texas e em quatro estados mexicanos próximos da fronteira que dependem umas das outras para produzir modelos finalizados. Trabalhando juntas, elas conseguiram estabelecer uma indústria bem-sucedida na região em ambos os lados da fronteira, criando empregos, encorajando a inovação e estimulando as economias locais. Assegurar que arranjos como esses possam continuar desimpedidos é do maior interesse de ambos os países.

Apesar disso, nos dois primeiros anos da presidência de Trump, os Estados Unidos continuaram a se retirar lentamente do modelo multilateral de relações internacionais, destruindo acordos comerciais, elevando tarifas sobre produtos estrangeiros, pressionando para renegociar o Nafta e lançando dúvida

Construam o muro!: Estados Unidos 77

sobre o compromisso com a Otan. A sabedoria desses movimentos é discutível, o que não é discutível é que só os Estados Unidos podem fazer isso. Eles constituem aproximadamente 22% da economia mundial. E o que é mais importante, podem se dar ao luxo de cortar relações porque exportam apenas cerca de 14% de seu PIB, segundo o Banco Mundial, e 40% disso vai para os vizinhos México e Canadá, de modo que, ainda que as guerras comerciais globais custem caro para os Estados Unidos, eles são a única grande potência que pode absorver as perdas potenciais de se retirar da globalização sem se pôr em grave perigo a curto prazo.

Entretanto, a história sugere que o isolacionismo pode prejudicar os Estados Unidos a longo prazo; todas as vezes que eles se fecharam sobre si mesmos, acabaram por ser atraídos de volta, e nem sempre quando estavam preparados para isso. Os prós e contras do isolacionismo são um dos muitos conflitos dentro do discurso americano, num momento em que a grande República parece estar dividida de muitas maneiras.

ENTÃO, será que o grande e belo muro de Trump vai ser construído?

"Armas, drogas, imigrantes ilegais" — esses podem ser termos emocionalmente carregados no diálogo político, e as pessoas querem soluções para os problemas, de modo que mesmo depois de ingressar na Casa Branca o presidente Trump manteve a bravata, dizendo à Associação Nacional de Rifles: "Vamos construir o muro. Não há a menor dúvida. Essa é fácil de responder", e assegurando a seus apoiadores: "Nem que tenhamos de fechar o governo, vamos construir o muro".

Trump talvez não conheça o velho ditado inglês "Belas palavras não passam manteiga em pastinacas" (não se consegue nada com promessas ocas ou bajulação), mas ele certamente se aplica aqui. E apesar da retórica antes e depois das eleições, o conceito do muro de Trump se chocou com problemas sobre os quais ele havia sido advertido, os mesmos que seus predecessores tiveram com controle de fronteiras: política, orçamento, lei estadual, lei federal, meio ambiente e tratados internacionais. Por exemplo, tanto o México quanto os Estados Unidos têm cópias do documento que assinaram em 1970, prometendo solenemente manter a planície aluvial do rio Grande aberta. O presidente Obama foi em frente e construiu cercas mesmo assim, mas os termos do tratado obrigaram que a barreira avançasse tanto para dentro dos Estados Unidos que tiveram de construí-la com imensas lacunas para permitir que americanos chegassem a suas casas. Foi uma falha de projeto logo percebida por latino-americanos em busca de maneiras de entrar ilegalmente na Terra dos Livres.

Cidadãos particulares são donos de aproximadamente dois terços das propriedades e terras da fronteira meridional. Muitos deles não querem um enorme muro de concreto em seus quintais, e podem tomar medidas legais para impedir que ele seja construído. Se o Estado comprar a terra, os proprietários deverão receber "justa compensação", e decidir qual deveria ser essa compensação pode significar um processo demorado. Tribos indígenas americanas podem igualmente recorrer à justiça, o que já fizeram. Por exemplo, a nação Tohono O'odham possui terras que abarcam ambos os países e foi aos tribunais para evitar que elas sejam divididas.

Construam o muro!: Estados Unidos

A própria paisagem apresenta obstáculos adicionais. A fronteira se estende por 3200 quilômetros do oceano Pacífico até o golfo do México, passando pela Califórnia, o Arizona, o Novo México e o Texas. Um muro poderia ser construído ao longo de no máximo 1600 quilômetros, com obstáculos naturais como terreno íngreme, leito de rocha e água interpondo-se no caminho ao longo do restante da rota.

Mesmo assim, os números que estão sendo divulgados sobre o projeto são tão imensos que mal fazem sentido para a maioria de nós. Escolha um número, qualquer número, depois acrescente um pouco mais, porque ninguém sabe ao certo quanto um muro custaria — além de "muito". Trump estimou o custo em algo entre 10 e 12 bilhões de dólares, mas a maioria das outras fontes sugere que custaria muito mais. O Instituto de Tecnologia de Massachusetts (MIT) produziu uma estimativa (embora com base em aproximações grosseiras do custo dos materiais, da mão de obra e um período de tempo muito incerto) que sugere que 1600 quilômetros de concreto com nove metros de altura custariam algo entre 27 e 40 bilhões de dólares. Outras conjecturas sugerem 25 e 21 bilhões, a última da Segurança Interna. Ainda assim, trata-se de uma quantia assombrosa, mas se você estivesse vendendo a ideia talvez pudesse dizer que são só 21 milhões por quilômetro e meio... Nenhuma dessas cifras leva em conta os custos de manutenção. Muita gente, porém, não vai se incomodar com a despesa — afinal de contas, Trump afirmou que o custo do muro seria coberto pelo México, uma sugestão que foi acolhida com entusiasmo por seus apoiadores, embora seja mais difícil vendê-la ao sul da fronteira, com o ex-presidente mexicano Vicente Fox Quesada tendo declarado: "Não vou pagar por essa p***a de muro".

Uma saída mais barata seria aceitar o que o senador Graham disse para salvar as aparências: a palavra "muro" é um código para "melhor segurança". Afinal, uma cerca poderia fazer o serviço ao menos em parte. Junto com outras medidas, seria muito mais rentável e teria o efeito psicológico de satisfazer a necessidade que alguns eleitores têm de uma barreira física para se sentirem mais seguros. Os políticos não são alheios às vantagens de gestos relacionados a aspectos práticos. Até agora, no entanto, Trump continua sustentando que o povo quer um muro, e que é isso que ele vai ter. Até o início de 2018, vários protótipos do muro já tinham sido apresentados, mas a oposição do Congresso a financiar o projeto não arrefeceu.

Os obstáculos à construção do muro são substanciais. Os processos judiciais são barricadas conceituais, que podem ser contornadas às vezes; mas será que vale mesmo a pena, uma vez que há outras barreiras físicas no caminho da construção de fato? Se o muro é uma declaração política, então para seus defensores a resposta seria sim, e isso também deveria se sobrepor às dificuldades apresentadas pelo terreno. Quanto mais concreto, mais forte a mensagem e maior o apoio central. Contanto que haja um declínio na imigração (o que pode acontecer em decorrência de uma combinação de outras medidas de segurança ou fatores econômicos), o fato de haver lacunas no muro será desconsiderado por muitos eleitores; ele será aclamado como a medida decisiva para impedir que estrangeiros entrem e para proteger os valores americanos. Um muro é um símbolo físico tranquilizador — e por vezes o simbolismo pode pesar mais que os aspectos práticos. O presidente Trump poderia se postar diante de apenas alguns quilômetros extras de concreto, levantar um cartaz com os dizeres "Missão cum-

Construam o muro!: Estados Unidos

prida" e assim convencer sua base eleitoral central de que "alguma coisa está sendo feita".

Outros presidentes fortificaram a fronteira com o México, mas o muro de Trump é particularmente divisor porque representa um momento específico na história dos Estados Unidos. A política por trás da construção do muro não é uma questão de apenas manter os mexicanos do lado de fora. Uma fronteira define uma nação, e o muro de Trump está tentando definir o que os Estados Unidos são — tanto física quanto ideologicamente. Para compreender como ele reflete e aprofunda divisões históricas, precisamos olhar para as outras fissuras que cindem o país.

De todas as divisões presentes nos Estados Unidos, a da raça parece ser a mais ampla. Há aproximadamente 324 milhões de pessoas no país. Segundo o World Factbook da cia, com base no censo de 2010, 72,4% dessas pessoas são brancas, 12,6% negras, 4,8% asiáticas e apenas menos de 1% ameríndios e nativos do Alasca. As pessoas de "duas ou mais raças" compreendem 2,9%; havaianos nativos e outros ilhéus do Pacífico, 0,2%; e a categoria "outros" chega a 6,2%. Talvez você tenha notado a ausência da crescente população hispânica. Isso é porque o Departamento do Censo dos Estados Unidos considera que hispânico significa alguém de origem espanhola/hispânica/latina "que pode ser de qualquer raça ou grupo étnico". Esse grupo desigual é a maior minoria nos Estados Unidos, correspondendo a cerca de 17% da população americana.

E esse número provavelmente crescerá no século xxi. Como vimos, a maioria branca tem representado uma proporção cada vez menor da população (sobretudo nos estados do Sul) num país que já tem dificuldade para integrar suas populações. As estimativas variam, mas a maior parte dos especialistas concorda que, dentro de algumas décadas, os brancos poderiam deixar de ser maioria. Incluindo os hispânicos, os não brancos correspondem atualmente a 40% da população, um número que, segundo se prevê, deverá se elevar a 53% até 2050, com os hispânicos compreendendo cerca de 29%, o que faria deles o grupo étnico de mais rápido crescimento durante os próximos trinta anos. Para os que veem essa tendência com preocupação, construir um muro e potencialmente deter o influxo de imigrantes dá a esperança de refrear essa mudança demográfica, embora na realidade pouco vá fazer para alterar a situação.

Há muita retórica anti-imigração que tende a apoiar o muro. No entanto, é injusto supor automaticamente que um voto em

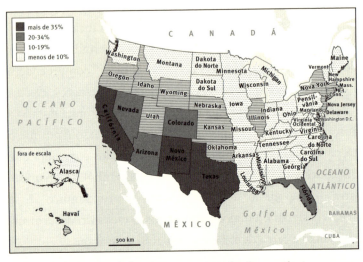

Proporção de hispânicos nas populações estaduais
nos Estados Unidos (2014).

Construam o muro!: Estados Unidos 83

Trump tenha sido um voto racista. Cerca de 8% dos eleitores negros o escolheram como seu presidente, assim como 29% dos hispânicos. Se estivermos dispostos a imaginar que esses eleitores não votaram a favor de uma ideologia racista, não parece justo declarar, como algumas pessoas fazem, o voto dos brancos em Trump como um voto racista. Há muitas razões pelas quais as pessoas o apoiam. Trinta anos atrás, o maior empregador nos Estados Unidos era a General Motors e o salário médio de um trabalhador da empresa era (em valores corrigidos) cerca de trinta dólares por hora. Hoje, o maior empregador é a Walmart, e o salário por hora é de cerca de oito dólares. Trabalhadores que acreditam estar em pior situação do que seus pais, ou que viram os empregos no setor do aço escaparem para o estrangeiro e para fora da Pensilvânia podem se sentir tentados a apoiar alguém que promete reverter isso. Alguns desses trabalhadores são negros ou hispânicos, e americanos de todos os matizes são suscetíveis de se preocupar com os efeitos da imigração ilegal sem necessariamente serem racistas.

Dito isso, é claro que dentro do núcleo duro do eleitorado de Trump há um racismo fundamental, e o efeito de sua linguagem e comportamento para encorajar crenças racistas não deve ser subestimado. A retórica exacerba as tensões em meio à população americana e alcançou uma espécie de pico no verão de 2018. Naquela altura, 2 mil crianças tinham sido separadas à força dos pais, depois que a administração Trump começou a operar uma política de "tolerância zero" para a travessia ilegal da fronteira a partir de abril daquele ano. Isso reverteu uma política anterior de deportar, mas não necessariamente processar as pessoas. Agora elas estavam sendo presas e indo para o sistema judiciário, enquanto seus filhos eram enviados para "centros de detenção", às vezes por semanas. Houve cenas de partir o coração, com crianças chorando pelos pais e os funcionários proibidos de consolá-las fisicamente. A intenção do presidente Trump parecia ser enviar uma mensagem para os que tentavam atravessar a fronteira: "Não tentem!"; e também para os democratas: "Cooperem com a legislação que propus".

Os imigrantes em geral são pintados sob uma luz negativa, com Trump descrevendo-os como *bad hombres*: "Quando o México manda suas pessoas, não manda as melhores... manda as que têm um monte de problemas, e elas estão trazendo esses problemas conosco [sic]. Elas estão trazendo drogas. Estão trazendo crime. São estupradores. E algumas, suponho, são boas". Esse tipo de linguagem contribuiu para o aumento dos níveis de discriminação denunciada contra latinos ao longo da última década. Uma enquete feita pelo Pew Research Center em 2016, por exemplo, descobriu que 52% dos hispânicos dizem ter sido tratados de maneira injusta por causa de sua etnia, um número que se elevou para 65% entre pessoas de dezoito a 29 anos de idade. Curiosamente, os valores para a mesma faixa etária de pessoas negras foram iguais, mas no geral os hispânicos eram muito menos propensos que os negros a dizer que tinham experimentado problemas com *el racismo*.

Sem dúvida enormes avanços foram feitos na igualdade racial, e todos os dias dezenas de milhões de americanos de todos os tons de pele coexistem alegremente, misturam-se, comem, trabalham e se divertem juntos. No entanto, o racismo ainda é uma questão importante em todo o país.

Construam o muro!: Estados Unidos

Embora a população hispânica em rápido crescimento de fato enfrente discriminação, a divisão racial mais clara nos Estados Unidos é a que separa brancos e negros, que se originou no tempo da escravidão e continua até hoje. O efeito negativo que isso tem nas vidas das pessoas é claro: nascer negro nos Estados Unidos torna mais provável que você seja menos abastado, menos instruído e menos saudável do que se tivesse nascido branco. Mas isso não é totalmente verdadeiro: uma família negra suburbana de classe média alta provavelmente tem mais oportunidades que uma família rural branca empobrecida. Um estudo do Brookings Institute sugere que, seja qual for seu grupo étnico — branco, negro ou hispânico —, se você teve uma origem pobre, mesmo com um diploma universitário, seus ganhos serão inferiores aos de uma pessoa de uma família mais rica.

Mas, dito isso, como regra geral suas probabilidades na loteria da vida não são boas se você for negro. Continua claro que o racismo histórico e contemporâneo é um importante fator nas alarmantes disparidades entre grupos étnicos. Isso é verdade mesmo bem no começo da vida. No país mais rico do mundo, a mortalidade infantil é de 4,8 por mil nascimentos para a população branca, mas de 11,7 para os negros — índice que equivale aproximadamente ao de uma nação de nível médio como o México.

Menos saúde, menos riqueza e menos expectativas, tudo isso contribui para níveis inferiores de educação também, o que se torna claro já aos dois anos de idade. A essa altura, segundo a Organização para a Cooperação e Desenvolvimento Econômico (OCDE) e estatísticas educacionais norte-americanas, há ligeiramente menos crianças negras demonstrando proficiência em habilidades de desenvolvimento do que crianças brancas. Entre os três e os cinco anos de idade, a discrepância aumenta levemente outra vez, em termos de capacidade de leitura; imagina-se que isso esteja ligado a uma relativa falta de materiais de leitura em lares negros, pais que dispõem de menos tempo para ler para os filhos e uma possível falta de interesse por livros devido à escassez de personagens não brancos. À medida que avançamos pelo sistema escolar, os negros são suspensos e/ou expulsos numa taxa três vezes maior que a de estudantes brancos. Em escolas em que a maioria dos alunos é de grupos minoritários, os professores também tendem a ser menos experientes e menos bem remunerados.

Por trás desses números está a realidade da vida diária no que é com frequência um lar monoparental de baixa renda. Entre os pais negros, 25% dizem que seus filhos estão em bairros inseguros, ao passo que para pais brancos a proporção é de 7%. Quando chegamos à idade da formatura, descobrimos que americanos negros têm uma probabilidade duas vezes maior de abandonar o ensino médio. Um estudo diz que se as taxas de rendimento escolar de americanos brancos e negros no ensino médio fossem medidas como se cada grupo fosse um país separado, o primeiro seria equivalente ao Reino Unido e o último ao Chile. No nível universitário, 36,2% dos brancos completam um curso, em contraposição a 22,5% dos negros. Após levar esses diplomas para o ambiente de trabalho, os negros ganham menos. Americanos negros têm também maior probabilidade de ser presos: eles constituem aproximadamente 14% da população do país, mas correspondem a 38% da população carcerária.

Construam o muro!: Estados Unidos

E assim vai, do berço ao túmulo. Os Estados Unidos são um país violento comparados à Europa, mas, se você for negro, eles são um lugar ainda mais perigoso. A taxa de assassinato para a população branca é de 2,5 mortes por 100 mil pessoas. Para negros, é de 19,4, em pé de igualdade com muitas nações do Terceiro Mundo ou em desenvolvimento. As estatísticas variam, mas segundo a CNN, se você for jovem, negro e do sexo masculino, tem uma probabilidade três vezes maior de levar um tiro e ser morto por um policial do que um jovem branco. Não é de admirar que a expectativa de vida de americanos negros seja quatro anos inferior à dos brancos. Junto com várias mortes a tiro de homens negros desarmados nos últimos anos, esses números cruéis causaram agitação e protestos em todo o país — como as rebeliões em Ferguson, em 2014 — e deram origem a movimentos como o Black Lives Matter [Vidas Negras Importam]. E com as reações tanto das autoridades quanto das comunidades sob grande escrutínio após os incidentes, essa se tornou uma questão cada vez mais polêmica.

As estatísticas que destacam os problemas são fáceis de encontrar. Explicar sua causa é mais difícil, mas está claro que o racismo ainda desempenha um papel na sociedade americana. É impossível escapar desde o início — a escravidão. Os escravos foram emancipados, mas a maioria foi deixada num estado de pobreza, enfrentando discriminação social; nessas circunstâncias é difícil conseguirem alcançar paridade com a população dominante tão rápido. Quanto tempo é tão rápido? Bem, já se passaram mais de 150 anos e, apesar dos avanços que foram feitos, sobretudo nos últimos cinquenta anos, é de uma obviedade gritante que há mais por fazer.

EVIDENTEMENTE, RAÇA NÃO É a única divisão nos Estados Unidos. Quando se trata de religião, por exemplo, um dos grandes pontos fortes do país é o fato de ser um Estado secular, mas com uma diversidade de crenças religiosas e lugares de culto. Sua fé continua esmagadoramente cristã, dividida entre uma variedade de grupos protestantes e católicos, mas desde os anos 1960 a ela se acrescentaram outras fés com números significativos de crentes. Cerca de 80% dos americanos se identificam como cristãos, os protestantes sendo os mais numerosos, com 46,6% da população como um todo, seguidos pelos católicos, com 20,8%. Então vêm os judeus (1,9%), mórmons (1,6%), muçulmanos (0,9%), budistas (0,7%), hindus (0,7%) e uma pletora de outros grupos menores.

Podemos chamar isso de *melting pot*, ou caldeirão cultural? Até certo ponto. O ideal que sustenta o lema *"E pluribus unum"* sobreviveu em certa medida, apesar de alguns exemplos gritantes de incongruência e hipocrisia. Contudo, no presente século, o espírito de assimilação dentro de uma sociedade multiétnica tem sido desafiado pelo multiculturalismo. As divisões raciais e étnicas ajudam a sustentar muitas das fissuras na sociedade americana e contribuíram para a origem da política de identidade que tanto atormenta a República. Cada vez mais os americanos se identificam por sua etnia, religião ou sexualidade, o que polariza e racha ainda mais a nação. Diferentes etnias foram encorajadas a conservar um senso de identidade declarado; em vez de conduzir a uma aceitação da diversidade, essa abordagem parece em alguns casos resultar na separação de certos grupos do restante da sociedade, deixando-os, em certo grau, cada vez mais passíveis de discriminação.

Construam o muro!: Estados Unidos

Vimos isso durante a campanha para a eleição presidencial de 2016, quando Donald Trump criticou os pais de Humayun Khan, um oficial americano muçulmano condecorado que morreu no Iraque, depois que o pai de Humayun se manifestou contra seu apelo para proibir a imigração muçulmana. Khizr e Ghazala Khan são o que os americanos chamam de "pais Estrela Dourada". A expressão remonta à Primeira Guerra Mundial, quando famílias que tinham entes queridos lutando no estrangeiro hasteavam bandeiras com uma estrela azul para cada membro da família nuclear. Se o familiar fosse morto, a estrela azul era substituída por uma dourada.

O tom dos ataques verbais de Trump aos Khan foi muito diferente do que ele teria usado caso a família fosse de cristãos brancos. Na política americana, não se critica pais Estrela Dourada por causa do sacrifício que a família fez pela nação. Trump disse que ele também fizera "sacrifícios", em razão do número de empregos que criara nos Estados Unidos. E sugeriu que a sra. Khan não tinha permissão do marido para falar, insinuando que isso se devia à religião deles. Pouco importava que o sr. Khan costumasse levar o jovem Humayun ao Memorial de Jefferson e lesse para ele as palavras ali gravadas — "Consideramos estas verdades como incontestáveis, que todos os homens foram criados iguais...". Por trás dos comentários do candidato Trump parecia estar a ideia de que, de alguma maneira, essa família Estrela Dourada em particular era diferente das outras. Havia também a sensação de que ele estava falando com e para uma seção dos Estados Unidos que define os americanos de uma maneira muito estreita. O senador John McCain, republicano e ex-prisioneiro de guerra no Vietnã, expressou a opinião do restante do país quando disse sobre Trump: "Embora nosso partido tenha lhe concedido a nomeação, ela não é acompanhada por uma licença irrestrita para difamar aqueles que são os melhores entre nós".

A ideia de "diferença" é abordada tanto pela direita quanto pela esquerda; é um aspecto da política de identidade que está exacerbando as divisões nos Estados Unidos. Neste momento da história americana, embora unidos pela ideia de nação, muitos grupos estão, não obstante, afastando-se uns dos outros. Isso também pode ser visto na crescente divergência na arena política.

Dois anos antes do acirrado enfrentamento de 2016 entre Trump, Sanders e Clinton, o Pew Research Center conduziu seu maior estudo até então sobre as atitudes políticas americanas. Descobriu-se que as ideias das pessoas estavam cada vez mais arraigadas, e que havia uma crescente relutância em aceitar as opiniões dos outros. Por exemplo, 38% dos democratas politicamente engajados se descreviam como "liberais consistentes", em comparação com 8% em 1994, ao passo que 33% dos republicanos eram "invariavelmente conservadores", em comparação com 23% vinte anos antes. Mais preocupantes foram os números mais elevados de republicanos e democratas que tinham desprezo uns pelos outros, sobretudo entre os politicamente ativos. Em 1994, 17% dos republicanos tinham impressões *muito* desfavoráveis dos democratas, mas isso se elevara agora para 43%. No outro lado, os números subiram de 16% para 38%.

Há uma base geográfica para esse fenômeno, com os eleitores fiéis ao Partido Democrata podendo ser encontrados cada vez mais em conurbações urbanas maiores, e os republicanos em cidades pequenas e áreas rurais. Preston Stovall, um aca-

Construam o muro!: Estados Unidos

dêmico da Universidade de Nevada, em Las Vegas, escreve sobre *globalistas urbanos* e *nacionalistas não urbanos*, o que, segundo ele acredita, "corresponde melhor à divisão do que 'democrata' e 'republicano'". Ele lamenta o fato de que as ideias dos não urbanos sejam "reduzidas a birra de gente ignorante", enquanto as dos urbanos sejam "apresentadas como elitistas e moralmente depravadas":

> Estou consternado com a forma como os americanos urbanos tendem a desprezar comunidades agrárias e rurais. Não me lembro de uma única vez em que um comentário depreciativo sobre americanos rurais tenha recebido outra coisa senão uma aprovação ou afirmação [...] precisamos evitar a tendência de pensar que os eleitores republicanos são racistas ignorantes e que os eleitores democratas são elitistas imorais.

É importante lembrar que esses termos e estatísticas se referem sobretudo aos politicamente ativos; fora dos silos ideológicos e das câmaras de eco há mais aceitação do outro e uma maior disposição para chegar a um acordo. Ainda assim, essa crescente intolerância a pontos de vista opostos levou à retórica cada vez mais violenta que ouvimos nos meios de comunicação convencionais e nas versões estridentes que encontramos na internet. Os dias das transmissões relativamente plácidas dos telejornais das três principais redes de televisão deram lugar ao surgimento de canais de TV a cabo com notícias 24 horas e concorrentes políticos entre si, aos programas de rádio sensacionalistas e a uma internet desgovernada em que insultos e ameaças de morte são a norma. O surgimento de plataformas de redes sociais disponíveis 24 horas também deu um megafone para os extremos, enquanto a mídia noticiosa geral amplificou esse megafone, resultando na impressão de que os americanos estão constantemente um no pescoço do outro (ou no feed de Twitter do outro), quando, na verdade, a maioria se dá bem no dia a dia. Algumas das pessoas mais intolerantes atualmente pertencem à geração mais jovem, muitas das quais estão se recusando a aceitar os ideais de liberdade de expressão e afirmando que a intolerância política é justificada quando diz respeito a pessoas de quem elas discordam. Esse é um interessante contraste com a China. Lá, o Estado procura dividir a população restringindo sua capacidade de ter um discurso aberto uns com os outros e com o mundo exterior para manter a unidade; nos Estados Unidos, a terra da liberdade de expressão, muitas das tribos das redes sociais estão optando por se separar de seus compatriotas, atacando-se constantemente.

Além disso há também o extremismo do establishment educacional americano, conduzido por uma pequena minoria de estudantes com algum apoio de professores. Uma grande parte da geração mais velha de acadêmicos parece cada vez mais perplexa e imobilizada à medida que seus filhos revolucionários se voltam contra as próprias pessoas que os ensinaram a ser tão ideológicos. Isso criou uma atmosfera intelectual desagradável nos Estados Unidos, com *no-platformers** intimidantes e agressivos avançando contra professores tímidos e intelectualmente fracos, que batem em retirada. Eles são um perigo para a coesão, porque a estridência de sua campanha é amplificada no discurso on-line. Se cada vez mais alunos saem da univer-

---

* Partidários de que se negue o direito de expressão a pessoas cujas ideias são consideradas perigosas ou inaceitáveis. (N. T.)

Construam o muro!: Estados Unidos 93

sidade radicalizados, seja para a esquerda ou para a direita, há um perigo de que suas ideias extremadas possam se tornar mais prevalentes.

Um dos melhores exemplos disso ocorreu em 2017, no Evergreen State College, em Washington. Bret Weinstein, um professor branco de ideias liberais, se opôs à ideia de que a faculdade precisasse explicar e justificar qualquer nomeação de professor com base na raça. Mais tarde, ele discordou de um pedido do corpo discente de que, num dia específico, os alunos brancos não deveriam comparecer à faculdade para criar um ambiente seguro para alunos negros debaterem questões. Então sua sala de aula foi invadida por alunos que gritavam sobre racismo e privilégio branco. Exigiram que ele e dois outros membros do corpo docente fossem demitidos, e quando o presidente da faculdade, George Bridges, tentou interceder, foi repetidamente insultado e recebeu ordens de se calar. Um vídeo do incidente original mostra os alunos gritando perguntas para Weinstein; quando ele lhes questiona: "Vocês gostariam de ouvir a resposta ou não?", eles gritam: "Não!". O incidente foi emblemático das tentativas cada vez mais delirantes de humilhar pessoas com ideias diferentes, em que um grupo se convence de que o outro é o epítome do mal e não lhe deveria ser concedida a oportunidade de expressar suas ideias. Pode ser infantil, pode ser simplista, mas é também perigoso e ameaça o ideal da livre expressão.

Esse estreitamento moderno da mente americana se dá de ambos os lados do espectro político e está reduzindo o espaço no meio deles. Entre os piores perpetradores estão os que se empenham ativamente em promover a desconfiança e o ódio do outro lado. Num extremo, eles incluem grupos separatistas tanto brancos quanto negros, alguns dos quais são armados; as manifestações com frequência resultam em violência. Em 2017, por exemplo, Charlottesville foi o cenário de um protesto contra a remoção de uma estátua do comandante confederado Robert E. Lee, em que se envolveram também grupos supremacistas brancos. Houve um desfile de bandeiras nazistas e slogans racistas e antissemitas. Seguiu-se violência, que resultou na morte da contramanifestante Heather Heyer, atropelada e morta por um supremacista branco. A indignação resultante foi exacerbada pela reação de Trump: ele se recusou repetidamente a condenar os ultradireitistas, inclusive a KKK e os neonazistas, afirmando que houve violência de ambos os lados.

Do outro lado da linha divisória, contudo não tão distantes, estão os grupos separatistas negros; eles podem ser uma reação à discriminação social branca, mas ainda assim sua ideologia é racista. Um exemplo clássico é a Nação do Islã, cujo líder, Louis Farrakhan, acredita que 6600 anos atrás um cientista negro chamado Yacub criou os brancos como "demônios de olhos azuis", destinados a serem inerentemente maus e ímpios. Farrakhan disse também que os judeus praticam uma "religião de sarjeta" e tiram proveito dos negros; sua solução para o problema enfrentado pelos negros é apoiar o separatismo racial e pôr fim às relações inter-raciais.

Entre os mais famosos de todos os grandes discursos americanos está "Uma casa dividida", de Abraham Lincoln. Ele o pronunciou em 1858, ao aceitar a indicação do Partido Republicano de Illinois como senador. A expressão vem da Bíblia e está citada nos Evangelhos de Marcos 3,25; Lucas 11,17; e Mateus 12,25. Neles, Jesus diz: "Se uma casa estiver dividida contra si mesma, também não poderá subsistir". Lincoln estava se referindo à cisão por causa da questão da escravidão, mas agora os Estados Unidos se veem profundamente divididos mais uma vez: desavenças por causa de raça, etnicidade e inclinações políticas estão fazendo as tensões e emoções se exacerbarem.

A casa cada vez mais dividida dos Estados Unidos precisa de uma abordagem mais racional, conciliadora e tolerante, mas o debate é muitas vezes conduzido — tanto pela direita quanto pela esquerda — com histeria e uma determinação fanática de usar política identitária para abafar o som do "outro". Nessa atmosfera febril, a retórica de Trump sobre o muro tira proveito de divisões históricas e recentes dentro da nação, fazendo referência a uma definição estreita de "americano". As divisões racial, étnica e política se fundem todas na questão do muro — o que os Estados Unidos são, o que eles deveriam ser e como ele leva adiante seus próprios ideais de liberdade e igualdade.

Barack Obama esteve longe de ser o mais bem-sucedido dos presidentes dos Estados Unidos e, como todos os outros, teve políticas que dividiram, mas sustentando sua visão de país estava a convicção de que uma nação é mais forte e um lugar melhor quando abraça a ideia de *"E pluribus unum"*. Ele já está desaparecendo na história, mas seu lugar está assegurado e é um exemplo do que pode ser alcançado pelos Estados Unidos modernos. Isso ficou evidente em seu discurso de abertura na Convenção do Partido Democrático em 2004:

> Os especialistas gostam de fatiar e cortar o nosso país em [...] estados vermelhos para os republicanos, estados azuis para os democratas [...]. Mas tenho uma novidade para eles [...]. Nós ado-

ramos um Deus maravilhoso nos estados azuis, e não gostamos de agentes federais bisbilhotando nossas bibliotecas nos estados vermelhos. Temos uma divisão infantil de beisebol nos estados azuis e, sim, temos amigos gays nos estados vermelhos [...]. Somos um só povo.

CAPÍTULO 3

Os fatos no terreno
Israel e Palestina

Vede a deplorável e humilhante situação
em que nos encontramos, como toda a cidade
de Jerusalém está em ruínas e suas portas
devastadas pelo fogo. Vinde! Vamos reconstruir
os muros de Jerusalém para que não passemos
mais vergonha.
Livro de Neemias 2,17

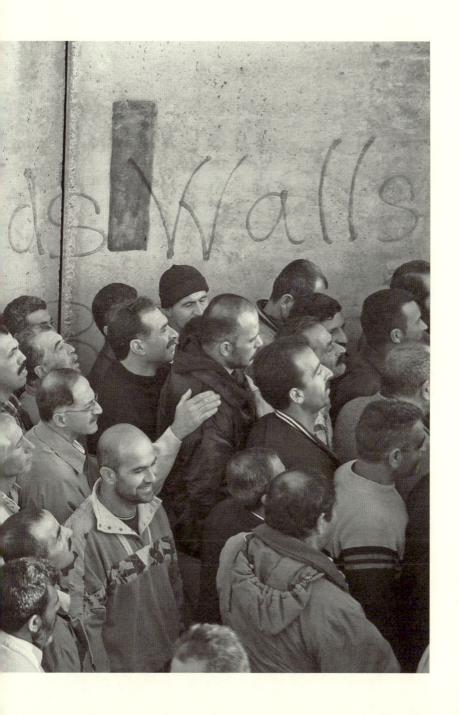

Páginas anteriores: Palestinos esperando para cruzar o muro num posto de controle fora de Belém, na Cisjordânia.

Poucos minutos depois que você começa a dirigir para o sul a partir das muralhas da Cidade Antiga de Jerusalém, os novos muros de Belém se erguem à distância. À medida que você se aproxima, é possível observar que eles são formados por placas de concreto de oito metros de altura, encimadas com arame farpado. Algumas seções são eletrificadas e intercaladas com altas torres de vigia com um vidro grosso e empoeirado, à prova de bala, de trás do qual jovens soldados israelenses observam ambos os lados. No setor israelense há vastas extensões de terra, mas depois que você passa pelo posto de controle e chega ao outro lado precisa dirigir por ruas com largura suficiente só para um carro e prédios residenciais baixos de cara para o muro. É desalentador, intimidador, opressivo e surrealista. Lares e muros altos não deveriam estar tão próximos uns dos outros.

Atravessar a fronteira é uma experiência muito deprimente, mas duplamente deprimente se você passa pelas partes feitas de concreto, como a maioria dos estrangeiros. Essas são as seções colocadas junto às áreas urbanas para evitar disparos de atiradores de tocaia nos prédios mais altos. Grande parte do restante da barreira de 708 quilômetros de extensão é uma cerca.

Embora apenas 3% da "barreira de separação" entre Israel e a Cisjordânia seja feita de concreto, ela é chamada de "O

Muro". Por quê? Porque os 3% são muito mais impressionantes visualmente que os outros 97%. Que equipe de TV ou fotógrafo usaria uma cerca de arame farpado como pano de fundo quando há uma barreira de concreto de oito metros supervisionada por torres de vigia e coberta de pichações à disposição? É compreensível, por razões de interesse humano e pelo impacto visual da crueza de um muro e o que ele diz sobre um conflito e uma divisão. Como quer que seja chamada, a barreira continua sendo um monumento a uma das mais complexas disputas do planeta.

A palavra "intratável" é uma descrição justa da situação, ainda que ela dependa da sua definição; embora algumas fontes a expliquem como "difícil de controlar ou lidar", outras, por exemplo o Dicionário Cambridge, a têm como "muito difícil ou impossível de controlar, administrar ou resolver". Nesse contexto, a palavra está errada, porque embora a questão Palestina/Israel seja certamente difícil, não é impossível de controlar. E embora possa ser algo que não vamos resolver num futuro próximo, os israelenses a vêm "administrando" há décadas. Nesta nova era dos muros, eles têm conseguido, a maior parte do tempo, conter seus adversários.

Nas seções de concreto, o autor de arte urbana Banksy tem feito uso da estranha justaposição do muro à vida cotidiana. Há vários anos ele vem pintando murais no lado palestino. Alguns ficaram famosos: uma garotinha revista um soldado das Forças de Defesa de Israel (FDI) à procura de armas, uma pomba branca usa um colete à prova de balas, uma menina é transportada por cima do muro por balões. Há uma história (possivelmente apócrifa) de que um palestino teria dito ao artista que ele deixara o muro bonito. Banksy agradeceu, apenas para ouvi-lo acrescentar: "Não queremos que seja bonito. Odiamos esse muro. Volte para casa".

Uma imagem menos "bonita" frequentemente encontrada em seções do muro é a de Handala, um menino refugiado de dez anos, abandonado e descalço. Handala, desenhado originalmente pelo falecido artista palestino Naji al-Ali, em geral aparece de costas para nós — sugerindo que não vai se virar até que haja justiça para os palestinos. O próprio Al-Ali, que também criticava os líderes árabes, partiu e nunca mais voltou à Palestina. Ele levou um tiro no rosto em Londres em 1987 e morreu cinco semanas depois. Um palestino, que segundo a polícia britânica era membro da Organização para a Libertação da Palestina (OLP), foi preso em conexão com o assassinato, mas nunca foi acusado formalmente.

Ao recordar Al-Ali e Handala, lembrei-me de um amigo palestino em Londres. Ele é de Belém, mas deixou a cidade no final dos anos 1980 e diz que não "voltaria atrás", com o que quer dizer "retornaria". "Não consigo suportar a ideia de passar pelos postos de controle israelenses para chegar à minha própria casa", disse-me ele. "Seria como admitir a autoridade deles."

Banksy, porém, retornou e foi além. Para marcar o centésimo aniversário da Declaração Balfour, de 1917, que prometeu uma pátria aos judeus no que era então chamado de Palestina, ele abriu o Walled Off Hotel, ou "Hotel Emparedado", na Cisjordânia. Todos os dez quartos dão para o muro, que está a 3,5 metros de distância, do outro lado da rua. Segundo Banksy, é "a pior vista de qualquer hotel no mundo", mas "oferece uma recepção calorosa para pessoas de todos os lados do conflito e do mundo inteiro". Tornou-se uma vista que muitas pessoas que visitam Belém agora querem conhecer, criando o que os críticos descrevem como uma versão de "turismo de conflito"; os defensores dizem que o hotel desempenha um papel na construção de pontes entre a Palestina e o mundo exterior. Ainda assim, visitas guiadas temáticas, souvenirs de Banksy e selfies com a arte de Banksy são agora imprescindíveis para muitos turistas que visitam o local do nascimento de Jesus.

No hotel, um terraço estreito abriga cadeiras e mesas, onde turistas que se aventuram fora dos locais cristãos históricos de sempre bebem drinques. Do terraço, é possível ler pichações no muro, desde o engraçadinho "Faça homus, não muros" ao esperançoso "Deus destruirá este muro", passando por suásticas desenhadas a partir do formato da Estrela de Davi. O interior do hotel é decorado com ícones da resistência palestina ao domínio israelense, como estilingues e câmeras de segurança danificadas. Os quartos têm murais de Banksy, inclusive um de um soldado israelense e um manifestante palestino fazendo uma guerra de travesseiros. No térreo, há um pequeno museu que delineia a história do conflito, com um manequim em tamanho real do diplomata britânico Arthur Balfour na entrada. É só apertar um botão e seu braço direito mecanizado começa a se mover, à medida que ele assina a famosa declaração.

No entanto, o que falta na obra de arte é alguma coisa que descreva as razões israelenses para a fealdade absoluta com que o hotel se defronta. Não há espaço na rua estreita para uma representação artística de um ônibus israelense bombardeado; por outro lado, não há nenhuma exigência de que a arte seja neutra. No muro, porém, uma pichação talvez não intencionalmente sugere um aspecto da visão do outro lado de que o

Os fatos no terreno: Israel e Palestina

muro "administra" a situação, mas não a resolve: "Este muro pode cuidar do presente, mas não tem futuro". Na política, o presente costuma ser mais importante que o futuro, sobretudo quando você quer ser eleito.

Por que o muro existe e o que ele leva a cabo é uma questão controversa. Afinal, a fronteira entre os dois países foi objeto de violenta controvérsia desde que Israel surgiu, a começar com a Guerra Árabe-Israelense, em 1948. Ao final do conflito, uma linha de cessar-fogo foi acordada, na forma da Linha Verde. Mas em 1967, durante a Guerra dos Seis Dias, Israel ocupou a Cisjordânia e Gaza, além de se apoderar da região do Sinai e das colinas de Golã. Depois de duas décadas vivendo sob o domínio israelense, a frustração e o ódio se espalharam pelos territórios palestinos, levando às insurreições e aos protestos violentos da Primeira Intifada (1987-93). "Intifada" deriva da palavra árabe *nafada*, que significa livrar-se de algo, traduzindo-se como liberdade da opressão. Após alguns anos de paz frágil, durante os quais Israel continuou a ocupar Gaza, a disputa de território de décadas de duração explodiu em violência novamente em 2000. Quando essa Segunda Intifada eclodiu o muro começou a ser erguido.

O ponto de vista palestino é que a barreira é uma desculpa para uma apropriação de terras e para estabelecer "fatos no terreno", construindo os contornos de uma possível solução com dois Estados mas nos termos israelenses, que resultaria na perda pela Palestina de pelo menos 10% do território da Cisjordânia, pois a posição atual do muro se encontra bem dentro do território palestino. Israel alega razões topográficas para o traçado do muro, mas em certas áreas ele se desvia para o leste da Linha Verde, contornando assentamentos judaicos.

Há cerca de 400 mil judeus vivendo na Cisjordânia. O termo "assentamentos" sugere pequenos acampamentos, talvez localizados em colinas altas, varridas pelo vento. Entretanto, embora muitos tenham começado dessa maneira, alguns se transformaram em verdadeiras cidades, em que não faltam prefeituras, supermercados e escolas. As estradas que as conectam umas às outras e a Israel tornam difícil para os palestinos se deslocarem na Cisjordânia ou manterem grandes regiões de território contínuo. Hoje em dia, há também mais de 200 mil judeus vivendo em Jerusalém Oriental, que Israel anexou em 1967, mas que os palestinos reivindicam como a capital de um futuro Estado palestino. Os judeus israelenses tendem a pensar em Jerusalém Oriental e na Cisjordânia como entidades separadas; nas mentes palestinas essa divisão não existe.

A questão dos assentamentos divide a opinião pública israelense e há sempre um debate acalorado sobre a sensatez, legalidade e moralidade de sua existência. Os colonos judeus religiosos afirmam que podem viver na Cisjordânia porque ela era parte da antiga Israel e lhes foi prometida na Bíblia. Colonos seculares afirmam que Israel tomou o território da Jordânia, que abandonou sua pretensão de ter o direito de ocupá-lo, e que portanto sua presença não é ilegal — um ponto de vista não compartilhado pela comunidade internacional.

"Olhe para esses muros!", diz um amigo palestino, envolvido com centros comunitários e que prefere não ser identificado. "É nojento! É tudo parte de um plano para roubar terra. Eles deslocam o muro centenas de metros para dentro do território palestino para mais tarde poderem dizer que temos de negociar por um território que sempre foi nosso." Enquanto dirigimos ao longo do muro, ele gesticula com raiva para áreas

A barreira de separação segue aproximadamente a rota da Linha Verde, estabelecida pelo Armistício de 1949, mas em vários lugares avança para dentro do lado palestino.

palestinas que eram outrora cobertas de oliveiras, agora arrancadas para criar uma terra de ninguém que ele teme que um dia se torne território israelense. "Eles sempre fizeram isso", diz ele. "Criam o que chamam de fatos no terreno, mas são os fatos deles no nosso terreno."

Os israelenses, por outro lado, têm uma visão muito diferente do muro: até as pichações e obras de arte do seu lado da barreira contam uma história diferente. Algumas são antipalestinas e defendem a necessidade do muro; algumas são pró-palestinas e descrevem seu sofrimento; mas muitas consistem apenas de imagens de paisagens destinadas a tornar o muro "invisível" — e de fato é isso que ele é para a maior parte da população. A maioria dos que estão em Israel tem poucos motivos para chegar perto dele ou atravessá-lo. A maioria não vai aos assentamentos judaicos na Cisjordânia, e para os colonos que de fato viajam de um lado para o outro ele é só uma parte de um terreno distante através do qual têm passagem prioritária.

Em sua maior parte, os israelenses são favoráveis ao muro e acreditam que ele teve um efeito positivo. O governo israelense ressalta que nos três anos anteriores à sua construção uma avalanche de bombardeios e ataques suicidas praticados por palestinos matou centenas de israelenses. A certa altura, os fabricantes de bombas e os homens-bomba operavam livremente a partir de cidades na Cisjordânia que ficavam a menos de uma hora de carro de alvos como Tel Aviv, Netanya e Jerusalém. Nos três anos que se seguiram à conclusão da primeira fase do muro, pouco mais de sessenta israelenses foram mortos. Essa é a justificativa de Israel para o muro — ele é apenas uma medida de segurança destinada a conter as mortes violentas. Há uma minoria que se opõe a ele; são pessoas que veem a barreira — e

Os fatos no terreno: Israel e Palestina

particularmente a rota que ela segue hoje — como um obstáculo para uma solução pacífica e duradoura com os palestinos. A maior parte delas está à esquerda da política israelense e pode ser bastante ruidosa em seus protestos, mas mesmo dentro da esquerda são uma minoria. Com os assassinatos de civis num nível relativamente baixo, muitos israelenses recuaram psicologicamente para trás da barreira. Eles têm muitos outros problemas e questões com que lidar, e uma economia "segura atrás do muro" por vezes supera a segurança em enquetes sobre as preocupações nacionais.

David Kornbluth, um dos diplomatas mais eminentes de Israel, agora aposentado, acredita numa solução de dois Estados e diz que "lamenta a difícil situação dos palestinos", mas quando se trata da barreira de segurança ele tem uma visão perspicaz, rigorosa, direta e intransigente, a que muitos fazem eco: "O muro é um enorme sucesso. Ele impediu os homens-bomba de matar. Não haveria nenhuma barreira de segurança se não tivesse sido necessário. É um custo gigantesco, ninguém a queria, nem a esquerda, nem o partido no governo. Na minha opinião, os distúrbios lamentáveis e indesejados para os palestinos não pesam mais que a prevenção da perda de vidas que a barreira permitiu. É claro que lamento a difícil situação deles, mas isso não tem nada a ver com tentarem matar centenas de nossos civis". Lembro-lhe de que aqueles que são contra a barreira a veem como um símbolo da opressão e do poder do opressor. "Ela não tem nada a ver com ser um símbolo de poder ou de opressão. Se tivesse, nós a teríamos erguido em 1967. Ela está lá para responder a uma necessidade prática."

De certo modo, ela está pondo em prática a ideologia de Ze'ev (Vladimir) Jabotinsky (1880-1940) e sua teoria da "muralha de ferro". Jabotinsky foi um ideólogo na comunidade judaica pré-independência na Palestina. Ele foi o principal arquiteto da estratégia para lidar com os árabes, que se opunham veementemente à formação de Israel, a partir de uma posição de incontestável força militar. Ele argumentava que só depois que o lado árabe tivesse compreendido que não podia destruir Israel ele viria à mesa e os acordos poderiam ser feitos. "É minha esperança e convicção", declarou Jabotinsky, "que lhes ofereceremos então garantias que os satisfarão e que ambos os povos viverão em paz, como bons vizinhos. Mas o único caminho para o acordo é através da muralha de ferro."

À medida que a barreira foi gradualmente cercando a Cisjordânia, os atentados suicidas e os ataques com armas caíram drasticamente, e o governo israelense diz que há uma correlação direta entre a barreira e as estatísticas; os críticos, contudo, discordam. Eles argumentam que ela foi construída ao mesmo tempo que os inimigos de Israel diminuíram deliberadamente o ritmo dos ataques, tendo concluído que os atentados suicidas estavam prejudicando sua causa aos olhos do mundo, e que eles não valiam o alto custo das respostas israelenses. Fawaz Gerges, professor de Relações Internacionais na London School of Economics, acredita ser o caso: "O Hamas e outras facções palestinas tomaram uma decisão consciente de desistir dos ataques em Israel devido a inconvenientes políticos e estratégicos".

Contudo, Israel sustenta que o muro desempenha um papel crucial na segurança do país, junto com as outras barreiras que construiu para manter o controle de suas fronteiras. Além da existente na Cisjordânia, eles construíram uma barreira de segurança na fronteira com Gaza; iniciada em 1994, ela tem

Os fatos no terreno: Israel e Palestina

quase 65 quilômetros de extensão. Há também uma cerca de quase 245 quilômetros ao longo da fronteira egípcio-israelense, concluída em 2013, e que deteve imigração ilegal proveniente de uma variedade de países africanos. Entre 2000 e 2012, quase 50 mil africanos, sobretudo do Sudão, da Eritreia e da Etiópia, cruzaram a fronteira depois de jornadas penosas, muitas vezes para serem alvejados por patrulhas de fronteira egípcias. A maioria se estabeleceu em Israel por causa das barreiras legais à sua deportação e a relutância de países africanos em recebê-los de volta. Uma quarta cerca, menos divulgada, foi construída ao longo da fronteira síria, depois que o país mergulhou em uma guerra civil. Com vários grupos jihadistas islâmicos, como a Frente Nusra e o Estado Islâmico (IE), avançando perto da fronteira do lado sírio das colinas de Golã, Israel começou novamente a reforçar suas defesas.

Assim sendo, se Israel tem certeza de que os muros são responsáveis por reduzir a violência, serão eles um elemento permanente a partir de agora? É uma questão controversa, mas muitas pessoas não veem os muros como uma solução duradoura para os problemas da região, sendo apenas um passo em direção a ela, e defendendo que deveriam ser uma medida temporária. Kornbluth, um dos diplomatas envolvidos no traçado dos contornos da barreira, diz: "O acordo final vem em etapas [...]. Acho que o muro vai desaparecer, e ele não está necessariamente sobre a linha de qualquer fronteira final, não é para isso que serve, mas sim para reduzir significativamente o terror [...] ele pode vir abaixo tão rápido quanto foi erguido, isso é muito claro para mim". Para que isso aconteça será preciso haver um acordo não apenas entre os dois lados, mas também dentro deles — e ambos estão profundamente divididos.

ISRAEL É UM PAÍS QUE SINTETIZA o conceito de divisão de muitas maneiras, com pessoas muito diferentes vivendo lado a lado — ou, em alguns casos, incapazes de viver lado a lado.

Israel é uma nação nova, e um caldeirão cultural. É um país pequeno, com uma população de 8,6 milhões de habitantes, mas essas pessoas têm origens étnicas muito variadas. Há um grande número de russos, por exemplo, mais de 1 milhão dos quais chegaram nos anos 1990, quando a população local era de apenas 5 milhões. Refletindo as muitas fissuras na sociedade israelense, sua política é também bastante dividida — mais do que na maioria das democracias —, com partidos políticos de esquerda, de direita, partidos árabes, partidos religiosos e outras subdivisões dentro dessas categorias.

O primeiro censo ocorreu em 1948, o ano em que o Estado de Israel foi declarado. Naquela altura, 86% da população total era de judeus, 9% de muçulmanos, 3% de cristãos e 1% de drusos. Por ocasião do censo de 2014, a população muçulmana tinha quase dobrado para 16,9% e os drusos para 2%, enquanto a proporção judaica declinara para 75%, e os cristãos para 2%. Os 4% restantes são compostos por uma variedade de minorias.

No entanto, mesmo dentro da própria maioria judaica há profundas divisões. A maior parte cai em uma de duas categorias — asquenazes ou sefarditas. Em última instância, todos têm suas raízes em Israel antes da dispersão das tribos pelos romanos, mas os asquenazes costumam ter pele mais clara e sua origem mais recente é europeia. Os sefarditas são assim chamados em alusão à palavra hebraica para Espanha — *Sepharad* — e são compostos sobretudo das centenas de milhares

Os fatos no terreno: Israel e Palestina 113

de judeus obrigados a sair dos países árabes após a declaração do Estado de Israel, em 1948.

Os asquenazes tendiam a ser a elite e dominaram a política e os negócios desde o início do Estado, em parte porque grande número deles era muito instruído e em parte porque tinham chegado a Israel no final do século xix e início do século xx, décadas antes de os sefarditas fugirem dos pogroms árabes. Nos últimos anos, porém, a influência dos sefarditas tem crescido e seus partidos religiosos frequentemente mantêm o equilíbrio do poder, sendo por isso convidados para integrar governos de coalizão. Há poucas diferenças religiosas práticas entre as duas seitas, mas as divergências culturais e políticas influenciadas por suas origens no Oriente Médio e na Europa significam que os casamentos mistos, embora não sejam raros, ainda não são a norma. No que toca a cultura, os sefarditas estão muito mais próximos do Oriente Médio tanto na música quanto na culinária, ao passo que a dieta asquenaze tem suas raízes na Europa Oriental.

Quer sejam asquenazes ou sefarditas, há outra divisão religiosa, mais rígida, dentro da população judaica: a que separa os seculares (49%), os tradicionais (29%), os religiosos (13%) e os ultraortodoxos (9%) — também conhecidos como *haredim*, os que tremem de temor a Deus. Entre essas categorias, a maioria declararia sua religião como judaica: 87% dos seculares ainda comparecem aos ritos de Pessach, e metade diz que acende velas nas noites de sexta-feira. Mas há muitas diferenças nítidas entre eles que são visíveis em toda a sociedade.

Todos esses grupos vivem juntos num país pequeno e falam a mesma língua, mas pouco interagem socialmente. De fato, muitos bairros estão divididos, e há áreas inteiras de Jerusalém, Tel Aviv e de outras cidades que são quase exclusivamente seculares ou religiosas. Casamentos mistos são incomuns. Muitos judeus seculares dizem que se sentem incomodados com a ideia de um de seus filhos se casar com um *haredi*, assim como se incomodam com a ideia de um deles se casar com um cristão. Seus filhos provavelmente terão sido educados em instituições segregadas — os *haredim* em escolas *haredim* separadas por gênero, os seculares em escolas não religiosas.

Há bairros mistos religiosos/seculares nas áreas urbanas, mas mesmo neles é possível distinguir em segundos quem é ortodoxo e quem não é. Até o tipo de quipá que os homens religiosos usam na cabeça pode dizer alguma coisa sobre suas crenças. Por exemplo, muitos colonos da Cisjordânia adquiriram o hábito de usar quipás tricotados, maiores que os de feltro usados pelos ortodoxos modernos e alguns *haredim* como um distintivo de reconhecimento. Quem for conhecedor desses assuntos pode distinguir que rabino um *haredi* segue pelo tipo de chapéu de pele que ele usa. Os ultrarreligiosos e os seculares, por outro lado, são quase invisíveis uns para os outros. É uma via de mão dupla. Um *haredi* com chapéu de pele, cachos na lateral da cabeça, meias brancas e vestindo o que para as pessoas de fora parece um roupão jamais vai pedir informação a uma mulher secular, e vice-versa.

A diferença entre os grupos é clara em termos econômicos também. A economia de Israel é relativamente bem-sucedida em comparação com as da maioria dos países, mas sua prosperidade é distribuída de forma muito desigual e as discrepâncias entre diferentes grupos estão aumentando. A pobreza é disseminada — um em cada cinco israelenses vive numa família

Os fatos no terreno: Israel e Palestina 115

cuja renda é menor que metade da média nacional (o dobro da média dos países da OCDE) — e os *haredim* tendem a estar em piores condições a esse respeito, por várias razões. Famílias grandes contribuem para maiores níveis de pobreza, e os *haredim* tendem a ter mais filhos que os ortodoxos modernos e os seculares. Numa enquete do Pew Research Center, 28% dos *haredim* disseram ter sete filhos ou mais, ao passo que só 1% dos seculares chegava a esse número. Os *haredim* também têm maior probabilidade de estar desempregados, pois muitos deles optam por estudar a Torá em vez de trabalhar.

É possível ver essas fissuras dentro da sociedade judaica onde quer que se vá, embora elas sejam particularmente proeminentes em locais religiosos. Tome, por exemplo, o Muro das Lamentações, o monumento sustenta os restos do Segundo Templo, destruído pelos romanos em 70 d.C. Estudiosos religiosos têm opiniões discrepantes sobre quão "santo" ele é, porque não fazia parte do santuário interno. Não há como escapar, contudo, do fato de que é um lugar de grande importância para quase todos os judeus, religiosos ou não. Acima dele está o complexo de Al-Aqsa, que abriga o Domo da Rocha, construído no século VII e considerado o terceiro local mais sagrado do islã. Muçulmanos israelenses e palestinos e turistas estrangeiros têm permissão para visitar o complexo, que os árabes chamam de o "Nobre Santuário", mas em geral os judeus são proibidos de entrar, uma política que o governo apoia por razões de segurança.

Ao nos aproximarmos do Muro das Lamentações, logo vemos a divisão. Uma cerca que corre da praça até o muro separa o espaço aberto numa proporção de um terço/dois terços. Na parte menor, à direita, vemos as mulheres, e na parte esquerda, os homens. Há alguns movimentos religiosos em Israel com congregações mistas em suas sinagogas, mas são uma pequena minoria e quase não têm influência nas questões religiosas. As sinagogas ortodoxas são mais poderosas, e suas congregações são separadas por gênero; assim também, portanto, é o Muro das Lamentações.

Nem todas as mulheres estão felizes com a situação; algumas acreditam que deveriam poder rezar como um grupo e usar xales de oração, como os homens. Isso levou a uma disputa renhida entre um grupo chamado Mulheres do Muro (wow, na sigla em inglês), que vem celebrando ofícios no local, e os *haredim*, que procuram — com frequência de maneira violenta — impedi-las. O debate segue aceso há trinta anos, desde que um grupo de cerca de cem mulheres rezou junto ao muro e sofreu ataques verbais e físicos de homens e mulheres *haredim*. Isso estabeleceu o padrão para uma disputa que ainda está sendo travada nos tribunais e na praça do Muro das Lamentações.

Quando as wow aparecem para sua reunião de oração mensal, são muitas vezes empurradas e cuspidas tanto por homens quanto por mulheres, e sempre solicitam proteção da polícia. Em 2013, ônibus com cartazes de apoio às mulheres tiveram suas janelas quebradas quando circulavam por bairros ultraortodoxos de Jerusalém. O Talmud declara explicitamente que Deus destruiu o Segundo Templo por causa do ódio de um judeu por outro — uma ironia que parece passar despercebida.

Essas dissensões dentro da sociedade também afetam a esfera política. Em sua maioria, as pessoas na categoria secular, por exemplo, veem a si mesmas como israelenses em primeiro lugar e judias em segundo; já a maior parte dos ortodoxos veem a si mesmos primeiro como judeus e depois como israelenses, o que pode influenciar e caracterizar as divisões políticas dentro do país. Em geral, os israelenses sefarditas tendem a se inclinar para a direita na política, enquanto os asquenazes são mais divididos. As seitas mais religiosas tendem a apoiar sobretudo partidos políticos religiosos, enquanto os *haredim* votam em quem o rabino manda. Isso significa que os partidos políticos religiosos quase sempre integram os governos de coalizão, e por vezes sustentam pontos de vista diametralmente opostos sobre tópicos decisivos, inclusive conversão religiosa, recrutamento, os assentamentos na Cisjordânia, casamento, divórcio e segregação de gêneros.

Os partidos religiosos tendem a dominar questões de educação e religião, por exemplo, e, como vimos, suas ideias não estão necessariamente alinhadas com as do restante da população. Os ultraortodoxos fazem incessantes campanhas para manter o direito de supervisionar as cerimônias de casamento dentro de sua jurisdição, e tentam impor, muitas vezes de maneira violenta, seu ponto de vista de que ninguém deveria dirigir no sabá, sobretudo em seus bairros — uma crença que é às vezes reforçada por bloqueios de estradas para impedir a passagem de carros. Muitos se opõem a qualquer forma de concessão territorial aos palestinos: enquanto 66% dos israelenses judeus em geral apoiam uma solução de dois Estados para o conflito, cerca de 60% dos que votam num partido religioso são favoráveis a um só Estado.

Os israelenses seculares, enquanto isso, se ressentem amargamente do fato de que, apesar das batalhas políticas e legais em curso, os ultraortodoxos não precisam prestar serviço militar, embora recebam financiamento para benefícios destinados a sustentar suas comunidades e projetos. Os seculares também temem ficar em desvantagem numérica e ser expulsos de Jerusalém, já que a taxa de natalidade entre as seitas religiosas é muito mais alta — um fator que é também visto como uma ameaça econômica para o país, uma vez que uma proporção elevada dos *haredim* é desempregada.

Apesar de todas as divisões "raciais" religiosas e de classe entre os judeus israelenses, David Kornbluth diz que essas divisões e por vezes posições contrárias mascaram uma unidade subjacente diante de ameaças externas, quando a população tende a se alinhar: "Israel é um país extremamente forte e coeso em tempos de guerra [...] quando a guerra chega, o país está unido. Muita gente diz que a verdadeira ameaça para Israel são as divisões, que elas são o que poderia derrubar o país. Mas ele continua a ser um país realmente forte". Forte, talvez; mas por mais unidos que os israelenses judeus possam ser, há uma outra divisão — a divisão entre eles e a população árabe de Israel —, e essa provavelmente nunca será superada a menos que haja igualdade dentro de Israel e uma solução equitativa de dois Estados com os palestinos.

A maior parte dos árabes de Israel, um quinto da população, não quer viver numa Palestina empobrecida, e sabe que, como israelenses, seus padrões de vida são mais altos que os da maioria dos árabes no Oriente Médio. Mas isso não significa que estejam satisfeitos com seu quinhão — muito pelo contrário. Embora os árabes de Israel tenham aumentado enormemente em número, e sua taxa de natalidade seja mais alta que a de seus vizinhos judeus, eles não acompanharam o ritmo em termos econômicos e sociais. À medida que seu número aumenta, aumenta também sua influência política, pois serão capazes de

Os fatos no terreno: Israel e Palestina 119

eleger mais políticos árabes para o Knesset (parlamento); mas, a médio prazo, é improvável que seu poder eleitoral limitado mude a composição política dos governos israelenses.

Os árabes israelenses têm cidadania plena, com direitos sociais e religiosos garantidos por lei. Eles dirigem seus próprios partidos políticos, jornais e emissoras. Árabes têm assento na Suprema Corte, jogam no time nacional de futebol. Entretanto, apesar de viverem no mesmo país que os israelenses e gozar de igualdade perante a lei, sob muitos aspectos vivem vidas separadas.

A maior parte das crianças árabes israelenses é educada em escolas de língua árabe. Elas vivem em aldeias árabes ou, se em áreas urbanas, em bairros árabes. Haifa é provavelmente a cidade mais misturada de Israel, mas mesmo lá se pode ver uma clara demarcação entre os bairros. Quando crescerem, essas crianças lerão jornais árabes e ouvirão programas árabes, e mesmo quando assistirem a programas de TV nacionais se verão muito sub-representadas. Quase todas falarão hebraico com fluência, mas o utilizarão somente em ambientes de trabalho compartilhados. Como os *haredim*, são mais comumente encontrados na base da pirâmide salarial, mas enquanto muitos dos ultraortodoxos optam por não trabalhar, os árabes israelenses com frequência não têm acesso aos empregos mais bem remunerados. Os índices de pobreza estão em 50% para famílias árabes, com níveis similarmente altos para os *haredim*.

Por décadas o gasto público com educação por criança foi significativamente mais baixo em localidades árabes, embora um Plano Quinquenal introduzido em 2016 esteja supostamente corrigindo isso. O efeito colateral de padrões educacionais mais baixos contribuiu para o fato de que oito das dez vilas mais pobres de Israel sejam árabes. Cerca de 79% dos árabes israelenses acreditam que sofrem discriminação. Sucessivos governos tentaram legislar contra isso e há cotas de empregos para grupos minoritários no setor público, mas elas raramente são cumpridas e as leis carecem de força.

As comunidades não judaicas também estão divididas ao longo de várias linhas religiosas e étnicas — entre, por exemplo, muçulmanos estabelecidos, beduínos, cristãos e drusos. Alguns vivem em piores condições que outros dentro das populações árabes: os cristãos, por exemplo, tendem a se situar mais no nível socioeconômico dos israelenses judeus, ao passo que os beduínos são o mais desfavorecido de todos os grupos nativos em Israel. Eles tentam viver à parte, mas no século XXI isso é cada vez mais difícil. Disputas por terra entre o Estado e tribos beduínas asseguraram que quase metade da população de 200 mil pessoas vive agora em "aldeias não reconhecidas", algumas sem água ou eletricidade. Seus dias de existência nômade estão quase encerrados, e mesmo os poucos que ainda tentam pastorear seus rebanhos não podem vagar por toda a região como faziam antes do estabelecimento do Estado-nação.

A experiência dos beduínos é ligeiramente diferente da do restante da comunidade árabe: em primeiro lugar, eles têm menos apego emocional à "nacionalidade", o que é uma das razões por que alguns se oferecem todos os anos para servir nas Forças de Defesa de Israel (FDI) mesmo sendo isentos do serviço militar, assim como seus companheiros israelenses muçulmanos. Alguns israelenses muçulmanos não beduínos se oferecem para o serviço militar, junto com alguns israelenses árabes cristãos e muitos drusos, mas para a maioria dos israelenses não judeus essa é uma zona proibida. Muitos, provavelmente a maioria, dos árabes israelenses se autoidentificam como palestinos. Como o serviço nas FDI muitas vezes significa operar na Cisjordânia e nos postos fronteiriços, isso seria visto como participar na opressão de companheiros árabes ou companheiros palestinos. O Estado de Israel jamais concordaria que há alguma forma de opressão acontecendo, mas é sensato o suficiente para saber que serviço militar compulsório para cidadãos árabes simplesmente não funcionaria.

Essa "arabidade" é a única coisa que une árabes de ambos os lados da fronteira — é uma identidade que atravessa fronteiras nacionais —, mas, apesar disso, há muitas diferenças entre eles. Frequentemente usamos descrições demasiado simplificadas e abrangentes como "israelenses", "árabes" e "palestinos". Isso pode ser útil para compreender a política e a geopolítica no nível macro, mas, se olharmos mais de perto, encontraremos complexidades e veremos as microdivisões que constituem o que entendemos como o quadro geral, seja "israelense" ou "palestino".

DEPOIS QUE ATRAVESSAMOS para os territórios palestinos, a maior divisão é territorial. Há muitas barreiras para a formação de um único Estado palestino, entre elas o fato de que não há um único território palestino, mas dois — a Cisjordânia e Gaza. A distância entre eles não é o verdadeiro problema. Se todos os lados pudessem concordar, os quarenta quilômetros de território israelense poderiam ser superados com uma ponte rodoviária ou um túnel. Entretanto, as duas regiões permanecem separadas não apenas pela geografia, mas também pela política e a ideologia.

Mesmo que, teoricamente, Israel estivesse pronto para negociar, não poderia fazê-lo, porque os palestinos estão longe de se unir sobre a questão. O relativamente secular movimento Fatah é a força política dominante na Autoridade Palestina (AP), que governa os 2,5 milhões de palestinos na Cisjordânia, e o movimento islâmico radical, Hamas, é o responsável pelo 1,7 milhão na Faixa de Gaza; eles têm ideias muito diferentes sobre qual deveria ser a política em relação a Israel. O Hamas continua sendo um movimento islâmico, que, embora tenha aceitado em seu Novo Estatuto de 2017 a possibilidade de um Estado palestino construído nas fronteiras de 1967, ainda declara no Artigo 20 desse documento: "O Hamas rejeita qualquer alternativa à plena e completa libertação da Palestina, do rio ao mar", referindo-se ao rio Jordão e ao Mediterrâneo, entre os quais se situa Israel. O Novo Estatuto ameniza parte da linguagem virulenta e antissemita do estatuto original, mas não o substitui oficialmente, e a organização continua comprometida com a violência para alcançar seus fins. Ela ainda é considerada um grupo terrorista por grande parte do Ocidente. O Fatah, por outro lado, é um movimento secular, pelo menos em teoria, e aceita oficialmente o conceito de "dois Estados para dois povos".

Em 2006, um ano depois que Israel se retirou de Gaza, o Hamas ganhou as eleições em Gaza e na Cisjordânia, principalmente porque os eleitores tinham perdido a paciência com a corrupção desenfreada das autoridades do Fatah. Vários governos de unidade se seguiram, cambaleantes, com o Fatah permanecendo mais forte na Cisjordânia e o Hamas em Gaza, até que as coisas chegaram a um ponto crítico em 2007.

O Hamas, alegando que forças de segurança leais ao Fatah não obedeceriam a ordens de um ministro do Interior do

Os fatos no terreno: Israel e Palestina

Israel e os territórios palestinos de Gaza e da Cisjordânia.

Hamas, tinha criado uma nova "Força Executiva", que viria a matar um alto funcionário de segurança do Fatah em Gaza. O presidente Abbas declarou o Hamas ilegal, e conflitos violentos cada vez mais sérios irromperam, culminando em junho, quando forças armadas do Hamas assumiram o controle de todos os prédios governamentais de Gaza e assassinaram apoiadores do Fatah. As lutas entre as facções mataram centenas de palestinos antes que as forças de segurança do Fatah fugissem para a fronteira israelense. O presidente Abbas denunciou os acontecimentos como um "golpe" e fechou o cerco sobre os centros de poder do Hamas na Cisjordânia. Apesar de repetidos esforços, os dois lados foram incapazes de superar a divisão entre si. Nenhuma das partes está disposta a ceder autoridade, mas tampouco goza de apoio total. Em outubro de 2017, eles assinaram um acordo de reconciliação, que o presidente Abbas saudou como uma "declaração do fim da divisão". Contudo, as dificuldades não tardaram a aparecer, com ambos os lados ainda reivindicando legitimidade. Entretanto, um grau de unidade é necessário para que qualquer novo acordo de paz no Oriente Médio possa sair da gaveta.

O Hamas, cujo nome completo se traduz por "Movimento de Resistência Islâmica", impôs sua versão do islã em Gaza e está tentando dominar todos os aspectos da vida. Isso alienou não apenas os apoiadores do Fatah remanescentes, mas também parte da população mais moderada. A pequena comunidade cristã, que conta talvez com menos de 3 mil pessoas, sente-se sob pressão e muitos estão tentando sair, como tantos cristãos sitiados no Oriente Médio. O Hamas continua a lançar foguetes indiscriminadamente para áreas civis israelenses, ou não consegue impedir que outros grupos o façam. Isso também dividiu a opinião entre os que apoiam o que veem como resistência contra "o bloqueio de Israel" e os que acreditam que, em face das represálias de Israel que suscitam, esses atos de desafio, em grande medida inúteis, não valem a pena.

Apesar da retirada de Israel, os habitantes de Gaza continuam presos entre a barreira de 64 quilômetros de extensão construída por Israel e uma cerca na fronteira egípcia. A oeste, os gazeus podem fitar o Mediterrâneo, mas é comum avistarem um barco de patrulha ou navio de guerra israelense ao longe. Também não há rota segura por esse lado. Tanto Israel quanto o Egito restringem o movimento de entrada e saída da Faixa, o que causa grandes dificuldades, mas ambos os Estados afirmam acreditar que o Hamas e outros projetariam níveis intoleráveis de violência fora de Gaza se a passagem

Os fatos no terreno: Israel e Palestina 125

fosse livre. O Egito está tão preocupado com isso quanto Israel, porque o Hamas se formou originalmente a partir do movimento da Irmandade Muçulmana (IM) no Egito. O governo dominado pelos militares no Cairo, tendo derrubado o curto governo da IM em 2013, não deseja ver o Hamas operando em seu território.

Israel permite que centenas de caminhões carregados de comida, suprimentos médicos e combustível cheguem a Gaza todos os dias, mas, quando irrompem hostilidades na fronteira, essas importações são restringidas. Centenas de túneis para contrabando, cavados sob a fronteira com o Egito, asseguram um florescente mercado clandestino de todo tipo de mercadoria e uma rota de saída para quem se dispuser a enfrentar o risco de os túneis desabarem. Cheguei até a ver um trator puxando um Mercedes novo em folha por um desses túneis, e os salões de exposição de automóveis em Gaza estão cheios, mas isso dificilmente constitui uma base para uma economia normal. Às vezes, os israelenses reduzem as importações de concreto para tentar restringir a construção de túneis, afirmando que as pessoas de Gaza ficariam mais bem servidas se o material fosse usado em escolas e hospitais. Estima-se que o Hamas gaste cerca de 100 milhões de dólares por ano com suas forças militares, dos quais 40 milhões vão para a construção de túneis.

Os egípcios vêm reforçando suas cercas ao longo dos anos e por vezes inundaram túneis para impedir que armas e combatentes fossem contrabandeados para o Sinai, que sofre com frequentes ataques terroristas. A ação egípcia e israelense contra os túneis reduz de fato o potencial para incursões violentas, mas há também um custo para a economia do mercado clandestino, sem a qual a população encurralada sofre maiores privações. Em 2016, Israel anunciou um plano para construir um muro subterrâneo, com mais de trinta metros de profundidade, para evitar que grupos armados emergissem de túneis para atacar cidades fronteiriças.

Durante a primavera e o verão de 2018, assistiu-se a semanas de violência quando, em sextas-feiras consecutivas, milhares de palestinos tentaram tomar de assalto a cerca de Gaza para demonstrar seu "direito de retorno" ao local onde algumas de suas famílias viviam em 1948, no que é hoje Israel.

Dezenas de palestinos foram mortos a tiros e centenas foram feridos quando soldados israelenses usaram balas reais do outro lado da fronteira. Vários líderes do Hamas estiveram presentes nas manifestações e conclamaram os manifestantes a estarem prontos para morrer como mártires. Muitos dos mortos e feridos eram combatentes do Hamas, alguns estavam armados e houve casos em que a cerca foi rompida, mas a maioria das vítimas estava desarmada e foi atingida à distância, o que provocou alegações de um uso exagerado e desproporcional de força. Críticos disseram que as forças israelenses às vezes abriam fogo mesmo quando duas condições fundamentais do direito internacional para o uso de força letal estavam ausentes: o indivíduo visado representava um perigo e o perigo era imediato. Com capacidade limitada para chegar até os israelenses, os gazeus começaram a empinar centenas de pipas em chamas sobre a fronteira, destruindo plantações em milhares de hectares de terras cultivadas.

Cada lado viu os acontecimentos através de seu próprio prisma. Os palestinos afirmaram que a própria existência da cerca demonstrava a injustiça histórica perpetrada contra eles.

Os fatos no terreno: Israel e Palestina 127

Os israelenses disseram que havia aldeias israelenses a menos de dois quilômetros da cerca que precisavam ser protegidas e que, sem a cerca, as pessoas ali seriam assassinadas.

Do outro lado, na Cisjordânia, a vida é dura, mas mais fácil do que em Gaza. Ali, os palestinos podem atravessar para Israel ou para a Jordânia, embora por vezes com dificuldade, e seguir caminho. Todos os anos, dezenas de milhares são tratados em hospitais israelenses porque a assistência médica na Cisjordânia é de um padrão inferior. Obter permissão para trabalhar é bem mais difícil. No final dos anos 1980, palestinos da Cisjordânia e de Gaza compunham cerca de 8% da força de trabalho israelense; agora o número é de cerca de 2%. Esse declínio decorreu em parte de questões de segurança durante a Primeira e a Segunda Intifadas, e em parte do fato de que trabalhadores de outros países, sobretudo asiáticos, tomaram seu lugar.

Assim, atrás da grande barreira de segurança vivem 2,5 milhões de palestinos que se perguntam como esse estado de coisas surgiu. Em décadas anteriores, havia pouca dúvida: foi por causa da divisão da Palestina, apoiada pelo mundo exterior; depois, por causa da "Nakba", ou catástrofe, de perder a guerra para impedir o nascimento do Estado de Israel em 1948, seguida pelo desastre de 1967 e a ocupação. Esses fatores continuam sendo a explicação primordial para os palestinos, mas não são mais suficientes.

Muitos palestinos mais jovens estão perguntando, sem qualquer atenuação em seus sentimentos em relação a Israel, por que sua própria liderança os decepcionou durante gerações. Aceita-se em geral que grande parte da Autoridade Palestina é corrupta, e há agora muito pouco apoio à geração de políticos que ascendeu ao poder durante os anos de Arafat e, em seguida, de Abbas. Algumas pessoas se voltaram para o Hamas, ainda acreditando que essa força vai um dia virar a maré, e as divisões entre o Fatah e o Hamas ameaçam uma séria repetição da luta de 2007 — mas, desta vez, na Cisjordânia. Um número maior está farto de ambas as principais facções, e, na Cisjordânia, não é incomum ouvir falar, em voz baixa, que a cooperação da AP com Israel em matéria de segurança faz dela uma "subempreiteira" da ocupação.

Mas o que fazer? Para onde ir, politicamente? A Palestina está longe de ser uma sociedade aberta. A dissidência pode levar à prisão e à tortura, como muitos jornalistas palestinos podem verificar e, no verão de 2018, manifestações contrárias ao governo tanto em Gaza quanto na Cisjordânia foram esmagadas nas ruas. Democracia liberal, tal como compreendida no Ocidente, não existe na Palestina. Um partido liberal moderado, que abraçasse os direitos dos gays, por exemplo, teria pouca tração e estaria operando num ambiente em que difundir essas ideias publicamente seria perigoso. As poucas bandeiras arco-íris pintadas no muro/barreira de separação são sempre logo cobertas.

Isso não surpreende: o Oriente Médio tende a ser uma região extremamente conservadora em comparação com a Europa e a América do Norte; mas as probabilidades de emergir na Palestina uma democracia liberal são também tolhidas pela ocupação israelense. Os conservadores podem dizer, e dizem, que a luta pela autodeterminação nacional deve ter prioridade sobre todo o resto. Por essas razões, a aversão generalizada à atual liderança da Cisjordânia não se traduzirá necessariamente num impulso em favor de uma genuína democracia

Os fatos no terreno: Israel e Palestina 129

liberal, e as tensões entre a Cisjordânia e Gaza asseguram que a Palestina continuará sendo uma casa dividida.

Os palestinos podem esperar pouca ajuda de seus vizinhos árabes. Os governos do Oriente Médio só fizeram utilizar os palestinos como instrumento político, ao mesmo tempo que discriminavam os refugiados que acolhiam e os relegavam a acampamentos miseráveis. Na maioria dos países árabes, eles e seus filhos, mesmo que nasçam no país, não podem se tornar cidadãos, votar ou se candidatar a um cargo nas eleições nacionais. A Jordânia foi mais flexível que a maioria, mas mesmo lá os que têm ascendência palestina enfrentam discriminação e são sub-representados no parlamento. No Líbano, onde vivem mais de 400 mil palestinos, cerca de cinquenta categorias de empregos permanecem proibidas para eles: eles não podem, por exemplo, se tornar advogados jornalistas ou médicos. Tanto no Líbano quanto na Síria, não lhes é permitido adquirir propriedades, sendo obrigados a morar nos acampamentos. Os que conseguiram contornar as leis não podem legar a propriedade aos filhos.

A razão por trás de parte da discriminação é que os palestinos, mesmo os bisnetos dos refugiados que fugiram em 1948, têm o direito de "retorno". Isso não invalida a obrigação de lhes assegurar direitos humanos, mas foi conveniente para os governos árabes manter os palestinos num estado de pobreza para que eles não possam ingressar na corrente principal do corpo político, e para ressaltar suas agruras de modo a desviar as críticas a suas próprias políticas domésticas fracassadas.

Enquanto houver tanta divisão dentro das populações, assim como entre elas, parece haver pouca probabilidade de se estabelecer uma solução de dois Estados que seja aceitável para todas as partes num futuro próximo, ainda que muita gente apoie o conceito. Há tantos desafios e obstáculos — onde a fronteira se situaria, como se lidaria tanto com os colonos quanto com os refugiados, o que aconteceria com Jerusalém — que nenhum dos dois países parece capaz de elaborar uma política coerente que todos aprovem dentro de suas próprias fronteiras, muito menos uma com que ambos os lados concordem. E assim, por enquanto, as barreiras permanecem, numa tentativa de conter a violência que irrompeu tão impetuosa e frequentemente desde que Israel nasceu.

O moderno Estado de Israel nasceu na violência, e sente que foi obrigado a lutar em todas as décadas de sua existência. Mas embora Israel fosse percebido outrora como estando no centro de um caldeirão fervente, é agora visto por muitos como um relativo oásis de paz numa região cada vez mais turbulenta. Foi essa visão que levou o ex-primeiro-ministro Ehud Barak a descrever seu país em termos um tanto beligerantes como "uma casa de campo na selva" — e impulsionou em parte o enorme aumento da construção de barreiras.

Por enquanto, o país está estável — ao menos em comparação com o restante do Oriente Médio. Nos últimos anos, com o mundo árabe convulsionado por revoluções e conflitos, os holofotes não estão voltados para Israel. Contudo, os israelenses sabem que isso vai mudar. O Hezbollah, o Hamas e muitos outros grupos e organizações ainda não acertaram suas contas com Israel. A situação é frágil e não é preciso muito para reacender o conflito, como vimos no fim de 2017, quando o presidente Trump reconheceu oficialmente Jerusalém como capital de Israel, provocando agitação em toda a região. Por enquanto, todos os lados seguem construindo. Os muros estão administrando a violência — por ora.

CAPÍTULO 4

Linhas na areia
Oriente Médio

Escolham um líder que invista na construção
de pontes, não de muros. Em livros,
não armas. Em moralidade, não corrupção.
SUZY KASSEM, *Rise Up and Salute the Sun:*
The Writings of Suzy Kassem

Páginas anteriores: Um caminho que leva à área fortificada da Zona Verde em Bagdá, Iraque, 2016.

O PAN-ARABISMO DEPAROU com um obstáculo. Na verdade, deparou com muitos obstáculos: muros, cercas e divisórias. O sonho de uma união de países de língua árabe do Atlântico ao mar da Arábia nunca foi realista, o que está agora sendo demonstrado pelo surgimento de fronteiras fortemente controladas em toda a região. Muitas das linhas na areia, traçadas pelas potências coloniais, têm enormes muros construídos sobre elas, sustentando a profundidade das divisões da política e cultura árabes do século XXI.

Mas os muros não estão aparecendo apenas nas fronteiras. Há pequenos muros por todo o Oriente Médio. Cada um é uma evidência da violência terrorista agora endêmica em toda a região. É possível vê-los em Bagdá, Damasco, Amã, Sanaa, Beirute, Cairo, Riad — na verdade, em quase todas as capitais. São as barreiras de concreto e os muros antiexplosivos que surgiram em torno de embaixadas, sedes de organizações filantrópicas, organizações internacionais, delegacias de polícia, quartéis do Exército, prédios governamentais, complexos habitacionais, igrejas, hotéis e até bairros inteiros.

De um lado está a vida normal, os carros buzinando, vendedores de rua apregoando suas mercadorias, pedestres tocando a vida numa capital agitada; do outro, há uma versão de vida normal, com funcionários de escritório, funcionários do governo, servidores públicos, diplomatas. Eles também estão tocando a vida, mas cientes de que, sem os blocos de concreto diante de suas janelas, os guardas na entrada do prédio e possivelmente um posto de controle no final da rua, a qualquer momento um caminhão-bomba poderia derrubar seu prédio, ou um grupo de terroristas poderia invadir seu local de trabalho.

Não é uma ameaça vã. A lista de ataques realizados antes que os muros se erguessem é longa. Houve mais de 150 em todo o Oriente Médio este século, incluindo instalações em Riad que alojavam trabalhadores estrangeiros; hotéis em toda a província egípcia do Sinai e em Amã, na Jordânia; instalações petrolíferas no Iêmen e na Argélia; igrejas em Bagdá; o consulado dos Estados Unidos em Bengasi, o Museu Bardo em Túnis; e o Parlamento iraniano e o santuário do aiatolá Khomeini.

Em resposta aos muitos ataques, muros foram erguidos em todos esses centros urbanos em risco. O modelo para esse tipo de construção foi a Zona Verde, em Bagdá, cujo perímetro foi construído depois da invasão do Iraque, em 2003, para proteger o "governo provisório" dirigido pelos norte-americanos nos anos pós-Saddam. Compreendendo uma enorme área do centro de Bagdá, a Zona Verde foi rodeada por gigantescas placas de concreto, semelhantes às que vemos na seção murada da fronteira da Cisjordânia. Na Zona Verde, era comum ouvir disparos de morteiro aterrissando dentro do perímetro, mas um som mais frequente era o baque surdo de uma explosão de carro-bomba com vítimas em massa ou de um ataque suicida do lado de fora, um constante lembrete de como era a vida para os iraquianos comuns e as tropas americanas no mundo real.

Algumas das principais estradas que levam do aeroporto até a Zona Verde foram ladeadas com blocos de concreto, numa tentativa de evitar bombas no acostamento. À medida que a ameaça crescia, os blocos foram se estendendo para rotas secundárias. Eles se tornaram tão comuns que as tropas tinham nomes oficiais para os diferentes tipos. Deram-lhe os nomes de estados americanos: um "Colorado" tinha tamanho médio, com 1,80 metro de altura e 3,5 toneladas, o "Texas" era grande, com dois metros e seis toneladas, e o "Alasca" tinha 3,60 metros e sete toneladas. Havia um custo em sangue e dinheiro. As barreiras certamente salvavam vidas, mas estavam longe de ser infalíveis às bombas de acostamento feitas com carga "moldada", que projetavam a força da explosão numa só direção e podiam penetrar certos muros. E cada bloco custava mais de seiscentos dólares. Multiplique isso por milhares e oito anos de ocupação — o custo financeiro ficou na casa dos bilhões.

Apesar disso, os muros se incorporaram à guerra urbana, e construí-los passou a ser uma parte inerente do planejamento militar dos Estados Unidos. Os soldados se tornaram especialistas nas habilidades requeridas e podiam erguer mais de uma centena de blocos numa única noite, às vezes sob fogo. À medida que as tensões religiosas entre as populações sunita e xiita cresceram, e foram deliberadamente exacerbadas por milícias de ambos os lados, bairros inteiros começaram a ser murados. O concreto salvava vidas, reduzindo a capacidade de as milícias sunitas e xiitas chegarem até populações civis e trabalhadores estrangeiros, mas cada placa era como uma lápide e desempenhou seu papel no sepultamento da ideia de que a derrubada de Saddam resultaria num Iraque estável.

Em vez disso, a invasão do Iraque contribuiu para a desestabilização de vários países, o crescimento da ideologia islâmica violenta e, por fim, para a criação de um vasto espaço sem lei a partir do qual a violência se projetava em todas as direções. É bem possível que as insurreições árabes subsequentes, que começaram em 2011 na Tunísia, no Egito e na Líbia (que muitos chamaram erroneamente de Primavera Árabe, esperando que levariam a uma reforma de grande escala em toda a região), tivessem acontecido de qualquer maneira — nunca poderemos saber —; mas quando elas de fato ocorreram, cada um dos países tinha uma panelinha de jihadistas treinados no Iraque.

Muita gente costumava acreditar que a resolução da questão israelo-palestina resultaria em maior estabilidade na região em geral, mas essa teoria foi destruída pelas convulsões do mundo árabe nos últimos anos. Agora, com os conflitos no Iraque, na Líbia, na Síria, no Egito e no Iêmen, vimos que a estabilidade em toda a região tem muito pouco a ver com a situação na Cidade de Gaza, Ramala, Tel Aviv e Haifa.

Em 2014, apenas 5% da população global vivia no mundo árabe, sofrendo, contudo, 45% dos ataques terroristas, 68% das mortes relacionadas a conflitos e abrigando 58% dos refugiados globais. Em alguns países, a nação se desintegrou por inteiro; em outros, as rachaduras estão evidentes, e há aqueles em que as divisões estão escondidas sob a superfície e podem reaparecer a qualquer momento. As guerras e insurreições puseram a nu as enormes fissuras nos países dominados pelos árabes. Permanece um sentimento de unidade árabe, dado que compartilham um espaço, uma língua e em certa medida uma

Linhas na areia: Oriente Médio 139

religião; mas a perspectiva de uma unificação pan-árabe continua sendo um sonho distante.

A religião é um dos maiores fatores de divisão. Em 2004, o rei Abdullah, da Jordânia, cunhou uma expressão controversa ao citar um "crescente xiita". Ele estava se referindo à expansão da influência iraniana, seguindo um arco a partir da capital xiita do Irã, Teerã, passando pela capital iraquiana, agora dominada pelos xiitas, Bagdá, estendendo-se até Damasco, na Síria, onde a família Assad reinante descendia de uma seita derivada do xiismo (os alauitas), e terminando no reduto xiita do Hezbollah na zona sul de Beirute, no Líbano. Foi uma expressão extremamente incomum numa região em que todos tinham conhecimento das tensões sectárias existentes, mas preferiam não lhes dar destaque. O rei Abdullah, contudo, estava ciente dos riscos que o sectarismo representava. Numa entrevista a um jornal em 2007, quatro anos antes de a guerra na Síria ser deflagrada, ele fez uma presciente advertência do que poderia estar por vir: "Se o sectarismo se aprofundar e se espalhar, seu efeito destrutivo vai se refletir sobre todos. Ele vai fomentar a divisão, a polarização e o isolacionismo. Nossa região vai mergulhar num conflito cujo resultado não pode ser previsto".

A cisão sunitas/xiitas dentro do islã esteve presente desde o século VII, sendo portanto quase tão antiga quanto a própria religião. O cisma teve por objeto quem deveria chefiar o islã após a morte de Maomé, em 632. Os "Xi'at Ali", ou "partidários de Ali", são os que hoje chamamos de xiitas. Eles sustentavam que a liderança deveria permanecer na linha familiar de Maomé e apoiavam seu primo e genro Ali ibn Abi Talib como califa. Os que hoje chamamos de sunitas são os que discordavam, afirmando que a liderança deveria provir de homens eruditos dentro da comunidade, e apoiavam Abu Bakr, um companheiro do profeta. A "Suna" ou "caminho" de Maomé acabou prevalecendo depois da morte de um dos filhos de Ali, Hussein, na Batalha de Carbala (680), no que é hoje o Iraque, e a maioria dos muçulmanos, cerca de 85%, é sunita.

Desde o cisma, cada tradição sustenta que a outra não é o verdadeiro caminho do islã; os xiitas, por exemplo, só reconhecem líderes religiosos que eles dizem ser descendentes do profeta através de Ali e Hussein. Avance 1400 anos e essa diferença se manifesta agora de muitas formas pequenas, mas importantes, que distinguem uma seita da outra.

Nada disso é lei corânica, mas, exatamente como em todas as partes do mundo, à medida que os séculos passam e as comunidades se agrupam em bairros separados, as diferenças crescem — e pequenas divergências na vida cotidiana podem assumir uma grande proporção quando se trata de política. Os nomes dados às crianças em geral não são exclusivos a um lado ou outro, mas há generalizações que podem ser feitas. Por exemplo, é improvável que alguém chamado Yazid seja xiita, pois diz-se que Yazid foi o homem que matou Hussein. Em alguns países, a maneira como uma pessoa se veste ou o comprimento da barba de um homem sugere se ele é sunita ou xiita, e quando entramos nas casas de famílias religiosas podemos ver pinturas e pôsteres que indicam que tradição elas seguem. Os clérigos sunitas e xiitas vestem trajes diferentes — é incomum, mas não impossível, ver um clérigo sunita usando um turbante preto. A maneira de orar também difere: os sunitas tendem a cruzar os braços durante o culto, ao passo que os xiitas mantêm seus braços ao lado do corpo.

Linhas na areia: Oriente Médio

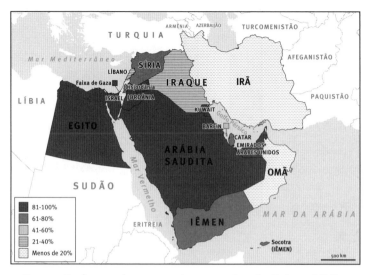

Proporção de muçulmanos sunitas nos países do Oriente Médio.

A maioria dos árabes é sunita, mas os xiitas são a maioria no Irã, no Iraque e no Barein e formam uma minoria substancial no Líbano, no Iêmen, no Kuwait e na Arábia Saudita, onde estão concentrados no leste do país. O que os une — a crença nos Cinco Pilares do islã — costuma ser suficiente para que vivam em pacífica coexistência, mas os que se veem em minoria queixam-se às vezes de que sofrem discriminação e são excluídos do governo e de outros aspectos da vida pública. E sempre houve períodos de tensão, que por vezes levaram a surtos sustentados de violência em nível tanto local quanto regional. Estamos atravessando um desses surtos agora.

Na era Saddam, o Iraque era dominado pela população sunita minoritária, mas, depois que ele foi derrubado, grupos xiitas tornaram-se mais poderosos; milícias de ambos os lados levaram a cabo múltiplos bombardeios e tiroteios para promo-

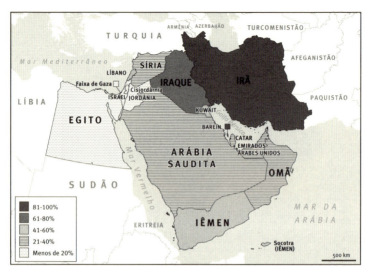

Proporção de muçulmanos xiitas nos países do Oriente Médio.

ver seus objetivos políticos. O Iraque sofre mais ataques terroristas que qualquer outro país — quase 3 mil incidentes em 2016, com mais de 9 mil mortos —, sendo o Estado Islâmico (EI) responsável pelos piores. Com origem no Iraque após a invasão americana em 2013, o EI tornou-se uma das mais notórias e disseminadas organizações terroristas, estendendo sua presença por todo o Oriente Médio, incluindo a Síria, a Líbia, o Iêmen e o Egito. A maioria dos governos da região está ciente de que o EI poderia se infiltrar e desestabilizar outras áreas com suas opiniões extremistas e atividades violentas, e se empenha em evitar que isso aconteça.

No Iêmen, a guerra civil irrompeu em 2005 entre as forças rebeldes houthis, xiitas, e o governo, liderado por sunitas, com o Irã apoiando os houthis, enquanto a Arábia Saudita, entre outros, apoia os grupos sunitas; tanto o EI quanto a Al-Qaeda

Linhas na areia: Oriente Médio 143

também têm sido ativos no conflito. A violência se intensificou e se espalhou pelo país após 2015, matando milhares de pessoas e deslocando mais de 3 milhões. Em novembro de 2017, a situação foi descrita pela Unicef como "a pior crise humanitária do mundo", exacerbada pela fome generalizada e surtos de cólera.

A Síria se dividiu em linhas sobretudo sectárias e étnicas: sunitas, xiitas, alauitas, curdos, cristãos e assim por diante. O pai do presidente Assad, Hafez, havia unido o país sob uma brutal ditadura secular, mas depois que a violência começou, em 2011, esses grilhões foram rapidamente repudiados. A guerra civil na Síria é um dos conflitos mais violentos e complicados do mundo, com múltiplos atores envolvidos. Começou como uma insurreição contra o presidente Assad, mas, já em 2013, tinha se tornado uma guerra por procuração para potências estrangeiras. O Irã apoia o regime de Assad, enquanto a Arábia Saudita apoia alguns dos grupos rebeldes sunitas. O EI teve outra vez um papel importante no conflito, embora, no final de 2017, tivesse perdido quase todo o território que ganhara antes tanto na Síria quanto no Iraque. No final de 2018, a Rússia, o Irã, o Reino Unido, a França, a Arábia Saudita, os Emirados Árabes Unidos, a Turquia, Israel, o Hezbollah e outros estavam todos envolvidos. As divergências entre o Irã e Israel, a Turquia e os curdos, a Rússia e o Ocidente, os xiitas e os sunitas no Oriente Médio estão todas sendo disputadas nos campos de batalha do que é hoje um Estado-nação em ruínas. Atrocidades foram cometidas por todos os lados; o governo chegou a ser acusado de usar armas químicas contra seu próprio povo. Em consequência da violência generalizada, milhões foram deslocados dentro do país e milhões fugiram como refugiados.

Esses e os outros conflitos do Oriente Médio têm outras causas subjacentes, mas não há como escapar do fato de que a religião foi um fator importante em divergências cada vez mais amargas. E o conflito entre sunitas e xiitas está maior do que jamais foi em séculos. Isso é em parte impelido pela política dos Estados: a ferrenha rivalidade regional entre a Arábia Saudita sunita e o Irã xiita exacerbou o problema, porque ambos competem por influência. Os desacordos entre eles também se devem a etnicidade, um sendo árabe, o outro de maioria persa, e as usuais rivalidades entre Estados poderosos, mas há uma clara aresta sectária na linguagem usada por ambos os lados. Sunitas de linha dura falam agora em *safawis* — o nome árabe para a dinastia safávida xiita persa (iraniana) que enfrentou o Império Otomano sunita. Ambos querem ser a principal potência dominante dos países islâmicos; eles têm políticas econômicas conflitantes, por exemplo na produção e venda de petróleo, e, como vimos, tomam lados opostos em conflitos religiosos que irrompem em outros países em toda a região. Ambos também se acusam mutuamente de apoiar grupos terroristas e suas atividades. Em resposta, em todo o Oriente Médio e no Norte da África, essa era de divergência está dando lugar a uma era de muros.

A Arábia Saudita construiu centenas de quilômetros de cerca ao longo de suas linhas a norte e a sul, o Kuwait cercou seu território, e a Jordânia fortificou a divisa com a Síria, construindo uma das cercas de tecnologia mais avançada do mundo; ao norte da Síria, os turcos também construíram um muro de três metros de altura e dois de espessura, enquanto os distúrbios na Líbia levaram a Tunísia e o Egito a construírem cercas ao longo de suas fronteiras.

Linhas na areia: Oriente Médio

A construção de barreiras na Jordânia é a mais impressionante do ponto de vista tecnológico, ainda que as razões para ela sejam as mais deprimentes. As guerras na Síria, ao norte de seu território, e no Iraque, a leste, resultaram no influxo de centenas de milhares de refugiados para o país. O Reino Hachemita da Jordânia começou a reforçar suas defesas em 2008, ciente de que a violência e o caos no Iraque poderiam se espalhar. Isso foi três anos antes de a guerra síria irromper, mas, mesmo então, a instabilidade da região e o crescimento do terrorismo internacional levaram a administração Obama a oferecer ajuda a seu aliado. De início, a iniciativa foi modesta, com planos de construir torres de vigia ao longo de um trecho mais vulnerável de 48 quilômetros da fronteira síria, por vezes usados por contrabandistas. À medida que a Síria mergulhava no caos e o EI ameaçava levar seu terror para a Jordânia, o projeto se expandiu, assim como os custos. A Jordânia é 95% sunita, e o EI pretendia promover suas crenças extremadas num país frágil e religioso.

Washington, D.C., financiou o Programa Jordaniano de Segurança das Fronteiras da Agência de Redução de Ameaças à Defesa (DTRA, na sigla em inglês) do Pentágono, com a maior parte do contrato tendo sido concedida à empresa Raytheon. Hoje há uma cerca de segurança de alta tecnologia de 257 quilômetros de extensão ao longo da fronteira síria. Ela tem torres de vigia, câmeras de visão noturna e sensores de terreno que podem detectar movimento a oito quilômetros de cada lado da fronteira. Uma estrutura similar cobre 185 quilômetros da fronteira iraquiana. O website da DTRA diz que o mundo "pode ser realmente assustador" e observa o uso de armas de destruição em massa tanto na Síria quanto no Iraque. O trabalho na cerca, diz ele, "é um grande exemplo de como estamos deixando o mundo mais a salvo de armas de destruição em massa".

O que ele não diz é que a barreira também está ajudando a manter o efetivo das tropas norte-americanas na Jordânia mais seguro. Oficialmente, há apenas algumas dezenas de militares americanos baseados na Jordânia; na realidade, costuma haver pelo menos várias centenas, mas eles trabalham longe da vista, em bases militares jordanianas. Esses baixos números fictícios podem ser sustentados em documentos oficiais desde que os que estão no país sejam "destacados", e não "sediados" lá. A Jordânia pode ser um aliado americano, mas o governo prefere não ser visto como demasiado próximo da superpotência para evitar inflamar sentimento antiamericano em meio à minoria de sua população considerada fundamentalista.

As cercas fronteiriças construídas pelos sauditas são ainda mais longas, e mais caras, que as da Jordânia, mas também foram construídas com ajuda americana. O Projeto da Fronteira Norte cobre mais de 880 quilômetros de fronteira iraquiana. Ele tem uma cerca tríplice, uma berma de areia gigantesca e 32 "estações de resposta" ligadas a sete centros de comando e controle, tudo apoiado por 240 veículos de resposta rápida.

As relações entre a Arábia Saudita e o Iraque são difíceis. Muitos iraquianos culpam a Arábia Saudita por exportar sua virulenta interpretação do islã sunita e assim ajudar a criar o EI, que causou tanto derramamento de sangue em seu país; desde a derrubada de Saddam Hussein, um Iraque dominado pelos xiitas ficou mais próximo do Irã. Contudo, em 2017, num esforço para afastar o Iraque do Irã, Riad começou uma ofensiva de sedução e até convidou políticos iraquianos preeminentes para uma visita. As relações entre os dois países melhoraram

Linhas na areia: Oriente Médio 147

nos últimos anos, mas por ora o Iraque continua mais estreitamente alinhado com o Irã.

Ao sul, a Arábia Saudita cercou parte de sua fronteira com o Iêmen. O projeto começou em 2003 e, como no caso do plano original da Jordânia para a cerca síria, foi destinado de início a reduzir o contrabando de armas e pessoas do paupérrimo Iêmen para a mais rica Arábia Saudita. A princípio, os sauditas se concentraram em deter veículos colocando sacos de areia e blocos de concreto nas áreas de travessia no terreno montanhoso a sudoeste. Contudo, em 2009, depois que rebeldes houthis xiitas do Iêmen realizaram uma incursão transfronteiriça e mataram dois guardas sauditas, Riad sancionou a construção de cercas com sensores elétricos para impedir que pessoas atravessassem a pé ao longo de um trecho de fronteira de cerca de 160 quilômetros de extensão. A campanha militar dos houthis visava alcançar uma maior autonomia no Iêmen, mas ocasionalmente se espalhava pela província saudita de Jizna, fazendo com que os sauditas se voltassem contra eles. Essa hostilidade aumentou depois que os sauditas perceberam que seu principal rival regional, o Irã, estava ajudando os houthis.

Quando a guerra civil do Iêmen começou, a Al-Qaeda foi capaz de fortalecer sua posição no país e usá-la como uma plataforma de lançamento para deslocar pessoas para a Arábia Saudita. Assim, a Arábia Saudita passou a ter um problema triplo: combatentes houthis xiitas e ataques transfronteiriços, migrantes atravessando ilegalmente e a Al-Qaeda, que jurou destronar a família real, todos pressionando contra sua fronteira sul; por isso a cerca foi considerada ainda mais necessária. A cerca ainda deixa centenas de quilômetros da fronteira abertos nas áreas desertas ao leste, mas ali as distâncias são tão grandes, e as condições tão brutais, que é mais difícil escapar de patrulhas e há menos travessias.

Além dos problemas ao longo de suas fronteiras, a Arábia Saudita também está ciente da ameaça da divisão interna. Embora o país seja completamente dominado por sunitas, com xiitas compreendendo no máximo 15% da população de 33 milhões de habitantes, essa minoria se concentra sobretudo nas províncias orientais, onde se localiza a maior parte dos campos petrolíferos da Arábia Saudita. As províncias dominadas pelos xiitas estão cada vez mais agitadas: eles alegam que suas comunidades estão carentes de recursos e que são excluídos da vida nacional — acusações que o governo nega. Dada essa fonte potencial de problemas, a atual instabilidade do Iêmen e as fraturas no Iraque, a Arábia Saudita não tem planos de derrubar as barreiras que ergueu e sempre busca maneiras de aperfeiçoá-las.

O Kuwait também deseja manter um amortecedor entre ele e o Iraque, apesar da queda de Saddam Hussein em 2003, pois os dois países têm uma longa história de conflito. O Kuwait foi estabelecido como um xecado na Convenção Anglo-Otomana de 1913, mas os governos do Iraque nunca aceitaram o que são essencialmente fronteiras traçadas pelos britânicos e, em várias ocasiões, reivindicaram o Estado rico em petróleo como sua décima nona província.

Forças iraquianas invadiram o Kuwait em 1990, mas foram repelidas por uma coalizão liderada pelos Estados Unidos. O Kuwait construiu então, literalmente, uma linha na areia entre os dois países. Uma barreira de quase dez quilômetros de profundidade formada por três bermas de areia paralelas foi erguida ao longo de toda a extensão da fronteira. Partes foram

Linhas na areia: Oriente Médio 149

encimadas com arame farpado e tinham valas antitanques a sua frente. O objetivo era manter os iraquianos fora, mas em 2003, durante a invasão do Iraque por parte dos Estados Unidos, se tornaram um obstáculo que os americanos precisaram transpor. Foi uma grande operação que exigiu quebrar as bermas em vários lugares simultaneamente, numa velocidade que não permitisse que os iraquianos na defesa atacassem as colunas de veículos em fila indiana e com isso impedir que o avanço continuasse. Eles conseguiram e 10 mil veículos passaram, rumando, finalmente, para Bagdá.

No ano seguinte, o Iraque podia não ser mais uma ameaça estratégica para o Kuwait, mas os kuwaitianos ainda queriam uma nova e melhor barreira entre eles. Sob supervisão legal da ONU, uma localização foi acordada por ambos os lados e uma cerca de 217 quilômetros foi erguida a partir da cidade iraquiana fronteiriça de Umm Qasr até o triângulo onde o Iraque, o Kuwait e a Arábia Saudita se encontram. Como tantos outros países no Oriente Médio, o Kuwait está tentando se preservar contra a proliferação da violência no Iraque, e também deter a imigração ilegal para sua economia muito mais rica.

A Turquia, enquanto isso, está mais preocupada com a ameaça representada pela Síria e, em junho de 2018, terminou de construir um muro de concreto ao longo da maior parte da fronteira. Ele é suplementado por trincheiras, um sistema de iluminação com refletores, torres de vigia, balões de vigilância, imageamento térmico, radar, um sistema de mira e pequenos veículos blindados chamados *Cobra II*, que dirigem ao longo do muro com câmeras instaladas em gruas angulares para ver por cima dele. Tendo tomado partido da oposição a Assad e desempenhado um papel ativo no conflito, a Turquia tenta agora impedir a entrada de refugiados e terroristas vindos da Síria. Mas o país tem outra preocupação no conflito da Síria: a crescente força dos grupos curdos que dele participam.

Quando falamos de Oriente Médio, frequentemente pensamos nos "árabes", como se eles fossem intercambiáveis, ou um bloco único, quando de fato a região abriga numerosos povos, religiões, seitas e línguas, com minorias como os curdos, os drusos, os iazidis e os caldeus.

Os curdos são a maior minoria; há cerca de 30 milhões no Oriente Médio. As estimativas variam, mas sugerem que há cerca de 2 milhões na Síria, 6 milhões no Iraque, 6 milhões no Irã e 15 milhões na Turquia. Costuma-se dizer que são a maior nação do mundo sem um Estado, embora essas subdivisões nacionais se dividam por sua vez em cerca de uma centena de tribos que seguem diferentes seitas religiosas e falam variadas línguas, que também se ramificam em dialetos e alfabetos ou escritas diversos.

Há sem dúvida um movimento para criar um Estado-nação do Curdistão, mas dadas as suas diferenças, a localização geográfica e a oposição de Estados existentes, é improvável que o povo curdo venha a ser unificado por um Estado. Irã, Iraque, Síria e Turquia têm, todos eles, grandes populações curdas e não lhes permitirão buscar a unificação uns com os outros ou se tornar mini-Estados. É improvável que os Estados Unidos, que têm alguma simpatia pelos curdos, os ajudem — sobretudo porque a Turquia, que agora combate os curdos tanto no Iraque quanto na Síria, é também membro da Otan. Há sempre alguém puxando o tapete dos curdos.

Linhas na areia: Oriente Médio 151

Esperava-se que o referendo não vinculativo realizado em 2017 no Curdistão iraquiano, apoiando a independência, fosse um passo na direção do grande sonho curdo, mas a Turquia e o Irã não permitirão um Curdistão unido que inclua um centímetro de seu próprio território. No Iraque, o governo central reagiu ao voto pela independência enviando o Exército para tomar a cidade petrolífera de Kirkuk, controlada pelos curdos, com a mensagem de que nem planos de independência nem a expansão fora das áreas tradicionalmente dominadas pelos curdos seriam permitidos. Os próprios curdos estão também divididos dentro do Iraque em duas configurações tribais com fissuras similares em outras áreas. Além disso, sofrem discriminação dentro dos países pelos quais estão espalhados. Os que estão no Iraque têm lembranças particularmente ruins do Baath, o partido "socialista" de Saddam Hussein, que exterminou com gás milhares deles durante a brutal campanha militar Anfal, nos anos 1980, e matou outros milhares na década seguinte.

Esse autoritarismo brutal não era de maneira alguma incomum para governos em todo o Oriente Médio, e muitos — não apenas os curdos — sofreram as consequências.

O que deu errado no mundo árabe? Quase tudo. O que foi tentado como uma solução para o problema? Quase tudo.

Muitas razões são dadas para o problema. A religião, por exemplo, causou grandes fissuras, como vimos. O colonialismo resultou na criação de Estados-nações cujas fronteiras ignoravam divisões culturais tradicionais — esperava-se agora que povos que antes se pensavam como diferentes, e que haviam sido governados de maneiras diferentes, prometessem lealdade a uma entidade com a qual alguns sentiam que tinham pouco em comum, enquanto outros que antes haviam se identificado como uma comunidade foram partidos ao meio. A geografia da região proporcionou à maior parte das áreas pouca riqueza natural, e nem todas as abençoadas — ou, dependendo do ponto de vista, amaldiçoadas — com petróleo compartilharam seus lucros de forma equitativa. A riqueza que existe com frequência parece ser desperdiçada pela elite, havendo, portanto, uma pobreza generalizada e uma falta patente de progresso econômico e social.

O "Relatório do desenvolvimento humano árabe de 2002", escrito por um grupo de eminentes intelectuais árabes liderados pelo estatístico egípcio Nader Fergany e patrocinado pelo Programa de Desenvolvimento das Nações Unidas, resumiu da melhor maneira a situação dos 22 países árabes. O relatório observou que os níveis de educação e expectativa de vida se elevaram e os índices de mortalidade infantil caíram, mas os aspectos positivos paravam por aí. Os autores retiraram de suas estatísticas um tradicional indicador de sucesso, a renda per capita, com o argumento de que a enorme riqueza de um pequeno número de países, sendo distribuída apenas para algumas pessoas, distorcia os números. Eles acrescentaram então o acesso à internet e os níveis de liberdade para criar o Índice de Desenvolvimento Humano Alternativo. Numa frase contundente, concluíram que "a região é mais rica do que desenvolvida".

Em particular, destacaram o que chamaram de os Três Déficits, que estavam tolhendo o progresso da região: em primeiro lugar, e porque carecia de certas liberdades, o mundo árabe não tinha conseguido acompanhar o conhecimento global na ciência, no pensamento político e em religião comparada. Re-

Linhas na areia: Oriente Médio 153

lativamente poucos livros traduzidos de outras línguas estão disponíveis na região. Em segundo lugar, e relacionado ao último ponto, estava o fracasso em abraçar o desenvolvimento nas comunicações para disseminar o conhecimento que estivesse disponível. Em terceiro, a participação das mulheres na política era a mais baixa do mundo.

A falta de direitos civis e liberdade de expressão e a flagrante censura manifestas na maior parte dos países árabes, por sua vez, significavam que apesar de gastos razoáveis com educação o dinheiro era mal utilizado e os resultados eram insatisfatórios. O relatório expunha que o número de livros traduzidos para o árabe nos últimos mil anos é menor do que o número dos que são traduzidos para o espanhol na Espanha num único ano. O uso da internet estava restrito a apenas 0,6% da população.

Uma geração de intelectuais e políticos árabes progressistas tomou o relatório como um alerta, mas os progressistas são uma minoria no mundo árabe e não havia um número suficiente deles em posição de autoridade para possibilitar uma mudança positiva. Quase vinte anos depois, o uso da internet cresceu, mas a repressão continuou. Em 2016, segundo o "Relatório do desenvolvimento árabe" da ONU, a penetração da internet tinha crescido enormemente para mais de 50%, mas de maneira geral os Três Déficits ainda estavam prejudicando a região. Os regimes árabes continuavam impiedosamente agressivos contra a dissidência, as liberdades individuais ainda eram restringidas, muitas das ideias do mundo exterior continuavam a ser indesejáveis e onze países árabes estavam sofrendo conflitos internos.

Muitos secularistas árabes atribuem a culpa pelos problemas e a falta de liberdade ao que é às vezes chamado de "fechamento da mente árabe", uma referência ao fim da prática do *ijtihad*. A tradução direta da palavra é "esforço", mas ela se relaciona com a interpretação de problemas religiosos não precisamente cobertos pelo Corão ou o *hadith* — os relatos do que o profeta Maomé fez e disse. Durante séculos, qualquer estudioso muçulmano instruído podia elaborar um pensamento original sobre questões religiosas, mas no fim do califado abássida sunita (750-1258) foi declarado que os portões do *ijtihad* estavam fechados. A partir de então não deveria haver nenhum questionamento das leis e interpretações estabelecidas pelos grandes homens das gerações anteriores.

Afirma-se que esse "fechamento" tolheu o mundo árabe, tornando-se, nos tempos modernos, uma das grandes divisões dentro das sociedades árabes — entre aqueles que buscam reforma e os que se mantêm firmes à tradição. Se essa teoria for verdadeira, explicaria em parte por que outras culturas, que compartilham com o mundo árabe a falta de liberdade e de direitos humanos, conseguiram se desenvolver e desafiar os países ocidentais em termos de tecnologia e progresso econômico; Singapura e China vêm à mente.

É verdade que a cultura árabe tem um profundo respeito pela tradição e a autoridade, e é menos aberta à mudança que a de muitas outras regiões. Um homem que está aparentemente tentando mudar isso é o novo príncipe herdeiro da Arábia Saudita, Mohammed bin Salman (também conhecido como MbS). No que parece ser um plano cuidadosamente pensado, o rei da Arábia Saudita, Salman bin Abdulaziz al Saud, outorgou o título de príncipe herdeiro e poderes significativos a esse filho de 32 anos. Os dois homens parecem ter concluído que o reino não sobreviveria com sua atual base econômica e normas sociais. Em 2018, foi aprovada uma legislação que permite às mulheres dirigir e assistir a partidas de futebol, e que autoriza a abertura de cinemas pela primeira vez. Alguns críticos do Ocidente desprezaram esses avanços por serem cautelosos demais. Mas com isso mostraram não compreender a extrema importância dessas medidas, especialmente ao enviar aos blocos de poder religioso uma mensagem de que seu tempo está aos poucos chegando ao fim. Tampouco parecem saber que mesmo essas medidas "cautelosas" correm o risco de encontrar resistência, possivelmente violenta. Rumores de golpes de Estado planejados contra a Casa de Saud varreram a região do Golfo durante todo o ano.

O príncipe herdeiro saudita também revelou seu modelo econômico Visão 2030, diversificando a economia para que não dependa da energia. Parte disso foi a controversa medida que permitiu às mulheres dirigir, uma vez que compreendeu que uma economia moderna não pode ignorar 50% de sua força de trabalho. Em seguida veio um expurgo dos linhas-duras. O príncipe, junto com outros Estados aliados do Golfo, como o príncipe herdeiro de Abu Dhabi, Mohammed bin Zayed al Nahyan, está tentando romper a camisa de força tradicional, mas sabe que deve ser muito cuidadoso. Nisso, os príncipes são apoiados sobretudo pelas gerações mais jovens de suas sociedades.

Politicamente, os árabes tentaram o nacionalismo e o falso socialismo e experimentaram o líder forte. A vida sob o domínio jihadista na forma do EI é outro sistema fracassado, enquanto alguns vivem sob o poder hereditário de famílias reais. De todos esses regimes, o último tendeu a ser o mais estável e, partindo de uma base de comparação muito baixa, relativamente benigno, mas nenhum sistema que os árabes já tenham tentado conseguiu uni-los num Estado-nação bem-sucedido em paz consigo mesmo nem unir a região, apesar do fator unificador da língua.

O grande sonho de uma Arábia unida estava evidente na proclamação da Revolta Árabe de 1916. Mas ele nunca foi mais que um sonho, e as divisões entre seus povos indicam com quase toda a certeza que nunca será realizado. O professor árabe Fawaz Gerges admite que a perspectiva é sombria: "Frequentemente, os governantes árabes lutam entre si por influência e poder e interferem nos negócios uns dos outros [...] essas rivalidades violentas tiveram efeitos debilitantes sobre o sistema estatal e causaram caos e guerras civis. O sistema está corrompido".

Não há uma plataforma democrática sólida sobre a qual construir, e os Estados-nações árabes não conseguiram ganhar a lealdade da maioria do povo. Como diz o relatório da ONU de 2016, "Os jovens são dominados por um sentimento inerente de discriminação e exclusão", levando assim a um "enfraquecimento [de] seu compromisso de preservar as instituições governamentais".

Vimos as rachaduras aparecerem no edifício da União Europeia, e elas estão levando a um recuo parcial para o nacionalismo. A diferença no Oriente Médio é que os árabes estão menos enraizados no conceito de Estado-nação e não abraçaram completamente ideias sobre liberdade individual; por isso, quando instituições governamentais desmoronam, muita gente se refugia nos precursores do Estado-nação — religião, etnia e tribo.

À medida que os sunitas, os xiitas e as tribos e etnias se recolhem para trás de seus muros físicos e psicológicos e os Es-

Linhas na areia: Oriente Médio 157

tados-nações enfraquecem, sua religião lhes oferece autorrespeito, identidade e certeza. Sobre essa base, os islâmicos podem construir uma visão de mundo segundo a qual o socialismo, o nacionalismo ou até o próprio Estado-nação são uma doença e o islã é a resposta. Eles constroem barreiras ideológicas em torno de si mesmos que ficam tão altas que os que estão sob seu abrigo não podem mais ver além delas. Assim aprisionados em mentes estreitas, alguns passam a ver o "outro" como um "infiel", um "ímpio" ou um *safawi*, e, como tal, merecedor apenas de ser subjugado ou morto. Alguns vão ainda mais longe, entrando nos domínios mais elevados dos teóricos da conspiração, empregando o termo muito mais extremado *sahiyyu-safawi* (sionista-safávida), que sugere uma furtiva conspiração de Israel com o Irã contra o mundo sunita. Depois de ir tão longe, muita gente acha difícil retornar.

Uma explicação para isso é a pobreza e a educação deficiente. Nenhum desses dois fatores pode ser ignorado; contudo, demasiada importância é atribuída a eles, dando origem à crença de que se erradicássemos a pobreza e melhorássemos a educação, erradicaríamos a ideologia fundamentalista. Isso não leva em conta os enormes números de pessoas altamente instruídas entre os jihadistas, cujas fileiras são infladas a cada ano por portadores de diploma universitário, sobretudo formados em engenharia. Tampouco explica por que parte da ideologia mais violenta surge do país mais rico da região — a Arábia Saudita. Sem dúvida, padrões de vida melhores e educação secular de qualidade mais elevada são parte da solução, mas, ironicamente, um outro muro é necessário aqui, aquele construído na maioria das sociedades modernas bem-sucedidas — o que separa a religião e a política.

Como o islã é um modo de vida abrangente, muitos praticantes têm dificuldade em tirar a religião e a etnia da política. Não há nada no Corão similar às palavras atribuídas a Jesus — "Dai a César o que é de César; e a Deus o que é de Deus". Sem essa separação, a lei religiosa tende a sustentar ou mesmo dominar a lei secular, e a religião ou seita prevalecente irá assegurar que sua versão da religião e da lei seja a que é respeitada.

Em contraste, na Europa a formação e organização de partidos políticos segundo linhas puramente étnicas ou religiosas foi em grande parte erradicada. A maioria dos partidos atrai apoio de amplos e variados setores da sociedade, e a religião não desempenha um papel importante no governo e na formulação de políticas.

Entretanto, no Oriente Médio, as recordações de "política secular" levam a governos despóticos — os partidos Baath da Síria e do Iraque são exemplos. Ambos pretendiam ser partidos socialistas seculares acima de divisões étnicas e religiosas, mas ambos reprimiram brutalmente suas populações. Isso levou algumas pessoas a desconfiarem da capacidade de partidos seculares de defenderem seus interesses e a se voltarem, em vez disso, para o partido que apoia sua religião.

Por ora os países e povos árabes permanecem divididos e devastados por conflitos, internos e externos. Os sauditas e os iranianos disputam uma batalha regional geopolítica que, quando alcança nível local, se manifesta na antiga desavença xiitas/ sunitas, a qual por sua vez também se desenrola em conflitos além de suas próprias fronteiras. Assim muitos dos conflitos em toda a região — como a guerra no Iraque — permitiram que fissuras semelhantes viessem à tona, com a violência e o extremismo decorrentes espalhando-se além das fronteiras.

Linhas na areia: Oriente Médio 159

Apanhadas no turbilhão estão minorias como os cristãos, os iazidis e os drusos.

O sonho da unidade pan-árabe se transformou no pesadelo das divisões pan-árabes. Uma vez soltos esses demônios sectários, a desconfiança e o medo do "outro" levam anos, por vezes gerações, para serem revertidos. A colcha de retalhos de Estados-nações como a Síria foi rasgada, e o padrão do projeto de quaisquer Estados futuros ainda não está claro. Há uma geração de jovens árabes urbanos instruídos buscando deixar as divisões para trás, mas o peso da história os retém.

Em 1977, o presidente egípcio Anwar Sadat disse as seguintes palavras num discurso no Knesset israelense, referindo-se ao conflito árabe-israelense — mais de quarenta anos depois elas ainda se aplicam a toda a região: "No entanto, resta um outro muro. Esse muro constitui uma barreira psicológica entre nós; uma barreira de desconfiança; uma barreira de rejeição; uma barreira de medo, de mentira; uma barreira de alucinação sem nenhuma ação, ato ou decisão".

CAPÍTULO 5

Um ímã para migrantes
Subcontinente indiano

Como todos os muros, esse era ambíguo, de duas caras. O que ficava dentro e o que ficava fora dependia do lado em que você estava.
URSULA K. LE GUIN, *Os despossuídos*

Páginas anteriores: Um soldado indiano da Força de Segurança das Fronteiras monta guarda numa abertura na cerca entre a Índia e Bangladesh.

Na fronteira da Índia com Bangladesh está a cerca mais longa do mundo. Ela se estende pela maior parte da fronteira de 4 mil quilômetros com que a Índia envolve seu vizinho muito menor; a única parte de Bangladesh completamente livre dela é seu litoral de 580 quilômetros de extensão, na baía de Bengala. A cerca ziguezagueia da baía para o norte, ao longo de um terreno quase sempre plano, em direção à região mais montanhosa perto do Nepal e do Butão, vira à direita no topo do país e depois torna a descer em direção ao sul, por vezes atravessando áreas densamente florestadas, de volta ao mar. Passa por planícies e selvas, ao lado de rios e sobre morros. Os territórios de ambos os lados são profusamente povoados, e, em muitas áreas, o terreno é cultivado até tão perto da barreira quanto possível, o que significa que as plantações por vezes tocam a divisória.

Centenas de quilômetros dessa barreira têm duas camadas, partes dela são de arame farpado, partes são muradas, partes eletrificadas e partes iluminadas por refletores. Em alguns trechos, em Bengala Ocidental, por exemplo, que compreende quase a metade da extensão da fronteira, a cerca é equipada com sensores inteligentes, detectores de direção, equipamento de imageamento térmico e câmeras de visão noturna conectadas a um sistema de comando de sinais via satélite.

165

Os indianos estão tentando passar de um modelo que costumava depender de grandes números de soldados patrulhando longos trechos de fronteira quase constantemente para um em que podem identificar com facilidade rompimentos na cerca e enviar unidades de resposta rápida. Como no caso de outras fronteiras em todo o mundo, a tecnologia simplificou o que antes teria demandado centenas de homens-horas para monitorar, comunicar e intervir com rapidez. Mesmo que um sensor seja acionado a quilômetros de distância de um posto de controle, dentro de um minuto é possível que haja um drone sobrevoando-o e que uma patrulha esteja a caminho; a cada ano que passa, a tecnologia fica mais sofisticada.

Apesar dessas medidas, a cerca indiana não consegue impedir que pessoas tentem atravessá-la. Elas continuam se arriscando apesar do arame farpado, e apesar do fato de os guardas terem matado a tiros centenas de pessoas que tentavam entrar na Índia, bem como muitas outras que queriam retornar a Bangladesh após ter estado na Índia ilegalmente. Entre eles, em 2011, estava Felani Khatun, de quinze anos.

A família de Felani trabalhava ilegalmente na Índia, sem passaporte ou visto, em razão da complexidade legal e dos custos para obter qualquer dos dois. Para voltar a seu país para visitar a família, Felani e seu pai tinham pagado cinquenta dólares a um contrabandista para levá-los ao outro lado. Pouco depois do raiar do dia, com a barreira envolta em neblina, ela começou a subir uma escada de bambu colocada contra a cerca pelo contrabandista. Seu *shalwar kameez* enganchou no arame farpado. Ela entrou em pânico e começou a gritar para o pai, pedindo ajuda. Após várias infiltrações terroristas, a Força de Segurança das Fronteiras (FSF) da Índia havia recebido ordens

Um ímã para migrantes: Subcontinente indiano 167

de atirar para matar, e um guarda cumpriu as ordens. Foi uma morte lenta. Ela permaneceu pendurada na cerca, sangrando mas ainda viva, por horas. À medida que o sol se levantava e a neblina se dissipava era possível vê-la e ouvi-la pedindo água aos gritos antes de, por fim, sucumbir aos ferimentos. A morte chocantemente violenta e prolongada de uma garota tão jovem atraiu a atenção internacional e a condenação da política de atirar para matar. Inevitavelmente a atenção se dissipou, mas a política permaneceu, e a cerca também. A tragédia serve de testemunho do custo humano dessas barreiras. A Índia não é a única; houve um aumento de mortes semelhantes no mundo inteiro. O dr. Reece Jones ressalta que "2016 estabeleceu o recorde para mortes em fronteiras (7200 no mundo) por causa do aumento da segurança nas fronteiras".

As justificativas para a cerca na fronteira da Índia com Bangladesh incluem a prevenção do contrabando de armas e mercadorias e a dissuasão de insurgentes transfronteiriços; mas a cerca está lá fundamentalmente para impedir imigração ilegal em níveis que resultaram em distúrbios e massacre de estrangeiros. Seu principal objetivo é manter as pessoas do lado de fora. Mas essa é uma região turbulenta, e a migração não é o único problema. As divisões no subcontinente, como em tantos lugares no mundo, originam-se em parte de fronteiras traçadas por potências coloniais, agravadas por preconceito religioso e étnico regional e realidades políticas. Muitas das cisões religiosas remontam ao domínio muçulmano sobre a Índia na época medieval.

Após as primeiras invasões islâmicas a partir da Ásia Central, houve conversões em massa da população predominantemente hindu; mas o simples tamanho da Índia criava problemas para os invasores: como no caso da China, é quase impossível para uma potência externa controlar por completo a Índia sem construir alianças. Assim, embora dezenas de milhões de pessoas tenham se convertido ao islã, isso ainda deixou centenas de milhões como hindus. Mesmo sob a dinastia mogol (1526-1857), quando o poder muçulmano se expandiu por quase toda a Índia, os conquistadores compreenderam o que os britânicos descobririam mais tarde: para tirar proveito das riquezas do subcontinente, era mais fácil dividir e governar as várias regiões que buscar poder absoluto. Uma maioria de pessoas se converteu ao islã a oeste do deserto de Thar e na bacia do delta do Ganges (as mesmas regiões que compreendem hoje o Paquistão e Bangladesh), mas em quase todos os outros lugares a maior parcela da população continuou hindu.

Em 1947, quando os britânicos se retiraram, os pais fundadores da Índia, especialmente Mahatma Gandhi, tiveram uma visão de criar um Estado democrático multirreligioso que se estendesse de leste a oeste desde o Indocuche até as montanhas Arakan, e de norte a sul desde os Himalaias até o oceano Índico. Mas Muhammad Ali Jinnah, que viria a se tornar o primeiro líder do Paquistão, acreditava que, como os muçulmanos seriam minoria nesse Estado, eles precisavam de seu próprio país. Ele queria "um país muçulmano para os muçulmanos" e ajudou a inventar uma fronteira que foi em parte desenhada ao longo de linhas religiosas, não geográficas. As fronteiras foram traçadas — pelos britânicos — para separar as áreas que tinham uma população majoritariamente muçulmana. E assim, naquele ano, surgiram dois Estados, a Índia e o Paquistão, este último compreendendo o Paquistão Oriental e o Paquistão Ocidental. As divisões

Um ímã para migrantes: Subcontinente indiano 169

religiosas haviam se tornado divisões geográficas, marcadas na mente e na paisagem.

Muitas vezes, porém, a fronteira passava no meio de comunidades, e, claro, todas as áreas eram mistas em certo grau, de modo que muitas pessoas foram forçadas a se mudar. A grande partição do subcontinente em 1947 foi acompanhada por um verdadeiro banho de sangue. Milhões de pessoas morreram durante o movimento em massa de povos, enquanto siques, hindus e muçulmanos rumavam para regiões onde se sentiriam seguros. Psicologicamente, nenhum dos países envolvidos jamais se recuperou; as divisões entre eles são maiores do que nunca e agora estão cada vez mais evidenciadas em concreto e arame farpado.

A Índia é um ímã para migrantes. É uma democracia, há leis para proteger minorias e, comparada a seus vizinhos, é uma economia florescente. Refugiados e imigrantes ilegais foram em grandes ondas para o país, vindos do Afeganistão, do Sri Lanka, de Mianmar (antes conhecida como Birmânia), do Tibete, do Paquistão e de Bangladesh. Há pelo menos 110 mil tibetanos que fugiram desde que a China anexou seu território, em 1951; por volta de 100 mil cingaleses tâmiles que chegaram durante a guerra civil no Sri Lanka, que terminou no início deste século; também as convulsões no Afeganistão geraram um fluxo constante de pessoas para a Índia. Mas, de longe, o maior número de imigrantes é de Bangladesh, que é cercado pela Índia por três lados.

Desde a partição da Índia, em 1947, ondas de pessoas do que era então o Paquistão Oriental atravessaram para a Índia para escapar de perseguição, intolerância e dificuldades econômi-

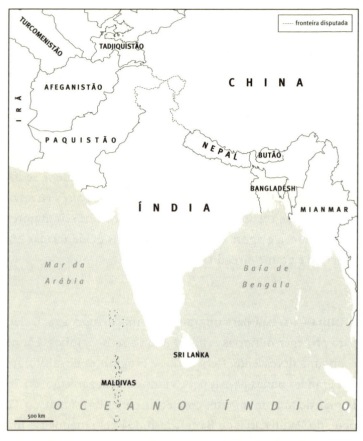

Há migrações em massa por todo o subcontinente indiano, com pessoas fugindo da pobreza, dos efeitos das mudanças climáticas e de perseguição religiosa.

cas, mas o número cresceu depois do violento conflito com o Paquistão Ocidental. Uma olhada no mapa logo mostra por que os dois nunca estiveram destinados a continuar como um único país: estão situados a 2 mil quilômetros de distância um do outro, em diferentes localizações geográficas e linguísticas.

Após anos de discriminação por parte do Paquistão Ocidental, em 1971, os bengalis no Paquistão Oriental começaram a se manifestar pela independência. O governo paquistanês tentou reprimi-los impiedosamente, e, na violência que se seguiu, em que milhões foram mortos, milhões também fugiram para a Índia. Hoje acredita-se que muitos milhares continuam a atravessar a fronteira todos os anos.

A vida é dura para muitos em Bangladesh. Cerca de 12,9% da população vive abaixo da linha de pobreza nacional, tal como definida pelo Banco Asiático de Desenvolvimento. Várias iniciativas foram tomadas para atacar o problema, mas a vida continua extremamente difícil para dezenas de milhões de pessoas. Em áreas rurais, o trabalho consiste em labuta agrícola exaustiva, e, nas cidades em crescimento, desenvolveram-se enormes favelas para abrigar os que chegam em busca de trabalho nas fábricas. Os grupos minoritários, como os hindus e os cristãos, dizem ser perseguidos, e de modo geral há uma crescente intolerância religiosa alimentada por radicais islâmicos. Há numerosos relatos de conversões forçadas de hindus ao islã e de sequestros de meninas. A constituição de Bangladesh não reconhece minorias. O artigo 41 assegura liberdade de religião, mas, na prática, nos últimos anos grupos extremistas atacaram dezenas de templos hindus, queimaram centenas de lares e agrediram milhares de pessoas. É natural que muitas tenham fugido para a Índia, de maioria hindu. Acrescente a isso as tempestades e inundações anuais de Bangladesh, e é fácil ver por que tantas pessoas optam por cruzar a fronteira.

Para muita gente, contudo, não se trata simplesmente de migrar em busca de trabalho ou para fugir de perseguição: a fronteira que separa a Índia de Bangladesh divide comunidades que viveram durante séculos sem barreiras físicas. Algumas compartilham similaridades linguísticas e culturais — a ideia de que seu vizinho é de uma nacionalidade diferente é estranha para eles —, e, desde a partição, nunca deixaram de viajar pela região.

É difícil encontrar índices precisos, mas a maior parte das estimativas situa o número de pessoas que se mudaram permanentemente de Bangladesh para a Índia neste século em mais de 15 milhões. Isso causou enormes problemas nos estados indianos mais próximos da fronteira — Bengala Ocidental, Assam, Meghalaya, Mizoram e Tripura —, onde a maioria dos bangladeshianos (majoritariamente muçulmanos) se estabeleceu, muito embora migrantes bangladeshianos ilegais possam ser encontrados em todas as grandes cidades. Um dos estados mais afetados é Assam, no nordeste da Índia. Durante a Guerra de Independência de Bangladesh, a maioria das pessoas que fugiam para a Índia era hindu, mas logo números crescentes de muçulmanos se juntaram a elas. Entre 1971 e 1991, a população muçulmana aumentou em 77%, passando de 3,5 milhões para 6,3 milhões, o que provocou uma grande reação étnica contra eles em Assam, onde os nativos se queixavam de que não só seus empregos e moradias estavam sob pressão, mas também que sua identidade e cultura estavam sendo desafiadas. Alguns hindus caíram na armadilha de culpar os recém-chegados por todos os males, não importava qual fosse sua origem, porque eles não eram assameses, mas os muçulmanos foram os que mais sofreram com a reação violenta. O que são essencialmente pequenas diferenças, como, digamos, comer carne de porco ou de vaca, foram exacerbadas à medida que as tensões cresciam.

Um ímã para migrantes: Subcontinente indiano 173

Em 1982, tiveram início demonstrações antibangladeshianas em massa, levando à formação de milícias e finalmente a distúrbios em que milhares de não assameses foram massacrados. Os muçulmanos foram as principais vítimas, mas em muitos casos, mais uma vez, as pessoas não se davam ao trabalho de diferenciar entre grupos étnicos ou religiosos. Indira Gandhi reagiu com planos para uma cerca de arame farpado nas fronteiras, que o governo subsequente de Rajiv Gandhi prometeu implementar.

Assam é útil para compreender os problemas mais amplos que a Índia enfrenta. Como em outros lugares, a natureza do terreno de Assam torna quase impossível proteger completamente a divisa. O estado compartilha somente 262 quilômetros de fronteira com Bangladesh, mas parte disso é o rio Brahmaputra, que inunda todo o ano e muda de curso, tornando difícil fixar um marcador de fronteira permanente.

Desde 1971, a população de Assam mais do que dobrou, passando de 14,6 milhões para mais de 30 milhões, o que se deve em grande parte a imigração ilegal. Nacionalistas hindus afirmam que em 2060 a área poderá ter uma maioria muçulmana. Em 2015, havia 19 milhões de hindus e 11 milhões de muçulmanos, nove dos 27 distritos tendo maioria muçulmana. Igualmente importante, o censo de 2017 mostrou que as pessoas de etnia assamesa são agora uma minoria no estado como um todo, e, à medida que mais pessoas forem chegando, essa proporção vai continuar a cair.

Após os distúrbios assassinos de 1982, o parlamento aprovou o Acordo de Assam em 1985, assinado por ambos os governos, nacional e estadual, e pelos líderes dos movimentos violentos que tinham ajudado a promover a agitação três anos antes.

O Acordo se destinava a reduzir o número de migrantes na área e remetia à guerra do Paquistão de 1971. Os que tivessem chegado antes de 1971 poderiam ficar sob certas condições, mas todos os estrangeiros que tivessem entrado em Assam a partir de 25 de março daquele ano — o dia em que o Exército do Paquistão iniciou operações em grande escala contra civis — deveriam ser localizados e deportados, pois, em 1985, considerava-se que Bangladesh estava estável o suficiente para que os refugiados retornassem.

Não funcionou. Dos 10 milhões que tinham fugido de Bangladesh durante a guerra, milhões permaneceram na Índia e mais continuaram a chegar. Em consequência, ao longo dos anos as cercas tornaram-se mais extensas, mais altas e cada vez mais tecnologicamente avançadas. O governo central se concentrou em construir muros, em vez de impor o cumprimento do Acordo e criar estrutura legal para uma solução. Enquanto isso, o custo humano vem crescendo: segundo o Human Rights Watch, na primeira década deste século o contingente da FSF abateu a tiros cerca de novecentos bangladeshianos quando eles tentavam atravessar a fronteira.

A maior parte das pessoas dispostas a correr o risco consegue entrar na Índia. Mas, uma vez lá, elas se veem num pesadelo legal. A Índia não tem leis eficazes para refugiados nacionais ou imigrantes ilegais. O país não assinou a Convenção das Nações Unidas relativa ao Estatuto dos Refugiados de 1951, sob a alegação de que ela não leva em consideração as complexidades dos problemas regionais. Em vez disso, todos os estrangeiros estão sujeitos à Lei dos Estrangeiros de 1946, que define um estrangeiro como "uma pessoa que não é um cidadão da Índia", o que pode ter o benefício da concisão, mas é de uso limitado para se decidir quem é de fato refugiado, quem se qualifica para asilo e quem é migrante econômico.

Os problemas atuais — o ressentimento por parte da população indiana, a condição incerta dos próprios imigrantes — realçam as dificuldades enfrentadas em qualquer lugar do mundo quando não há sistemas adequados para lidar com grandes influxos populacionais, mas sobretudo quando se passa de um país em desenvolvimento para outro.

Sanjeev Tripathi, o antigo diretor da agência de inteligência externa da Índia, a Ala de Pesquisa e Análise (RAW, na sigla em inglês), afirma que a Índia precisa de uma nova lei para definir refugiados e imigrantes ilegais. Deve também chegar a um acordo com Bangladesh, segundo o qual Daca aceitará de volta os bangladeshianos e lhes fornecerá documentos, e que "isso deve ser seguido por uma ação conjunta para detectar imigrantes bangladeshianos, atribuí-los a diferentes categorias de refugiados e migrantes ilegais, reassentá-los ou repatriá-los e evitar qualquer influxo adicional". Segundo ele, o sistema atual "contribuiu substancialmente para mudar o padrão demográfico nos estados do nordeste da Índia, onde os nativos se sentem oprimidos pelos forasteiros. Isso afetou de maneira adversa seu modo de vida e levou a uma tensão latente entre os dois lados".

O aspecto jurídico disso pode ser alcançado por meio de vontade política interna; no entanto, a cooperação diplomática que se requer de Bangladesh é mais problemática. O país não só prevarica em relação à papelada administrativa por vezes necessária para receber migrantes de volta como também há miríades de histórias de guardas de Bangladesh empurrando bangladeshianos em regresso ao país de volta para a Índia pela fronteira, especialmente se forem de minoria hindu.

Há o problema adicional de reunir os que são considerados ilegais. Há milhões deles, e estão entranhados Índia adentro; muitas vezes possuem carteiras de identidade chamadas *aadhaar*, que não os distinguem de cidadãos indianos para simples fins de identificação, embora não possam ser usadas para ter acesso a todos os serviços fornecidos a um cidadão indiano. Além disso, em regiões como Bengala Ocidental o problema se agrava, porque é difícil distinguir as feições e o dialeto de um bangladeshiano dos de um bengalês ocidental.

Há também uma batalha em curso na política indiana quanto à conveniência de conceder cidadania a hindus bangladeshianos com base no fato de terem fugido de perseguição. Quando o Partido Bharatiya Janata (PBJ), nacionalista hindu, chegou ao poder, levou essa questão em conta: afinal, o manifesto do partido de 2014 incluía as palavras: "A Índia continuará sendo um lar natural para hindus perseguidos, e eles serão bem-vindos a buscar refúgio aqui". No entanto, o PBJ procedeu com lentidão e relutância, ciente de que, embora a imigração muçulmana seja a maior preocupação para muitos eleitores, há graus de hostilidade em relação a todos os estrangeiros.

Muitos apoiadores do governo do PBJ têm uma visão sólida do que é necessário e exigem políticas que podem parecer duras para alguns. Elas incluem processo penal contra quem quer que abrigue um imigrante ilegal e proíbem imigrantes ilegais de trabalhar se não se registrarem voluntariamente junto às autoridades. Na campanha para as eleições de 2014, Narendra Modi, o líder do PBJ, prometeu repetidamente que iria endurecer o controle das fronteiras e advertiu os imigrantes ilegais vindos de Bangladesh que eles precisavam "fazer as malas". Ele venceu a eleição para primeiro-ministro.

Um ímã para migrantes: Subcontinente indiano 177

Em 2017, o presidente do PBJ, Amit Shah, acusou seus opositores no Partido do Congresso, que é contra as deportações, de quererem tornar o estado de Assam uma parte de Bangladesh. E muitos no governo veem o problema em termos de segurança nacional. Sob a ótica da segurança indiana, a questão tem o seguinte aspecto: o Paquistão nunca perdoou a Índia por ajudar Bangladesh a conquistar a independência. Para semear a discórdia, ele promove o que chama de "profundidade estratégica avançada": estimula a imigração ilegal e patrocina terrorismo transfronteiriço a partir de Bangladesh, apoiando as atividades de grupos como Harkat-ul-Jihad al-Islami e Jamaat-ul-Mujahideen Bangladesh, e o movimento de centenas de seus combatentes em direção à Índia. A teoria continua dizendo que, ao mudar a demografia hindu-muçulmana em regiões indianas que fazem fronteira com Bangladesh, haverá a formação de partidos políticos que vão exigir autonomia e por fim independência, criando assim uma nova pátria muçulmana. Há até um nome para esse futuro Estado imaginário formado a partir de Assam e Bengala Ocidental: Bango Bhoomi. Assim, conclui a teoria, a Índia vai se enfraquecer e o Paquistão ganhará um ponto de apoio ao lado de Bangladesh.

Defensores da ideia de que tal plano existe têm dificuldade para encontrar provas concretas dele, mas apontam para as mudanças da demografia como forma de reforçar seu argumento. No nível de Estado para Estado, as relações entre a Índia e Bangladesh são cordiais, mas a tensa política interna do subcontinente pós-partição, dos nacionalismos hindu e muçulmano, significa que os políticos muitas vezes se deixam levar pelas emoções da identidade.

178   *A era dos muros*

Quer a teoria do Bango Bhoomi seja ou não verdadeira, muitos especialistas não governamentais em controle de fronteiras afirmam que os muros e as cercas são de utilidade limitada para evitar o fluxo de pessoas, e especialmente ineficazes para combater o terrorismo. Sobre este ponto, o dr. Reece Jones diz que, apesar das vastas somas gastas na construção da nova cerca de alta tecnologia entre a Índia e Bangladesh, ela "provavelmente não tem nenhum impacto" na infiltração terrorista, porque "um terrorista costuma ter recursos para pagar por documentos falsos e apenas atravessa a fronteira nos postos de controle ou viaja com documentos oficiais". Ele também observa que "a ameaça do terrorismo é usada para justificar muros, mas a questão subjacente é quase sempre a migração não autorizada dos pobres". De qualquer modo, essa conversa de Bango Bhoomi naturalmente não é bem-vinda em Bangladesh, que vê a construção de cercas pela Índia como um ato arrogante, agressivo e prejudicial à relação entre eles.

Como não é de surpreender, muitos bangladeshianos se sentem encurralados: a leste, oeste e a norte está a barreira indiana, e ao sul, na baía de Bengala, o mar. E o mar está ficando mais próximo a cada ano.

Bangladesh é um dos países mais densamente povoados do mundo. É menor que o estado americano da Flórida, mas abriga 165 milhões de pessoas, em comparação aos 20 milhões da Flórida, e a população está crescendo rápido. A maior parte do país está situada no nível do mar, no delta do Ganges. São centenas de rios, muitos dos quais inundam todos os anos, deslocando milhões de pessoas. A maioria delas acaba de fato retornando para a sua terra quando as águas baixam; contudo, muitos especialistas em clima preveem que, dentro de oitenta anos, a temperatura da Terra deverá subir pelo menos dois graus Celsius, e haverá uma elevação de noventa centímetros no nível do mar. Se isso acontecer, um quinto de Bangladesh desaparecerá sob as ondas. Algumas das áreas de maior risco são as regiões costeiras junto à Índia, como Khulna, Satkhira e Bagerhat, mas cerca de 80% do país está situado pouco acima do nível do mar.

A montante, o mínimo derretimento glacial dos Himalaias já transformou parte da preciosa terra fértil de Bangladesh

Bangladesh contém centenas de rios, e grande parte da terra corre risco de inundação.

num deserto. A previsão é que isso continue, e já está impelindo centenas de milhares de pessoas das áreas rurais para as cidades, às vezes apenas em busca de água doce depois que seus reservatórios foram contaminados pelo mar que invade os rios. As áreas urbanas em rápido crescimento estão mal preparadas para acomodá-los. A Organização Internacional para as Migrações estima que 70% da população das favelas de Daca chegou à capital devido a desastres ambientais como inundações ou furacões.

Já existem "refugiados climáticos" em muitos lugares do mundo, e estima-se que no futuro haja mais dezenas de milhões, a maioria se dirigindo para áreas urbanas, visto que mesmo pequenas alterações do clima podem ter resultados catastróficos para populações locais. Na África, por exemplo, secas ao longo das últimas décadas criaram fome severa em muitas regiões, enquanto o deserto do Saara também se expande lentamente rumo ao sul. Na Ásia, por sua vez, a maioria dos refugiados climáticos está tentando escapar de inundações. Um estudo de 2010 publicado pela London School of Economics sugere que das dez cidades costeiras mais expostas a inundação, nove estavam na Ásia. Daca era a terceira, atrás de Calcutá e Mumbai.

Quando aplicamos esse futuro previsto a um país como Bangladesh, em que a assistência médica moderna é escassa e os níveis educacionais baixos, é óbvio que se um quinto da terra estiver inundado e parte do restante não for mais adequada para a agricultura, números imensos de pessoas irão se deslocar. Algumas vão tentar chegar ao Ocidente, mas milhões, sobretudo os mais pobres, rumarão para a Índia e toparão com a cerca e os guardas fronteiriços. Nessa altura, a Índia teria

Um ímã para migrantes: Subcontinente indiano　　　181

nas mãos um problema humanitário e político ainda maior do que já enfrenta.

Os muçulmanos constituem cerca de 15% dos indianos, chegando aos 200 milhões. Mas, em Bangladesh, cerca de 90% das pessoas são muçulmanas. Uma crise de migração em massa geraria várias questões. Dadas as tensões existentes com os imigrantes ilegais, quantos bangladeshianos a Índia acolheria? Quantos a maioria da população aceitaria, em especial nos estados fronteiriços, sem que irrompessem conflitos e partidos políticos se precipitassem para os extremos? A Índia daria preferência aos bangladeshianos hindus por serem os que mais sofrem, dados os níveis de discriminação religiosa que eles afirmam suportar? São questões com que ambos os países já se debatem, mas os piores cenários possíveis de inundação iriam exacerbá-las enormemente: mudanças climáticas e dificuldades econômicas causam movimento adicional de pessoas, que são forçadas a se deslocar e não são facilmente integradas cultural e economicamente em outras nações.

Bangladesh tem suas próprias dificuldades a esse respeito. O povo rohingya, que vive em Mianmar, constitui um grupo minoritário de muçulmanos num Estado de maioria budista. Cerca de 750 mil vivem na região de Arracão, que faz fronteira com Bangladesh. Eles se relacionam etnicamente com os chittagonianos do sul de Bangladesh, e têm um problema: os rohingyas são apátridas, tendo-lhes sido negada a cidadania com base na etnia. Em 1982, a ditadura de Mianmar elaborou uma Lei da Cidadania que arrolava as 135 "raças" nacionais que, segundo ela, estavam estabelecidas no país antes do início da colonização britânica da região de Arracão, em 1823. Apesar de evidências de que os rohingyas estavam presentes ali desde o século vii, a junta os classificou como não sendo de Mianmar. Os rohingyas suportam severas restrições de viagem, têm dificuldade para fazer negócios e enfrentam uma luta por vezes infrutífera para registrar os nascimentos e casamentos em suas comunidades, ficando assim ainda mais isolados.

No início dos anos 1990, até 250 mil rohingyas fugiram para Bangladesh em meio a relatos de perseguição religiosa, assassinatos, estupros, tortura e trabalho forçado pelo Exército de Mianmar. O Alto Comissariado das Nações Unidas para os Refugiados (Acnur) os considerou refugiados e, a princípio, Bangladesh os acomodou. Mas, diante de números que não paravam de crescer, começou a deportar à força dezenas de milhares para o outro lado da fronteira, muitas vezes em meio a conflitos entre os refugiados e os militares bangladeshianos. Na metade da década, todos, exceto cerca de 20 mil, estavam de volta a Mianmar. Contudo, é impossível saber ao certo quantos são, porque o governo bangladeshiano parou de registrá-los e pediu às agências de amparo que desistissem de ajudar os não registrados — sob a alegação de que queria desencorajar a vinda de outros. Apesar de ser um dos países mais pobres do mundo, Bangladesh recebeu nada menos que meio milhão de refugiados neste século, mas está lamentavelmente mal equipado para lidar com eles.

Em 1998, o Acnur escreveu para o governo militar em Mianmar pedindo tratamento igualitário para os rohingyas, após alegações de discriminação e maus-tratos generalizados. A junta respondeu: "Eles são racial, étnica e culturalmente diferentes das outras raças nacionais em nosso país. Sua língua, bem como a religião, são também diferentes". Nos últimos anos, a violência contra os rohingyas recrudesceu, com

Um ímã para migrantes: Subcontinente indiano 183

aldeias e mesquitas sendo incendiadas e pessoas assassinadas, em resposta a um ataque à polícia fronteiriça por um grupo militante rohingya em 2017. Como consequência, o número de pessoas que tentam entrar em Bangladesh voltou a aumentar enormemente: só na segunda metade de 2017, mais de 600 mil estavam em movimento.

Hoje, há centenas de milhares de rohingyas vivendo em favelas em torno da cidade portuária bangladeshiana de Cox's Bazar ou em acampamentos do Acnur. Num país pobre, superlotado e que luta para cuidar de seus próprios cidadãos, os recursos humanitários são muito dispersos, e esses imigrantes são temidos como uma fonte de ilegalidade e crime, estando à margem da sociedade, sem nenhum meio legal de trabalhar. Alguns em Bangladesh exigem controles mais rigorosos da fronteira na esteira do último influxo de refugiados; entretanto, houve também apelos por uma resposta humanitária mais forte. Há também temores de que a agitação na região poderia atrair organizações terroristas que se beneficiariam do conflito, tirando proveito das divisões étnicas e religiosas e espalhando ideias extremistas entre os grupos minoritários afetados. A região poderia se tornar um viveiro para a radicalização, inflamando ainda mais a violência que irrompeu ali.

Bangladesh está determinado a devolver os refugiados assim que possível. Mianmar tem demonstrado tendência a prevaricar, sugerindo por um lado que os refugiados serão aceitos de volta, ao passo que por outro planeja melhorar e expandir a barreira ao longo da fronteira de 270 quilômetros. Houve também alegações de que foram plantadas minas terrestres para impedir as pessoas de retornarem. Além disso, não está claro o que os rohingyas encontrariam ao regressar: mais de

184 *A era dos muros*

duzentas aldeias foram totalmente destruídas pelo fogo, e a discriminação sistemática contra eles persiste.

Não há uma solução óbvia à vista, enquanto o Estado de Mianmar continuar a perseguir suas minorias; outra fronteira, portanto, parece destinada a seguir sendo uma fonte de tensão e instabilidade.

As populações crescentes do subcontinente estão enfrentando os desafios do século XXI numa geografia artificial de cercas e fronteiras nacionais que tem pouco respeito pela história.

Ao sul de Assam, as montanhas do Arracão separam a Índia de Mianmar e estão cobertas por uma densa selva. As pessoas abriram caminho através dela para tentar solicitar asilo na Índia, mas não em números tão grandes a ponto de transformar isso num problema nacional. Mais preocupante é a insurreição que está sendo promovida pelo povo tribal naga dentro de Mianmar, que às vezes transborda para a Índia e levou à construção de uma cerca não pelos indianos, mas por Mianmar, ao longo de partes desse trecho da fronteira.

Os nagas são um conjunto de tribos das florestas montanhosas. Eles têm tradições culturais em comum, embora sua língua seja muito variada — a maioria fala diferentes dialetos da língua raiz naga ininteligíveis para os forasteiros e às vezes até entre si. Algumas tribos só abandonaram a caçada de cabeças de inimigos há poucas décadas, após se converterem ao cristianismo, mas continuam presas a muitas práticas culturais originais e não se veem como sendo nem de Mianmar nem da Índia.

Depois da declaração do Estado da Índia, em 1947, e do Estado de Mianmar (Birmânia) no ano seguinte, o povo naga se

Um ímã para migrantes: Subcontinente indiano 185

viu dividido pelas recém-declaradas fronteiras soberanas. Uma luta armada eclodiu nos anos 1950, quando alguns membros de tribos nagas no lado indiano da fronteira começaram a se agitar em prol da independência de Nova Delhi. A criação do estado de Nagaland (o menor da Índia), em 1963, reduziu o nível de violência, mas não resultou num acordo permanente. Nos anos 1970, os militantes tinham sido impelidos para Mianmar, mas deram continuidade à sua luta a partir de lá, junto a outras tribos nagas. Estima-se que existam hoje 2 milhões de nagas de ambos os lados da fronteira, uma região que os nacionalistas nagas querem transformar numa pátria unida.

O governo de Mianmar, que está a todo momento lidando com várias insurgências internas, fez pouco para impedir que os nagas usassem a região para treinar e equipar suas milícias e realizar frequentes ataques transfronteiriços. Naturalmente, essa foi uma grande fonte de irritação para o governo nacional da Índia e os governos estaduais de Assam, Manipur e Nagaland. Em 2015, após um ataque que matou dezoito soldados indianos, os militares conduziram uma operação noturna transfronteiriça relâmpago, a primeira em anos. Helicópteros desembarcaram na fronteira soldados indianos, que adentraram vários quilômetros em Mianmar antes de atacar os acampamentos rebeldes nagas. Nova Delhi afirmou que cerca de 38 rebeldes foram mortos, embora o número seja contestado.

Publicamente, o governo de Mianmar fingiu irritação com a incursão, mas ele próprio já havia atravessado a fronteira para os estados indianos de Manipur e Mizoram no encalço de "terroristas" dos grupos rebeldes chins e arracaneses, e assim tolerou, em segredo, a incursão em seu território soberano. De maneira pouco diplomática, o governo indiano alardeou o episódio, fazendo Mianmar pensar seriamente em como impedir ações semelhantes no futuro. Um ímpeto adicional foi a crescente influência da China em Mianmar, algo que poderia ser contrabalançado pela criação de laços mais fortes com a Índia.

No início de 2017, com a continuação das operações do Exército indiano contra os insurgentes, Mianmar começou a construir uma curta cerca fronteiriça na Zona Autoadministrada de Naga, uma região em que o povo naga goza de uma autonomia limitada. Oficialmente, a Índia não está envolvida com a fronteira; no entanto, Nova Delhi fornece 5 milhões de dólares por ano a Mianmar para promover o "desenvolvimento das zonas fronteiriças" na região. A cerca está lá em nome da segurança nacional mútua, tanto para impedir que as milícias nagas entrem na Índia quanto para assegurar que ninguém da Índia erga quaisquer construções no lado de Mianmar. O governo diz que o objetivo da cerca não é restringir o movimento de pessoas comuns, mas ela de fato ameaça separar comunidades e famílias que até então tratavam as fronteiras entre os Estados-nações como imaginárias. Os dois governos haviam concordado com o Regime de Livre Circulação, que permitia aos nagas viajar até dezesseis quilômetros em ambos os lados da fronteira sem solicitar vistos. Isso ajudou a desenvolver mercados fronteiriços, nos quais os nagas de Mianmar podiam comprar produtos indianos na maior parte não disponíveis no país e que antes eram contrabandeados. Tudo isso está agora sob ameaça e vai dividir ainda mais um povo que não se considera nem indiano nem mianmarense, mas sim naga.

Um ímã para migrantes: Subcontinente indiano 187

Nem todas as fronteiras da Índia são tão conturbadas que tiveram de ser cercadas. A Índia e o Butão têm uma relação estreita, e, como a Índia responde por 98% das exportações do Butão, nenhum dos dois lados cogita um "endurecimento" da fronteira. E embora as relações da Índia com o Nepal sejam mais tensas, sobretudo após um "bloqueio" da fronteira de quatro meses em 2015, Nova Delhi não vê necessidade de cercar o que é uma fronteira de 1600 quilômetros, principalmente porque está ávida por manter sua influência no país e não permitir um vácuo que sabe que a China preencheria.

No que diz respeito à China, há uma barreira natural — os Himalaias — que separa os dois países ao longo de grande parte de sua fronteira compartilhada de 4 mil quilômetros, o que praticamente equivale a um muro. Há uma discórdia entre eles com relação ao estado indiano de Arunachal Pradesh, que é reivindicado pela China, mas a disputa não resultou numa fronteira hostil. Entretanto, a China monitora a fronteira usando dezenas de satélites no espaço.

Onde voltamos a encontrar problemas é ao longo da fronteira da Índia com o Paquistão. Desde a partição, as relações entre os dois países têm sido tensas, e essa é em grande medida uma fronteira "problemática". A Índia construiu uma barreira de 547 quilômetros de extensão ao longo da disputada Linha de Controle (linha de cessar-fogo) dentro da Caxemira, uma região que ambos os países dizem ser seu território soberano. A maior parte dela está 137 metros para dentro do lado controlado pela Índia e consiste numa cerca dupla de até 3,65 metros de altura. É semelhante à cerca entre Bengala Ocidental e Bangladesh, com sensores de movimento e tecnologia de imageamento térmico ligada a um sistema de comando que notifica tropas de resposta rápida de quaisquer incursões. A faixa de terra entre as duas cercas é minada.

Em 1947, sob o Ato de Independência da Índia, foi dada a alguns estados a escolha de se juntarem à Índia ou ao Paquistão ou se tornarem independentes. O marajá Hari Singh, o soberano da Caxemira, era hindu, ao passo que a maior parte de seu povo era muçulmana. O marajá escolheu a neutralidade, desencadeando uma revolta muçulmana incentivada pelo Paquistão, que, por sua vez, levou o marajá a ceder a Caxemira à Índia. Isso provocou uma guerra em grande escala, que dividiu o território, mas em ambos os lados a maioria da população é muçulmana. Outra guerra se seguiu em 1965, e houve sérios conflitos em 1999 entre forças indianas e grupos patrocinados pelos paquistaneses. A essa altura, ambas as nações contavam com armas nucleares, e a prevenção de conflitos entre elas se tornou ainda mais importante. Uma insurgência menor continua no lado da Caxemira controlado pela Índia, e essa disputa, a mais renhida entre as duas potências, de tempos em tempos ameaça se agravar. As negociações vão e vem, gestos de amizade são feitos, por vezes em partidas de críquete, mas a Índia chegou à conclusão de que, até que os problemas estejam resolvidos, uma maneira de manter a paz é construir barreiras para impedir infiltrações por grupos insurgentes que poderiam desencadear uma luta em grande escala.

É um vasto projeto que demandou décadas, mas Nova Delhi agora preenche as lacunas em suas defesas fronteiriças a norte e a oeste, já tendo cercado partes do Punjab e do Rajastão nos anos 1980 e 1990, trabalhando para "selar" toda a sua fronteira ocidental, desde Gujurat, no mar da Arábia, até a Caxemira, nos Himalaias, com o que chama de Sistema Abrangente de

Gestão Integrada de Fronteiras (Sagif). Parte desse terreno já é difícil de atravessar, em decorrência de pantanais no sul e do deserto de Thar ao norte.

O Sagif é um sistema semelhante ao da fronteira de Bangladesh, mas esta é uma fronteira muito mais ativa e o perigo de ação militar entre a Índia e o Paquistão está sempre presente. Todas as novas barreiras que estão sendo erguidas têm radar, imageamento térmico, visão noturna e outros equipamentos ligados a salas de controle construídas a cada cinco quilômetros. Há planos para 200 mil refletores, e os 130 setores localizados à margem de rios terão lasers subaquáticos ligados aos centros de controle. As Forças Armadas indianas estão também considerando a compra de veículos aéreos não tripulados (Vants), capazes de identificar um jornal a uma distância de dezoito quilômetros, bem como equipamento capaz de detectar movimento humano a dezenas de quilômetros de distância. O Paquistão criticou a construção das barreiras, dizendo que elas violam resoluções da onu e acordos locais, mas os indianos alegam que incidentes de bombardeio transfronteiriço e ataques de milícias estão sendo atenuados pelas medidas que vêm sendo tomadas.

Questões como essa estão abertas a interpretação. Embora a Índia possa ver a construção de um posto de vigia fortificado como uma medida defensiva, o Paquistão poderia vê-lo como uma plataforma de lançamento para um movimento ofensivo. O Acordo de Normas Básicas da Fronteira entre a Índia e o Paquistão (1960-1) estabelece como acomodar ambos os pontos de vista, mas nunca foi assinado por qualquer dos lados, e, na prática, esses acordos são concluídos numa base ad hoc. Cada ano pode suscitar uma nova questão controversa que não tinha necessariamente sido elucidada no início dos anos 1960. Por exemplo, em 2017, a Índia ergueu um mastro de bandeira de 110 metros de altura na fronteira do distrito de Attari, no Punjab. O Paquistão imediatamente acusou a Índia de violar o acordo e disse que o mastro, que podia ser visto da cidade de Lahore, poderia estar equipado com câmeras para permitir que a Índia espionasse o país.

A situação na Caxemira é mais formal. Ainda que não haja um acordo sobre a localização da fronteira, teoricamente o comportamento de cada lado da Linha de Controle é regulado pelo Acordo de Karachi, de 1949. Ele diz que não deve haver nenhuma construção de defesa a menos de 460 metros de cada lado da linha, o que costuma ser ignorado por ambos os lados. O frágil cessar-fogo também é frequentemente rompido. Não só há tiroteios transfronteiriços entre as forças regulares indianas e paquistanesas, como Nova Delhi acusa Islamabad de patrocinar grupos terroristas para que passem para o lado controlado pela Índia a fim de fomentar violência e até realizar ataques em cidades indianas. Desde o início dos anos 1980, os dois países se envolveram em duelos esporádicos de artilharia no alto do glaciar de Siachen, perto da Linha de Controle. Localizado na cordilheira de Caracórum, nos Himalaias, é a zona de combate mais elevada do mundo. Quase 6 mil metros acima do nível do mar, soldados paquistaneses e indianos se enfrentam numa das áreas mais climaticamente hostis do planeta. As missões nos níveis mais elevados têm apenas doze semanas de duração, pois a falta de oxigênio pode impedir o sono e causar alucinações. Os soldados trocam tiros, mas há mais vítimas de queimaduras de frio do que de explosivos.

A Caxemira continua sendo o maior problema entre os dois países. Eles compartilham uma fronteira traçada por estran-

Um ímã para migrantes: Subcontinente indiano 191

geiros, que dividiu comunidades e agora permanece como um monumento fortificado à inimizade entre duas nações possuidoras de armas nucleares.

A fronteira ocidental de 2430 quilômetros do Paquistão com o Afeganistão também foi desenhada por estrangeiros. Os conquistadores muçulmanos originais fizeram do Afeganistão um trampolim para invadir a Índia, e depois os britânicos o usaram para delinear a periferia ocidental da joia da coroa de seu império. A fronteira ainda é conhecida como Linha Durand, em homenagem a sir Henry Mortimer Durand. Em 1893, ele e o emir afegão Abdur Rahman Khan traçaram a linha que efetivamente estabeleceu o Afeganistão como uma zona-tampão entre a Índia controlada pelos britânicos e a Ásia Central controlada pelos russos.

A fronteira era, é e continuará sendo problemática. Ela separa os pachtos de ambos os lados em cidadãos de diferentes países, uma separação que muitos não aceitam. Por essa razão, e porque o Afeganistão reivindica uma parte do território a leste da linha, Cabul não reconhece a fronteira.

O Paquistão, desesperado para evitar que o nacionalismo pachto leve à secessão, prefere um Afeganistão fraco. Isso, em parte, é a razão por que seções do establishment militar paquistanês apoiam em segredo o Talibã e outros grupos dentro do Afeganistão — ainda que o tiro tenha saído pela culatra a leste da Linha Durand. Há agora o Talibã afegão e o Talibã paquistanês, que têm laços estreitos e opiniões semelhantes, e ambos matam civis e militares paquistaneses.

Na primavera de 2017, as coisas tinham ficado tão ruins que o Paquistão anunciou planos para construir uma cerca em dois distritos ao longo da fronteira do Território Federal das Áreas

Tribais. O argumento era que a medida se destinava a combater operações transfronteiriças do Talibã. No entanto, mesmo que os paquistaneses consigam construir cercas no terreno difícil e montanhoso, o gênio já saiu da garrafa: o Talibã está dentro do país e circulando livremente.

Enquanto isso, ao sul da Linha Durand, está a fronteira entre o Paquistão e o Irã, e aqui são os iranianos que estão empenhados em construir um muro. Um muro de concreto de três metros de altura e noventa centímetros de espessura está surgindo ao longo de partes da fronteira. Isso se segue a anos de contrabando de drogas, mas também de infiltração de grupos de milícias sunitas do Paquistão no Irã, que é um país de maioria xiita. Em consequência disso, em 2014 tropas iranianas cruzaram a fronteira para enfrentar um grupo militante, envolvendo-se num tiroteio com os guardas da fronteira paquistanesa. As relações entre os dois Estados permanecem cordiais, mas, na era dos muros, o Irã optou por tentar uma separação física a fim de evitar que a situação se deteriore, dando assim continuidade à tendência estabelecida pela Índia, Bangladesh e outras nações na região.

Todos os exemplos citados vão de encontro ao sonho de alguns políticos, e de muita gente na comunidade empresarial, de criar uma vasta zona comercial aberta no subcontinente. A Índia, em particular, tem mantido contato com Mianmar, Nepal, Butão e Bangladesh para desenvolver planos que permitam maior mobilidade e comércio por toda a região. Existem projetos de conexões rodoviárias e ferroviárias transnacionais, com pontos de passagem simplificados e até, um dia, uma enorme redução dos controles de fronteira semelhante à existente em partes da União Europeia. O progresso, contudo, é lento, e os

Um ímã para migrantes: Subcontinente indiano

programas de construção de fronteiras que se veem agora na maioria dos países vão contra os aspectos práticos e o espírito de cooperação regional.

É nas fronteiras da Índia com o Paquistão e da Índia com Bangladesh que vemos a maior divisão, porque se trata, no fundo, de uma divisão religiosa. A Índia é um país de maioria hindu com um sistema democrático e tradições seculares, mas nos últimos anos viu um acentuado crescimento do nacionalismo hindu. O Paquistão é uma república islâmica com uma democracia conturbada e uma história de governo militar, ao passo que Bangladesh, embora nominalmente seja uma república secular, tornou-se cada vez mais religioso tanto no setor estatal como na vida pública, com minorias e ateus correndo sério risco de serem assassinados por suas crenças.

Nem todos os muros no subcontinente são feitos de pedra ou arame; alguns são invisíveis, mas estão presentes mesmo assim. A Índia tem enormes divisões internas numa escala e nível de preconceito que, se ocorressem em alguns países, seriam vistos como um escândalo imenso, merecedor de condenação internacional — e, no entanto, o mundo se mantém em silêncio em relação aos horrores do sistema de castas indiano.

Há ecos do apartheid no sistema, embora com diferenças significativas — até por não estar consagrado nas leis do país. Ainda assim, ele criou uma sociedade segregada dentro da qual alguns seres humanos são classificados como superiores e outros como impuros, e as pessoas devem permanecer "no seu lugar". Em consequência disso, a certas categorias de pessoas é negado o acesso a postos de trabalho e seus movimentos são restritos. O sistema assegura que uma classe dominante mantenha posições de privilégio, e condena outras a uma vida de pobreza em que seus membros estão sujeitos a violência, sem direito a recorrer a reparação legal. Os muros entre as castas são quase sempre invisíveis para os estrangeiros.

As raízes do sistema de castas são religiosas e remontam a mais de 3 mil anos atrás. Os hindus são divididos em rígidos grupos hierárquicos baseados no modo como ganham a vida. Isso é justificado no *Manusmriti* — o livro mais impositivo sobre a lei hindu, que considera o sistema como a "base da ordem e regularidade da sociedade". As castas mais elevadas vivem entre si, os lugares para comer e beber são segregados, os casamentos entre membros de castas diferentes são proibidos, ou ao menos desaprovados, e, na prática, muitos empregos são vedados às castas mais baixas.

Algumas sociedades europeias pré-industriais eram baseadas na transmissão hereditária da ocupação, o que assegurava que o sistema de classes permanecesse intacto, mas ele não se fundamentava na religião e foi enormemente enfraquecido pela modernidade. O sistema de castas indiano também está se degastando em algumas regiões em decorrência das pressões da vida urbana, mas sua base religiosa assegura que esteja entranhado na vida cotidiana. A Índia continua sendo uma sociedade predominantemente rural, e portanto a capacidade de esconder as próprias raízes e evitar a herança religiosa é limitada. No entanto, mesmo à medida que a população aos poucos se desloca para as cidades, o sistema de castas persiste, porque o sistema religioso permanece.

Segundo o sistema, há quatro categorias principais de pessoas: brâmanes, xátrias, vaixás e sudras. Brahma é o deus da

Um ímã para migrantes: Subcontinente indiano 195

criação, e diz-se que os brâmanes, que dominam a educação e os campos intelectuais, vieram de sua cabeça. Os xátrias (vindos de seus braços) são guerreiros e governantes, ao passo que os vaixás (vindos das suas coxas) são comerciantes, e os sudras (vindos de seus pés) fazem o trabalho servil. Essas quatro categorias são divididas em cerca de 3 mil castas que por sua vez são divididas em 25 mil subcastas.

Fora do sistema estão os que eram conhecidos outrora como intocáveis, mas hoje são chamados de dalits ("pessoas defeituosas"). Na Índia, se você vir alguém jogando fora o cadáver de um animal morto ou varrendo as ruas, é provável que seja um dalit. Qualquer pessoa que limpa banheiros ou trabalha em esgotos é quase certamente um dalit. Eles têm uma probabilidade muito maior de ser vítimas de crime, especialmente estupro, assassinato e agressão física, embora as taxas de condenação para pessoas acusadas de crimes contra dalits sejam significativamente menores que as por crimes cometidos contra outros grupos. Em muitas áreas rurais, os dalits ainda não têm permissão para tirar água de poços públicos ou entrar em templos hindus. A casta em que você nasceu determina o trabalho que terá, e é comum ver pessoas de "casta inferior" que, mesmo com educação universitária, trabalham varrendo ruas. Todas as castas "inferiores" sofrem discriminação, mas no patamar mais baixo estão os dalits.

Há um elemento de cor da pele envolvido no sistema de castas que muita gente gosta de minimizar, mas que não deixa de estar presente. Um estudo genético realizado em 2016 pelo Centro de Biologia Celular e Molecular de Hyderabad descobriu uma "profunda influência da pigmentação da pele" dentro da estrutura de classes, os tons de pele mais claros sendo encontrados predominantemente nas castas "mais elevadas". Leis seculares nacionais em tese baniram a discriminação, mas, como o sistema é dominado por pessoas das castas mais elevadas que querem mantê-lo, as leis não são aplicadas. Muitos políticos se mostram também relutantes em tomar medidas concretas, pois dependem dos votos de certas castas.

O sistema está profundamente enraizado na cultura do país. Por exemplo, Mahatma Gandhi, que era de uma das castas "superiores", disse: "Acredito que se a sociedade hindu foi capaz de se manter, foi porque é fundada no sistema de castas [...]. Destruir o sistema de castas e adotar o sistema social da Europa Ocidental significaria que os hindus deveriam abrir mão do princípio da ocupação hereditária, que é a alma do sistema de castas. O princípio hereditário é um princípio eterno. Mudá-lo é criar desordem". Para ser justo com Gandhi, ele de fato mais tarde se manifestou contra o sistema de castas e o tratamento dado aos intocáveis. No entanto, continuou a defender a ideia de *varnas*, ou classes sociais. Disse que a todos era atribuída uma vocação hereditária particular que definia o trabalho que deveriam desempenhar, mas que isso não implicava níveis de superioridade. As *varnas*, ele escreveu, eram "a lei da vida governando universalmente a família humana".

Esse sentido de direito e de "lei natural" permanece endêmico. Os dalits, e outras castas, têm usado as leis seculares para tentar tornar a situação mais justa e equilibrada. Tiveram algum sucesso, mas isso levou também a crescentes níveis de violência contra eles. Os Registros Nacionais de Crimes de 2014 mostraram um aumento de 29% nos crimes contra pessoas da casta mais baixa ao longo de dois anos, à medida que elas recorrem cada vez mais à lei para buscar justiça. A compra ou

Um ímã para migrantes: Subcontinente indiano 197

a posse de terra por dalits é a causa mais comum de violência contra eles por comunidades locais determinadas a mantê-los no nível mais baixo da sociedade.

É difícil encontrar estatísticas nacionais confiáveis para números de castas, porque a última vez que o censo indiano incluiu essa informação foi em 1931. Na época, os intocáveis constituíam 12,5% da população. Hoje, apesar de 27 anos de ação afirmativa, eles continuam sendo as pessoas mais pobres e mais oprimidas da Índia. As mais importantes posições governamentais, judiciais, diplomáticas e militares, bem como os postos mais altos em companhias importantes, na academia, na mídia e no sistema educacional, são esmagadoramente dominadas pelos brâmanes, apesar do fato de eles compreenderem aproximadamente 3,5% da população. Todas as sociedades são afetadas pela estratificação social, mas nem o sistema das escolas de elite na sociedade britânica resulta numa estrutura de classes tão rígida e cristalizada. Dada a base rural e religiosa da cultura indiana, será necessário muito tempo para que esses preconceitos sejam superados — isso se sequer houver um número suficiente de indianos que o desejem. O sistema sobrevive em parte porque seus defensores afirmam abertamente que ele mantém a sociedade unida: a Índia precisa ser protegida contra a fragmentação da sociedade testemunhada na Europa após a Revolução Industrial. Seus oponentes contestam que ele é imoral e impede o avanço do país, uma vez que não aproveita todos os seus talentos humanos.

Ao longo das décadas, desde a independência, alguns dalits superaram os obstáculos e ascenderam à proeminência, como K. R. Narayanan, que foi presidente do país entre 1997 e 2002. Com o aumento do movimento migratório da zona rural para as cidades, os muros invisíveis começam a ficar mais fracos: a casta a que se pertence é algo menos perceptível na cidade, alguns cidadãos urbanos não levam o sistema tão a sério e casamentos entre pessoas de castas diferentes são uma realidade. Mas P. L. Mimroth, do Centro para os Direitos dos Dalits, acredita que as raízes da discriminação ainda estão tão profundamente enraizadas na psique nacional que levará gerações até que o espírito das leis contra o sistema de castas seja de fato aceito. "Erramos ao acreditar que a educação iria erradicar a intocabilidade. Serão necessários mais de cem anos para mudar isso."

Como demonstram as estatísticas, o sistema ainda está vivo e passa bem em todo o país: direitos humanos básicos são negados a dezenas de milhões de pessoas, não pela lei, mas pela cultura. Esta não é a imagem da Índia que a maioria das pessoas tem. Gerações de turistas e mochileiros voltam do país imbuídos do espírito do hinduísmo, que promove a cordialidade, a não violência, o espiritualismo e o vegetarianismo. Poucos veem que ao lado disso está um dos sistemas sociais mais degradantes do planeta.

Em 1936, o grande intelectual indiano B. R. Ambedkar foi convidado para proferir a conferência anual de um grupo reformista hindu. Ele apresentou seu discurso, que incluía entre muitas outras declarações as palavras: "Não pode haver um sistema mais degradante de organização social que o sistema de castas [...]. Ele é um sistema que entorpece, paralisa e incapacita as pessoas para uma atividade útil". A conferência foi cancelada sob a alegação de que partes dela eram "intoleráveis". Ambedkar publicou seu trabalho como um ensaio mais tarde naquele ano.

Um ímã para migrantes: Subcontinente indiano 199

No século XXI, a sociedade indiana está longe de estar "entorpecida" — de fato, é um país vibrante, cada vez mais importante, que abraça uma variedade de indústrias de alta tecnologia. No entanto, dentro dele há milhões de barreiras ao progresso para dezenas de milhões de seus cidadãos. Os muros em torno da Índia se destinam a manter pessoas do lado de fora, e os dentro dela a manter pessoas embaixo.

As divisões por todo o subcontinente estão se tornando cada vez mais aparentes, exacerbadas pelo contínuo e crescente movimento de pessoas que fogem da pobreza, da perseguição e da mudança climática. Se a maioria dos cientistas estiver correta em suas previsões, é óbvio que a migração continuará ao longo do século. Ainda está por ser construído um muro que possa resistir a tamanha pressão contra ele. As barreiras podem e serão construídas como uma "solução" parcial, unilateral e temporária, mas a menos que a prosperidade seja também construída, todos irão perder. Numa tentativa de controlar a demografia regional, as barreiras ao longo da maior parte dos milhares de quilômetros de fronteiras estão agora mais altas, mais largas e mais sofisticadas tecnologicamente. Como vimos, porém, essas barreiras não impedem que as pessoas tentem atravessar ainda assim — muitas não têm escolha senão tentar —, e um policiamento das fronteiras cada vez mais violento pode levar a terríveis consequências humanas. Felani Khatun pagou com a vida, e, nas planícies do delta de Bangladesh, há milhões de outros como ela.

CAPÍTULO 6

Estado das nações
África

As forças que nos unem são intrínsecas
e maiores que as influências superpostas
que nos mantêm separados.
KWAME NKRUMAH

Páginas anteriores: Uma menina saaraui segura uma bandeira saaraui em frente ao Muro Marroquino, que divide o Saara Ocidental entre o território controlado pelo Marrocos e o dominado pela Frente Polisário.

HÁ UM MURO no topo da África. É um muro de areia, vergonha e silêncio.

O Muro Marroquino se estende por mais de 2700 quilômetros através do Saara Ocidental e de partes do Marrocos. A construção separa o que o Marrocos chama de suas Províncias Meridionais, ao longo da costa atlântica, da Zona Livre no interior do deserto — uma área que o povo saaraui chama de República Árabe Saaraui Democrática. É feito de areia empilhada até quase dois metros de altura, com uma trincheira de apoio e milhões de minas terrestres distribuídas por vários quilômetros no deserto de ambos os lados da barreira. É considerado o campo minado contínuo mais longo do mundo. A cada cinco quilômetros, aproximadamente, há um posto avançado do Exército marroquino contendo até quarenta soldados, alguns dos quais patrulham os espaços entre as bases, enquanto a quatro quilômetros de cada posto principal há unidades móveis de resposta rápida, apoiadas por bases de artilharia. A extensão do muro é também pontilhada com mastros de radar que podem "ver" até oitenta quilômetros dentro da Zona Livre. Tudo isso para manter combatentes da força militar saaraui, chamada Frente Polisário (FP), bem longe do muro e das áreas que o Marrocos considera seu território.

É um lugar inóspito. Durante o dia, o calor pode chegar a 50° C, e, à noite, a temperatura pode cair até valores quase

206 *A era dos muros*

negativos. Frequentemente, o vento siroco carregado de areia sopra através da terra árida, deixando o ar com uma cor mostarda e restringindo a visibilidade. Para um forasteiro é uma região hostil, ameaçadora, mas para o povo saaraui é sua casa.

Antes que a Espanha se retirasse da região, em 1975, já havia um movimento pela independência do Saara Ocidental. Quando os espanhóis partiram, 350 mil marroquinos participaram da Marcha Verde — entraram na região e a reivindicaram como território marroquino. Posteriormente, a Espanha transferiu o controle para o Marrocos e a Mauritânia; o governo em Rabat anexou o território e enviou para lá 20 mil soldados, que foram imediatamente confrontados pela FP. Os combates duraram dezesseis anos e tiraram a vida de dezenas de milhares de pessoas. Apesar de seus números superiores e equipamento militar moderno, o Exército marroquino não conseguiu reprimir a tática de guerrilha da FP. Em 1980, começaram a construir o que se tornou conhecido como o "Muro da Vergonha", concluindo-o em 1987.

E agora reina o silêncio. O Saara Ocidental não chega bem a ser um conflito esquecido, mas é um conflito de que poucas pessoas ouviram falar. O povo saaraui que vive dos dois lados do muro fala o dialeto hassaniya do árabe, sente-se culturalmente diferente dos marroquinos e é tradicionalmente um povo nômade, embora agora seja em sua maioria urbano e dezenas de milhares vivam em acampamentos para refugiados. A imigração marroquina alterou por completo a composição da população do Saara Ocidental, uma vez que o governo encorajou as pessoas a se estabelecerem lá, oferecendo reduções fiscais, subsídios e pagamento único. A população total dos saarauis remanescentes não é conhecida, mas as estimativas

Estado das nações: África

variam entre 200 mil e 400 mil. Até meados do século xx, eles não tinham nenhum conceito de fronteira; apenas se deslocavam por uma vasta área, seguindo as chuvas imprevisíveis. Hoje, 85% do que eles consideravam como seu território tradicional estão sob controle marroquino. A palavra saaraui significa "habitante do deserto" e é isso que eles desejam ser — não habitantes do Marrocos. Eles são, como outros povos que encontraremos ao longo deste capítulo, vítimas de linhas traçadas por outros — neste caso, uma vasta linha feita de areia e na areia.

O Marrocos não é o único país que enfrenta movimentos secessionistas. Em toda a África há tentativas de ruptura, conflitos que degeneram em guerras civis incrivelmente violentas, como as que vimos no Sudão do Sul e na República Democrática do Congo (RDC). Por que tantos países africanos sofrem esses terríveis conflitos? Há muitas e variadas razões, mas a história da formação dos Estados-nações do continente desempenha um papel decisivo.

Movimentos de independência lutam por reconhecimento e autodeterminação. A ideia de Estado-nação, tendo se desenvolvido na Europa, espalhou-se como fogo nos séculos XIX e XX, exigindo um governo autodeterminado para uma "nação" de pessoas — um grupo que em certa medida compartilha uma comunidade histórica, étnica, cultural, geográfica ou linguística.

Quando os colonizadores europeus traçaram suas linhas no mapa e criaram os Estados-nações que, em grande parte, ainda compõem o continente africano, estavam tratando uma vasta massa de terra com uma rica diversidade de povos, costumes, culturas e etnias com pouca consideração por qualquer um deles — e os Estados-nações que criaram por vezes não

208 *A era dos muros*

guardam nenhuma relação com as nações que já estavam ali. Essas nações — ou povos — são às vezes chamadas de tribos. Escritores ocidentais costumam ser escrupulosos com relação ao uso da palavra "tribo", e alguns acadêmicos ocidentais e africanos dirão inclusive que foram os colonizadores que inventaram o conceito. Eles estão apenas fazendo um jogo de palavras, porque têm vergonha do fato de a palavra "tribo" ter, erroneamente, se tornado sinônimo de atraso para algumas pessoas. No entanto, dentro de muitos Estados-nações na África e em outros lugares, existem tribos — e parece inútil negar sua importância.

Tenho um amigo em Londres que é da África Ocidental. A primeira coisa que ele me falou sobre si mesmo foi seu nome, depois que era da Costa do Marfim e em seguida que era da tribo mandinga. Isso era para ele uma fonte de orgulho e uma identificação com um povo espalhado por vários países da África Ocidental, em cada um dos quais constitui uma minoria significativa. Ele não é uma exceção: enormes números de africanos usam a palavra "tribo" para se referir à sua nação ou povo, e se identificam com a tribo a que pertencem. Dentro dela haverá, em graus variados, uma história compartilhada, costumes, comida e possivelmente língua e religião. Nisso os africanos não são diferentes de nenhum outro povo no mundo; o que os distingue é a força que esse tribalismo conserva em muitos Estados-nações africanos. Uma família inglesa no exterior, ao se encontrar com outra, teria uma conversa mais ou menos assim: "Ah, um britânico. De onde você é?". "Milton Keynes." "Ah, Milton Keynes", seguida por curtos períodos de silêncio quebrados possivelmente por uma discussão sobre as melhores estradas para Milton Keynes. Um mandinga da Costa

Estado das nações: África

do Marfim que se encontra com outro de Gâmbia numa visita à Nigéria terá provavelmente muito mais sobre o que conversar.

Classificações são difíceis, mas estima-se que a África tenha ao menos 3 mil grupos étnicos abrangendo uma enorme variedade de línguas, religiões e culturas. Entre os maiores estão os amaras e os oromos na Etiópia, que compreendem cerca de 54 milhões de pessoas. A Nigéria abriga quatro das dez maiores tribos do continente — os iorubás, os hauçás, os igbos e os ijos, totalizando quase 100 milhões num país de 186 milhões de pessoas. Os shonas no Zimbábue, os zulus na África do Sul e os axântis em Gana somam cada um cerca de 10 milhões. Há,

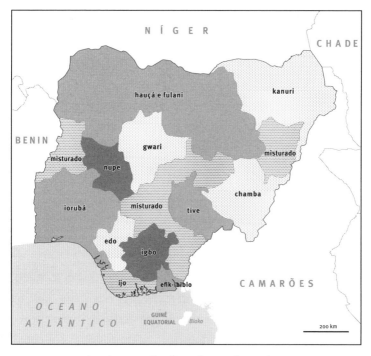

As várias regiões linguísticas da Nigéria.

no entanto, muitos grupos menores e subgrupos. Apenas para efeitos de ilustração, dependendo do modo como são contados, estima-se que haja entre 250 e quinhentas tribos só na Nigéria.

O tribalismo pode ter muitos aspectos positivos, proporcionando um senso de comunidade, história, valores e costumes compartilhados, uma fonte de apoio em tempos conturbados. Mesmo com a crescente urbanização, essas tradições tribais permanecem e são capazes de criar novas comunidades à medida que as pessoas se agrupam.

Em geral, ao se mudar para uma cidade nova, você escolhe um bairro onde se sinta socialmente aceito e onde haja pessoas que lhe mostrarão como fazer as coisas. Isso costuma acontecer entre pessoas com que você se identifica, o que lhe dá uma sensação de segurança, de pertencer a um grupo — o que logo leva à recriação de uma tribo. É possível testemunhar isso em toda parte, em todo Bairro Chinês do mundo, por exemplo, e vemos isso em cidades africanas como Nairóbi, no Quênia, onde pessoas de diferentes tribos do país se instalam em bairros habitados por membros da mesma tribo. Um luia de uma área rural do Quênia que se muda para a capital pode se sentir em casa mais depressa no bairro Kawangware, mesmo que seja um dos mais pobres da cidade. As tribos quenianas construíram extensas aldeias tribais dentro de Nairóbi. Isso vem acontecendo há décadas em todo o continente. No romance de 1986 *Coming to Birth*, da escritora queniana Marjorie Oludhe Macgoye, o personagem principal, uma menina de dezesseis anos chamada Paulina que é da tribo luo, chega a Nairóbi vindo da Kisumu rural e se dirige para o bairro Makongeni. Makongeni era, e continua sendo, povoada sobretudo por luos.

Estado das nações: África

Embora pertencer a uma tribo seja algo positivo, uma fonte de orgulho para muitos, na África — como em outros lugares — uma questão fundamental é o grau em que a existência de tribos impede a criação da unidade tribal maior, a do Estado-nação, e a coesão que se espera que ele represente. O problema está na maneira como os Estados-nações foram formados.

DIRIJA VÁRIAS HORAS rumo ao leste a partir de Lagos, e, com alguma dificuldade, é possível encontrar as ruínas de uma enorme cidade murada que ficou perdida para a selva, e depois para a história, por séculos. Acredita-se que os muros tenham começado a ser erguidos no século VIII para repelir invasores. No século XI, a Cidade de Benin era a capital do Império do Benin, o mais desenvolvido na África Ocidental.

Quando os portugueses se depararam com ela, em 1485, encontraram para seu espanto uma área urbana maior que sua própria capital, Lisboa. Situada numa planície a cerca de quatro dias de caminhada da costa, a cidade era cercada por enormes muros de vinte metros de altura e fossos excepcionalmente profundos, todos vigiados. Na edição de 1974 do *Guinness Book of Records* consta que "os muros da cidade, junto com aqueles no reino como um todo, foram a segunda maior fortificação do mundo antes da era mecânica". Um artigo publicado nos anos 1990 por Fred Pearce, na *New Scientist* (baseado no trabalho do geógrafo e arqueólogo britânico Patrick Darling), afirmava que os muros foram, em certo momento, "quatro vezes mais longos que a Grande Muralha da China", embora usassem menos material. Estima-se que se prolongavam por 16 mil quilômetros e abarcavam uma população de até 100 mil pessoas.

O projeto da cidade parece ter sido traçado de acordo com as regras do que hoje chamamos de desenho fractal — um complexo padrão repetitivo exibindo padrões similares em escalas cada vez menores. No centro da cidade ficava o palácio do rei, que supervisionava uma sociedade extremamente burocrática. A partir dele partiam trinta ruas principais radiais, com cerca de 36 metros de largura, todas com ruas mais estreitas saindo delas. A cidade se dividia em onze bairros. Alguns eram iluminados à noite por lâmpadas altas de metal, que queimavam pavios alimentados com óleo de palma e iluminavam as extensas obras de arte espalhadas pela cidade. Dentro da cidade, havia casas, algumas com dois andares, e complexos murados feitos de argila vermelha. Fora havia quinhentas aldeias muradas, todas conectadas entre si e com a capital. Ela tinha um sistema de fossos, que incluía vinte fossos menores em torno de algumas aldeias e vilas.

Os primeiros exploradores portugueses ficaram impressionados com a escala da cidade e as assombrosas obras de arte e arquitetura que ela continha. Em 1691, Lourenço Pinto, um capitão de navio português, observou: "Todas as ruas correm retas e até onde a vista alcança. As casas são grandes, sobretudo a do rei, que é ricamente decorada e tem belas colunas. A cidade é rica e industriosa. É tão bem governada que o roubo é desconhecido e as pessoas vivem em tal segurança que não têm portas em suas casas".

Em 1897, essa joia da África Ocidental foi destruída por tropas britânicas quando elas tentavam expandir seu controle sobre o continente. Após alguns anos de tentativas britânicas de consolidar o poder na região, a situação degenerou em violência. Uma força de cerca de 1200 fuzileiros reais caiu sobre a

Estado das nações: África

cidade, queimando o palácio e as casas das pessoas e saqueando ícones religiosos e obras de arte. Muitos dos bronzes de Benin furtados permanecem, ainda hoje, em museus por todo o mundo. O rei escapou, mas retornou alguns meses mais tarde e foi exilado para o sul da Nigéria, onde morreu em 1914.

A essa altura, a maior parte dos muros da grande cidade havia sido destruída, enquanto os britânicos vitoriosos impunham sua autoridade sobre o reino, explodindo grandes seções dos muros e incorporando a cidade e seus arredores à "Nigéria Britânica". A população local pegou muito do que restou dele como material de construção para fazer novas casas, e aos poucos a cidade foi despovoada. O que restou foi em sua maior parte esquecido, exceto pelas pessoas da região. No início dos anos 1960, arqueólogos começaram a explorar a área e a mapear o que é hoje um Patrimônio da Humanidade da Unesco, assim como os restos de um complexo semelhante de muros e fossos no chamado Eredo de Sungbo, 225 quilômetros a oeste.

Embora não reste praticamente nada para indicar que a cidade sequer existiu, ela foi um excelente exemplo da opulência, diversidade e riqueza das civilizações africanas pré-coloniais. Quando esses reinos ascenderam ao poder, eram entidades separadas; agora são apenas pequenas partes de um todo muito maior — a Nigéria. As linhas de fronteira dos europeus, como as da "Nigéria Britânica", foram muitas vezes traçadas de acordo com até onde os exploradores europeus tinham chegado, em vez de levar em conta as nações e os reinos existentes, que haviam se desenvolvido organicamente em torno de divisões tribais. Eles juntaram à força centenas de nações ou tribos.

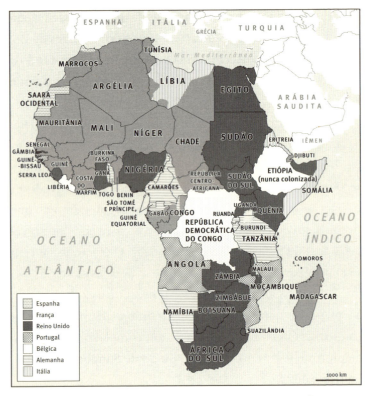

Territórios antes ocupados por potências coloniais na África.

As incontáveis nações africanas nunca foram democracias, mas era comum que um governante fosse da mesma tribo mais ampla que seus súditos num sistema de governo originário dessa tribo. Quando os colonizadores se retiraram, diferentes povos foram informados de que estavam agora agrupados numa área definida, muitas vezes sendo deixados com um soberano que, aos olhos de muitos, não tinha o direito de governá-los. E há uma dupla contradição no legado colonial. A primeira é criar Estados-nações únicos a partir de múltiplas

Estado das nações: África

nações e tribos; a segunda é que, ao mesmo tempo, os europeus lhes legaram ideias de democracia e autodeterminação. Grande parte da atual discórdia e conflito que vemos na África tem raízes nesse experimento de rápida unificação.

A primeira geração de líderes dos Estados africanos independentes compreendeu que qualquer tentativa de redesenhar os mapas coloniais poderia levar a centenas de miniguerras, e por isso decidiu que iria trabalhar com as linhas existentes na esperança de conseguir construir Estados-nações genuínos e assim reduzir divisões étnicas. No entanto, a maioria dos líderes deixou de implementar políticas para unir seus povos dentro dessas fronteiras, recorrendo em vez disso à força bruta e repetindo o truque colonialista de dividir para governar. Os muitos povos diferentes jogados juntos nesses Estados-nações recém-cunhados não tiveram a benéfica experiência de resolver suas diferenças e se unir ao longo de séculos. Alguns Estados ainda estão lutando com contradições incorporadas em seus sistemas pelo colonialismo.

Angola é um bom exemplo: o país é maior do que os estados americanos de Oklahoma, Arkansas, Kansas e Mississippi combinados. Quando os portugueses chegaram no século XVI, a região abrigava pelo menos dez grandes grupos étnicos subdivididos em talvez uma centena de tribos. Os portugueses teriam ido mais longe e incorporado ainda mais nações à sua colônia, mas esbarraram com as reivindicações britânicas, belgas e alemãs. Os diferentes grupos étnicos tinham pouco em comum — além da repulsa por seus senhores coloniais. No começo dos anos 1960, um número suficiente deles conseguiu se unir para iniciar uma guerra de independência. Os portugueses partiram em 1975, mas deixaram para trás um país inventado chamado Angola que se esperava que funcionasse como um Estado-nação unido.

Imagine por um momento que o colonialismo não tivesse acontecido, e que em vez disso, à medida que se modernizava, a África tivesse seguido um padrão semelhante ao europeu e desenvolvido seus próprios Estados-nações relativamente homogêneos. Um dos povos de Angola são os bakongos, que falam kikongo, uma língua banta, e que nos tempos pré-coloniais tinham um reino de território contíguo, que se estendia através de partes de vários territórios, inclusive o que é agora Angola, a RDC e o Gabão. Eles têm afinidade com outros falantes de kikongo na República do Congo e na RDC — compreendendo juntos cerca de 10 milhões de pessoas. Na RDC, eles são o maior grupo étnico, mas em Angola são uma minoria, o que explica a ascensão do movimento Bundu dia Kongo, que está presente em todos os três países e almeja um Estado-nação de falantes de kikongo baseado em ideias pré-coloniais de território. Eles trabalham para criar um Estado-nação unificado — assim como muitos outros com uma história semelhante.

Não há como escapar do nacionalismo ambicioso de povos despedaçados pela era colonial. Eles não concordaram em ingressar em federações com nomes dados pelos europeus. Depois, quando foram finalmente capazes de expulsar os colonizadores, ficaram frustrados, porque agora se esperava que sentissem lealdade a um sistema que lhes fora imposto contra sua vontade, e no qual, com demasiada frequência, o principal grupo étnico dominava todos os outros. Em alguns países, essas divisões podem ser contidas dentro da esfera política, mas

Estado das nações: África 217

em muitos lugares a questão extravasou, trazendo guerra civil e a ascensão de movimentos separatistas.

Vejamos, por exemplo, a disputa pela fronteira terrestre e marítima entre Camarões e Nigéria, que começou em 1994. Ambos os países reivindicam soberania sobre uma península rica em petróleo chamada Bakassi. A situação se deteriorou tanto que houve conflitos armados esporádicos entre eles, levando à emergência da Frente pela Autodeterminação de Bakassi (FAB), que divulga vídeos de seus membros usando uniformes e segurando metralhadoras, e dirige uma estação de rádio pirata chamada Amanhecer que faz campanha pelo autogoverno. Camarões tem outros problemas com pessoas de espírito independente. É um país majoritariamente francófono, mas, numa população de 23 milhões de habitantes, há uma minoria de cerca de 5 milhões de pessoas de língua inglesa. Alguns dos últimos afirmam sofrer discriminação, e há crescentes apelos por autonomia para as duas províncias ocidentais em que a maioria deles vive, na fronteira com a Nigéria. Há até um "presidente" no exílio, uma bandeira e um hino nacional prontos para a ocasião improvável em que as duas províncias se unirão como "Camarões do Sul".

Existem muitos outros exemplos. A província de Casamansa, no Sul do Senegal, vem lutando por autonomia. O Quênia tem o Conselho Republicano de Mombaça, que pleiteia independência para a região litorânea do país, alegando que ela tem sua própria cultura distinta e não deveria ter sido incluída como parte do Quênia quando este conquistou sua independência do Reino Unido. Seu slogan em suaíli é "Pwani si Kenya" — "a costa não é o Quênia". Os quenianos também têm um problema com terrorismo vindo da Somália, e por

218 *A era dos muros*

isso as autoridades passaram grande parte de 2017 construindo uma cerca parcialmente eletrificada ao longo de sua fronteira compartilhada, que está quase concluída. Como no caso de tantos exemplos por todo o mundo, os residentes de ambos os lados da fronteira dizem que a cerca perturba os negócios, laços familiares e o movimento de rebanhos quando pastores procuram pastagens.

Provavelmente, poucos dos numerosos movimentos secessionistas (como visto antes) têm chances de ser bem-sucedidos num futuro próximo ou a médio prazo, mas separações não devem ser descartadas — alguns as conquistaram nos últimos anos. A Etiópia perdeu a Eritreia para um movimento de independência e ainda enfrenta facções separatistas em suas regiões de Ogaden e Orômia, ao passo que o Sudão se dividiu em dois países, com o Sudão do Sul tendo se tornado o mais novo Estado do mundo em 2011. Infelizmente, a situação degenerou em guerra civil: a tribo dominante dos dinkas foi acusada de discriminação contra os nueres, os acholis e outros, o que deu lugar a enfrentamentos entre eles. A guerra custou várias centenas de milhares de vidas, e levou mais de 1 milhão de pessoas a fugir de suas casas.

É um caso recorrente na história recente da África. Talvez um dos piores exemplos tenha ocorrido na Nigéria, onde um massacre dos igbos precedeu a guerra civil de 1967-70 e a efêmera República de Biafra; ao todo, mais de 3 milhões de pessoas foram mortas, e a Nigéria tem um problema persistente com ideias nacionalistas biafrenses. Mas esse está longe de ser o único caso. O Burundi é outro. Etnicamente, ele é cerca de 85% hutu, mas os 14% da minoria tútsi são política e economicamente poderosos, e o país tem sido devastado há

Estado das nações: África 219

muito tempo pelas tensões entre eles. Em 1965, uma tentativa de golpe contra o rei, que era tútsi, desencadeou lutas étnicas que mataram pelo menos 5 mil pessoas. Em 1972, assassinatos em massa provocaram uma invasão por rebeldes hutus baseados no Zaire. Estima-se que durante os quatro anos seguintes quase 200 mil pessoas morreram. Surtos menores de violência assolaram os anos 1980 antes que uma guerra civil em grande escala se iniciasse em 1993, estendendo-se até 2005. Dessa vez, o presidente hutu Melchior Ndadaye foi morto por assassinos tútsis, o que desencadeou uma cadeia de eventos que lançaram os dois lados um contra o outro. Nos últimos anos, tem-se assistido a níveis menores de uma violência constante, com cerca de 400 mil burundienses fugindo do país, a maioria em direção à Tanzânia.

Em Ruanda, cerca de 800 mil tútsis e hutus moderados foram assassinados no genocídio de 1994. A RDC contém mais de duzentos grupos étnicos e tem sofrido uma violência terrível desde 1996 — as estimativas variam, mas alguns creem que o número de mortos se elevou a 6 milhões, e a agonia do conflito continua; um grande número de outros países, inclusive a Libéria e Angola, também viveu conflitos generalizados e constantes. Os fatores por trás da violência são complexos e incluem a imposição de fronteiras, a falta de desenvolvimento e a pobreza; mas sem dúvida as divisões étnicas são significativas. E, uma vez que as nações frequentemente transbordam as fronteiras de Estados-nações, o conflito em uma logo se espalha para outra.

Todos os Estados-nações têm diferenças com seus vizinhos, mas, na maioria das outras partes do mundo, disputas territoriais baseadas em geografia e etnia surgiram de forma orgânica no curso de longos períodos de tempo. Em muitos casos, foram resolvidos. No entanto, a experiência africana é de contradições geográficas e étnicas relativamente recentes sendo introduzidas em toda a região por estrangeiros. Sim, estamos de volta ao colonialismo — porque não há como escapar dele até que os africanos possam se distanciar de seus efeitos. Dada a escala da engenharia social, sessenta a setenta anos de independência não são uma distância significativa.

Não ajuda, é claro, que as fronteiras europeias ainda sejam a base para qualquer resolução diplomática de disputas territoriais — como vimos no Marrocos e no Saara Ocidental, que ainda estão tendo de obedecer às linhas traçadas pela Espanha. Sem saber ao certo como responder ou a quem apoiar, a comunidade internacional não reconheceu nem a reivindicação do Marrocos nem a da Frente Polisário em relação ao Saara Ocidental; a região está na lista dos territórios não autônomos da Organização das Nações Unidas, o que significa que a área não foi oficialmente descolonizada. Assim, tecnicamente, a Espanha ainda é a potência administradora do Saara Ocidental, embora na prática a maior parte da região esteja sob controle marroquino.

Outro exemplo é a disputa entre Camarões e a Nigéria, que foi enfim levada à Corte Internacional de Justiça (CIJ) e resolvida em 2002. É interessante notar que ambos os países se dirigiram ao tribunal citando não antigas reivindicações tribais, nem os desejos dos habitantes atuais, mas documentos da era colonial redigidos e assinados por europeus, quando os britânicos governavam a Nigéria e Camarões era parte do Império Alemão. Esses documentos foram a base do julgamento da CIJ, que se pronunciou a favor de Camarões, afirmando que "a soberania sobre a península de Bakassi cabe a Camarões e

Estado das nações: África 221

que a fronteira é delimitada pelo acordo anglo-alemão de 11 de março de 1913". O tribunal observou que a disputa de fronteiras terrestres "se inscreve num quadro histórico que inclui a partição por potências europeias no século XIX e início do século XX, mandatos da Liga das Nações, tutelas da ONU e a independência dos dois Estados".

Nem todos os nigerianos ficaram satisfeitos com a resolução da CIJ, nem com a posição do seu governo da época de aceitá-la. Alguns pedem que a questão seja reaberta. O jornal *Vanguard*, da região do delta do Níger, vem fazendo campanha há anos para que a resolução seja revogada, e para que o caso seja reconsiderado à luz de reivindicações territoriais ancestrais. Um recente artigo de opinião terminou com a declaração: "Recuperar a península de Bakassi é uma tarefa que precisa ser realizada!".

Há discussões dentro da academia sobre até que ponto as várias disputas e conflitos são realmente sustentados por etnicidade. Alguns acadêmicos sugerem que os políticos estão apenas usando as diferentes facções para promover seus próprios objetivos. Pode, de fato, ser o caso algumas vezes, mas não significa que não haja discordâncias a serem exploradas, ou que elas não sejam profundas.

Em alguns casos, fortes afiliações tribais podem desviar os formuladores de políticas do que deveria ser o interesse nacional e podem dividir a política ao longo de linhas tribais. A relativamente estável democracia sul-africana, por exemplo, deveria ser etnicamente cega, mas o sistema político está estilhaçado ao longo de linhas étnicas e tribais: os zulus estão ligados ao Partido da Liberdade Inkatha, por exemplo, enquanto os xhosas dominam o Congresso Nacional Africano. A constituição do país reconheceu essas divisões e criou as Casas Provinciais de Líderes Tradicionais em Limpopo, KwaZulu-Natal, Cabo Oriental, Estado Livre, Mpumalanga e Noroeste. Elas são em essência o reflexo de diferentes "nações" ou tribos sul-africanas.

Outra questão política é que o tribalismo também encoraja o favoritismo — ou, em outras palavras, a corrupção. Esse é um enorme problema em todo o continente, descrito pelo ex-presidente do Quênia, Daniel arap Moi, como um "câncer", que impacta de diversas maneiras. Nomeações políticas, acordos comerciais e julgamentos legais podem todos ser afetados pela corrupção, o que significa que a melhor pessoa para o cargo frequentemente não é aquela que o consegue. Ela desencoraja o casamento fora de um grupo definido e milita contra a unidade nacional. É também extremamente danosa para o bem-estar econômico de um país. Fundos destinados para desenvolvimento econômico, infraestrutura ou qualquer tipo de gasto público são desviados para os bolsos de indivíduos cada vez mais ricos e poderosos. A onu estima que a corrupção prive o continente de cerca de 50 bilhões de dólares por ano. A corrupção ocorre em todos os países do mundo, é claro, mas na África se sabe que está particularmente generalizada. Foi por isso que a União Africana designou 2018 como o ano para "Vencer a luta contra a corrupção".

Por outro lado, algumas pessoas sugerem que vários freios e contrapesos foram incorporados ao sistema tribal, e que estes podem assegurar uma distribuição mais justa da riqueza e do poder por todo um país. A Nigéria, por exemplo, como vimos, delineou nítidas divisões étnicas e religiosas. Muitas regiões são esmagadoramente dominadas por um grupo ou outro, e enquanto o sul do país é predominantemente cristão, o norte

Estado das nações: África 223

é sobretudo muçulmano. O sul goza de índices mais elevados de alfabetização, melhor saúde e mais dinheiro. O mapa político do país segue linhas similares. Diante disso, há uma regra não escrita buscando mitigar qualquer discriminação ou desequilíbrio de poder no país como um todo: a presidência (que controla a maior parte do orçamento) irá alternar entre um cristão e um muçulmano. Este é um exemplo no nível mais alto, mas dentro de muitos parlamentos e governos as decisões são tomadas levando-se em conta o efeito que terão sobre as várias tribos do país, com o objetivo de evitar agitação e insatisfação. Se os partidos políticos que representam as tribos A, B e C não tiverem em mente as opiniões da tribo D, podem esperar problemas dessa parte do país. De certa forma, isso não difere do funcionamento de nenhum outro sistema político, mas na África ele é mais tribal e etnicamente baseado que na maioria dos lugares.

Alguns países tiveram mais sucesso que outros em limitar os efeitos políticos dessas divisões. Kwame Nkrumah, de Gana, por exemplo, proibiu partidos baseados em afinidade tribal, e, na Costa do Marfim, Félix Houphouët-Boigny, presidente de 1960 a 1993, repartiu o poder num grau que manteve as tensões regionais sob controle. Botsuana foi relativamente estável, em parte porque é um dos poucos Estados africanos com um elevado grau de homogeneidade, além de ter um sistema democrático e uma economia que funcionam. A Tanzânia é outra exceção, apesar de ter mais de cem tribos. Seu primeiro presidente, Julius Nyerere, insistiu que para firmar uma identidade nacional a única língua oficial seria o suaíli. Já amplamente usado no país, o idioma se tornou a cola que manteria uma nação unida. Mas até a Tanzânia começa a demonstrar pequenas fraturas: os islâmicos em Zanzibar estão exigindo um referendo para pôr fim à união de Tanganica e Zanzibar, que criou a Tanzânia em 1964.

Em que medida o tribalismo pode afetar o desenvolvimento de qualquer país em que tenha uma forte influência? É impossível aferir isso precisamente, porque não temos um exemplo de país isento de tribos para usar em comparação. Ainda assim, é seguro dizer que a necessidade de equilibrar constantemente as reivindicações concorrentes de grupos que se sobrepõem prejudica o desenvolvimento do Estado como uma única entidade. E certamente, quando conflitos degeneram em violência, eles podem desestabilizar um país inteiro, perturbar sua economia, forçar milhões a abandonar suas casas e causar milhões de vítimas. Eles podem ser incrivelmente caros, tanto para o país como um todo quanto para os cidadãos individuais, e desempenham um papel nos terríveis ciclos de pobreza e desigualdade que ocorrem em todo o continente.

A ÁFRICA É O CONTINENTE mais pobre do mundo. A globalização tirou centenas de milhões de pessoas da pobreza, mas ao mesmo tempo a discrepância entre os ricos e os não ricos aumentou. A divisão é particularmente extrema na África, onde se encontram sete dos dez países mais desiguais. Em todo o continente há cidades modernas, que se enchem rapidamente de arranha-céus, companhias multinacionais e uma crescente classe média. Mas em todos esses florescentes centros urbanos, ao lado dos ricos vivem os inacreditavelmente pobres, que podem estar sobrevivendo com menos de dois dólares por dia. Um estudo do Banco Mundial de 2016 cons-

Estado das nações: África   225

tatou que a porcentagem de africanos que viviam na pobreza tinha diminuído de 56% em 1990 para 43% em 2013, mas o número de pessoas que viviam nessas condições havia na realidade aumentado de 280 milhões para 330 milhões, em decorrência do crescimento da população.

O Zimbábue está entre os países mais pobres da África, e grande parte da população está determinada a encontrar uma vida melhor em outro lugar, especialmente em seus vizinhos muito mais ricos ao sul — Botsuana e África do Sul. Entretanto, países mais ricos não desejam um grande influxo de migrantes pobres, muitos dos quais lutam para atravessar as fronteiras. Botsuana tem uma cerca elétrica de 482 quilômetros ao longo da divisa com o Zimbábue. O país alega que é para deter a disseminação da febre aftosa no gado, mas, a menos que as vacas zimbabuanas saibam fazer salto em altura, é difícil entender por que a cerca precisa ser tão alta. O Zimbábue e sua população empobrecida também estão separados da África do Sul por uma cerca. Como um dos países mais ricos da África austral, a África do Sul é um ímã para migrantes — o que é em parte a razão por que ela também tem uma cerca ao longo de sua fronteira com Moçambique.

Apesar dessas barreiras, muita gente atravessa de fato para a África do Sul, e altos níveis de imigração causaram tensões assim como em outras partes do mundo. Em 2017, os dirigentes da Nigéria pediram ao governo sul-africano que interviesse para fazer cessar o que chamou de "ataques xenofóbicos" durante uma onda de violência anti-imigrantes, após comentários que teriam sido feitos pelo rei zulu Goodwill Zwelithini kaBhekuzulu de que os estrangeiros deveriam "fazer as malas" e ir embora. Ele se defendeu dizendo que haviam deturpado as suas palavras, mas o mal estava feito e muitos dos que se amotinavam foram ouvidos cantando: "O rei falou". Entre os principais alvos estavam membros da comunidade de 3 milhões de zimbabuanos, mas há também cerca de 800 mil nigerianos na África do Sul e, durante o tumulto, nenhum estrangeiro estava a salvo se fosse encontrado pela multidão. Lares e indivíduos nigerianos foram atacados, alguns pequenos negócios pertencentes a nigerianos foram saqueados e queimados, houve várias mortes e centenas de pessoas foram expulsas de suas casas e fugiram para acampamentos instalados pelo governo. O tumulto levou também a demonstrações contrárias à África do Sul na Nigéria, nas quais empresas sul-africanas foram atacadas em meio a gritos para que "voltassem para casa".

Vemos aqui uma situação familiar em países do mundo todo: medo e raiva dirigidos a imigrantes, que não só são acusados de tomar os empregos locais mas também de criar níveis mais elevados de criminalidade, vendendo drogas, formando quadrilhas e assim por diante. O crime não está necessariamente ligado à imigração, mas sim à pobreza, e ambos estão muito difundidos em toda a África. As estatísticas mostram que a África perde apenas para as Américas quando se trata de taxas de criminalidade, sobretudo no caso de homicídios. Um relatório da onu sobre índices globais de criminalidade para 2012 mostrou que, de 437 mil assassinatos naquele ano, 36% ocorreram nas Américas e 31% na África. Em comparação, apenas 5% dos assassinatos foram cometidos na Europa. O mesmo relatório sugeriu que em algumas partes da África o índice de assassinatos estava crescendo.

A pobreza parece ser tanto a causa quanto uma consequência da delinquência, e os pobres são apanhados nesse ciclo.

Estado das nações: África

A maior parte dos que vivem em condições terríveis em favelas não se volta para o crime apesar de não ter acesso ao que pessoas mais afortunadas veriam como o básico de uma vida confortável. Apesar disso, eles sofrem as consequências da criminalidade — roubo, armas, venda de drogas, repressão policial excessiva, exploração —, o que leva à insegurança e ao subdesenvolvimento, sustentando a pobreza em que nasceram.

Mas enquanto os pobres estão presos nesse ciclo, os ricos estão ficando mais ricos e usando sua riqueza para se porem a salvo de encontrar as agruras da pobreza cotidiana refugiando-se atrás de seus próprios muros: o condomínio fechado, um claro sinal de divisão econômica e da vasta desigualdade que pode ser vista em todo o continente. Há muitos atrativos nesse estilo de vida, como um anúncio deixa claro:

> Descomplique a sua vida! Fuja para o mais novo subúrbio de Lusaka. Uma propriedade residencial exclusiva e segura [...]. MukaMunya é protegida por uma cerca elétrica, uma entrada fechada e um sistema de segurança de 24 horas que só permite a entrada por convite [...]. A estrada principal é asfaltada, tornando aquele sonho de dirigir um carro executivo de suspensão baixa uma opção. Desfrute de um sem-número de comodidades [...]. O clube do parque oferece duas quadras de tênis, uma quadra de squash, uma piscina de 25 metros e um bar totalmente equipado. Muito próximo de uma das melhores escolas de Lusaka, do "cinturão equestre" e uma fácil viagem de carro até a cidade.

Os muros de um condomínio fechado prometem luxo, segurança e exclusividade. Se seu nome não estiver na lista, você não pode entrar, e para entrar na lista você precisa pagar. Muito.

MukaMunya significa "Meu Lugar" em soli, uma das línguas bantas da Zâmbia, mas a maior parte da população local pode apenas sonhar em ter uma casa ali.

Comunidades fortificadas não são exatamente novas. Desde os primórdios da agricultura, passando pelo período romano e a Idade Média, muros em torno de conjuntos de habitações se tornaram um modo de vida normal. Foi só em tempos relativamente recentes — com o surgimento do Estado-nação e da segurança interna, incluindo forças policiais — que as cidades permitiram que os muros fossem derrubados, ou começaram a se expandir fora deles. Agora os muros voltaram a se erguer. Mas enquanto no passado a comunidade inteira podia se refugiar atrás de seus muros para se proteger quando ameaçada, hoje só uma minoria vive ali permanentemente.

A tendência a viver em condomínios fechados começou a reemergir durante o século XX e vem ganhando força desde então. Agora essas comunidades estão sendo construídas em toda a África, com Zâmbia, África do Sul, Quênia e Nigéria abrindo o caminho. A África do Sul foi pioneira da tendência africana aos portões fechados. De acordo com *The Economist*, já em 2004, apenas em Johannesburgo havia trezentos bairros fechados e vinte propriedades de segurança, ao passo que, em 2015, Graça Machel, viúva de Nelson Mandela, inaugurou a *parkland residence* Steyn City, na África do Sul, um empreendimento com quatro vezes o tamanho de Mônaco — que inclui a casa mais cara da África do Sul.

Isso não está limitado à África, é claro. Nos Estados Unidos, por exemplo, o uso de "vilas fortificadas" parece ter começado na Califórnia nos anos 1930, com enclaves fechados como o Rolling Hills Estate. Alguns acadêmicos identificam uma ace-

Estado das nações: África 229

leração na construção de condomínios fechados nos anos 1980 e sugerem que, à medida que os governos economizavam em benefícios sociais e gastavam menos com áreas comunitárias, as pessoas que podiam se permitir fazê-lo se retiraram do espaço público. Um estudo de 1997 estimou que, naquela altura, os Estados Unidos tinham cerca de 20 mil condomínios fechados, abrigando 3 milhões de residentes.

Padrões semelhantes são claros na América Latina, por exemplo, que também viu um enorme aumento de "comunidades-fortalezas" neste século. Em Lima, no Peru, o que se tornou conhecido como Muro da Vergonha separa Las Casuarinas, um dos mais abastados bairros da cidade, de Pamplona Alta, um dos mais pobres. Alguns cresceram a ponto de se tornar quase cidades dentro de cidades. Alphaville, em São Paulo, no Brasil, abriga mais de 30 mil residentes, mudando completamente a maneira como os centros urbanos operam e são organizados, enquanto os chineses estão construindo empreendimentos muito maiores que isso.

Esse estilo de vida moderno não é apenas para os muito ricos, tampouco. O rápido crescimento da classe média em muitos países africanos levou ao desenvolvimento de empreendimentos fechados vendidos aos que não podem se dar ao luxo de uma casa de alto nível, mas têm condições de pagar por um apartamento num grande complexo de modernos blocos de espigões. Vejamos a Nigéria: em Lagos, que tem uma população de 21 milhões de habitantes, podemos encontrar algumas das pessoas mais pobres do mundo, vivendo em favelas flutuantes nas lagoas da cidade ou apinhadas nas ilhas em volta do continente, perto de mansões de vários milhões de dólares. Nos novos empreendimentos de luxo não é incomum ver um apartamento de dois quartos à venda por mais de 1 milhão de dólares. Você não gastaria muito menos que isso se comprasse um imóvel numa das novas "cidades" em desenvolvimento, como Eko Atlantic, que foi construída em aproximadamente seis quilômetros de terra recuperada do fundo do oceano Atlântico, adjacente a Lagos. A cidade está cercada por empreendimentos semelhantes. Eles são uma evidência do fato de que esse país rico em petróleo e com 186 milhões de habitantes tem florescentes classes média e média alta, e de como a distribuição da riqueza está mudando em suas áreas urbanas.

O boom desse tipo de propriedade é em parte uma resposta a altos índices de criminalidade, como vimos. No entanto, ironicamente, um estudo de 2014 publicado no *Journal of Housing and the Built Environment* sugeriu que se mudar para uma casa dentro de uma fortaleza pode na realidade aumentar as probabilidades de que alguém tente assaltar sua propriedade. Ladrões supõem que qualquer pessoa rica o suficiente para morar num condomínio fechado tem algo que valha a pena furtar.

O relatório reconhecia que os complexos oferecem níveis de proteção em geral mais altos do que os encontrados fora deles, mas constatava que eles deixam os espaços públicos desertos e sujeitos a um maior risco de delinquência. Condomínios fechados ameaçam enfraquecer a coesão social onde quer que sejam construídos. É claro que sempre houve partes das cidades onde os ricos moravam, mas havia também espaços sociais compartilhados, fossem eles praças públicas, mercados, parques ou áreas de entretenimento abertas a todos. O novo modelo de vida urbana e suburbana está projetado para ser exclusivista: você só pode chegar à praça da cidade se puder passar pela segurança que a cerca. Essa falta de interação pode reduzir o senso de

Estado das nações: África

compromisso cívico, estimular o pensamento de grupo entre os que estão dentro e levar a uma divisão psicológica, com as pessoas mais pobres sentindo-se como forasteiros, como se tivessem sido isoladas. Maior riqueza sem que um grau relativo de prosperidade seja proporcionado a todos reforça a divisão.

Há consequências para toda a comunidade, e um efeito colateral sobre as atitudes em relação aos governos tanto local quanto nacional. Se um número significativo de pessoas vive em comunidades em que pagam a empresas privadas para fornecer infraestrutura, como encanamento e estradas, e depois para protegê-las com policiamento e brigadas antifogo, ao mesmo tempo que recorrem a assistência médica particular, então o papel do governo local e nacional diminui. E se a responsabilidade de um governo for administrar apenas setores menores da sociedade, a coesão do Estado-nação é também enfraquecida. Nessa situação, seria difícil para um político apresentar o slogan que o britânico David Cameron usou em 2016 em relação a dificuldades financeiras — "Estamos todos juntos nisso".

Ou, segundo o relatório do Programa das Nações Unidas para os Assentamentos Humanos:

> Os impactos das barreiras podem ser encontrados na potencial e real fragmentação espacial e social das cidades, levando ao menor uso e disponibilidade do espaço público e maior polarização socioeconômica. Nesse contexto, as barreiras foram caracterizadas como tendo impactos contraditórios, até aumentando a criminalidade e o medo da criminalidade à medida que a classe média abandona as ruas públicas aos pobres vulneráveis, a crianças e famílias de rua e a delinquentes que abusam deles.

No entanto, alguns estudos sugerem que, dentro dos complexos, as barreiras ajudaram a estimular um senso de coesão social e vizinhança comunitária que transcende a tribo e a etnia. É aí que o conceito tribal baseado em etnicidade vai por água abaixo.

Num estudo de 2015 sobre condomínios fechados em Gana, quando se perguntou a residentes por que tinham escolhido morar nos empreendimentos, a primeira resposta foi "casas de qualidade", com "proteção e segurança" em segundo lugar e "classe social dos moradores" em terceiro. Um "senso de comunidade" veio em sexto lugar, e um indício do impacto dos condomínios fechados sobre a cultura veio em oitavo: "Uma proteção do sistema de famílias extensas". Embora essa razão tenha vindo em oitavo lugar, ela foi uma fascinante revelação de como essa reinterpretação moderna de uma cidade murada contribuirá pouco a pouco para o enfraquecimento dos estreitos laços com a família extensa encontrados em todo o continente.

Em lugares onde os benefícios sociais fornecidos pelo Estado são fracos, e onde o emprego é muitas vezes temporário e informal, é normal que um ou dois membros da família que ganhem relativamente bem usem sua renda para suplementar a de dezenas de membros de sua família extensa. Oferecer um emprego a um membro da família não é considerado nepotismo, mas uma responsabilidade familiar. Isso acontece na África há muito tempo, por isso colocar uma barreira física entre membros da família extensa terá um efeito negativo, uma vez que a maior parte das propriedades construídas é para a família nuclear, não para a família ampliada. Os empreendimentos são um mundo diferente, e não apenas no sentido físico. Para os que estão dentro, a nova "tribo", muito menos coesa, é a classe social de seus vizinhos imediatos.

Estado das nações: África 233

As novas tribos que vivem atrás dos muros se identificam umas com as outras porque têm coisas que vale a pena roubar, não porque suas mães e pais vieram de uma certa região ou falavam uma determinada língua. Elas têm estilos de vida semelhantes e muitas vezes interesses semelhantes, que são protegidos de maneira semelhante. Quando a pessoa tem dinheiro suficiente, pode pagar para que outros a protejam; quando não tem, une-se a outras, e dessa forma atrás dos muros o senso de "nós" é diluído, por vezes para algo tão pequeno quanto apenas "eu".

A IDENTIDADE ÉTNICA AINDA PREDOMINA na maioria dos países africanos. Embora as fronteiras do Estado-nação sejam reais, na medida em que existem dentro de uma estrutura legal e são por vezes marcadas por algum tipo de barreira física, elas nem sempre existem nas mentes das pessoas que vivem dentro e em torno delas. Como os saarauis, cujo território tradicional foi dividido pelo Muro Marroquino, muitos ainda sentem o chamado de suas terras ancestrais.

O consenso pós-colonial dos líderes africanos de não mudar as fronteiras se baseou num temor de que fazer isso provocaria conflitos intermináveis, e na esperança de que pudessem construir genuínos Estados-nações e assim reduzir divisões étnicas. Isso foi incrivelmente difícil, em particular porque na África as nações ainda atravessam as fronteiras dos Estados-nações, ao passo que, por exemplo, na Europa Ocidental há claras linhas geográficas ou linguísticas assinalando onde uma nação acaba e outra começa.

Estamos agora em pleno século XXI, e a África se encontra num ponto que, se formos pensar bem, esteve sempre iminente: ela precisa equilibrar a redescoberta de seus sentimentos pré-coloniais de nacionalidade com as realidades dos atuais Estados-nações em funcionamento. É uma linha tênue, repleta de perigos, mas ignorar ou negar as divisões que ocorrem dentro desse vasto espaço não as fará desaparecer.

Outrora houve a implacável Corrida da África; agora há uma corrida para produzir um grau de prosperidade que convença as pessoas a viverem pacificamente juntas, ao mesmo tempo que se trabalha em soluções onde elas desejam viver separadas.

CAPÍTULO 7

União cada vez mais estreita?

Europa

Hoje, muro nenhum pode separar crises humanitárias ou de direitos humanos numa parte do mundo de crises de segurança nacional em outra. O que começa com o fracasso em defender a dignidade de uma vida termina, com demasiada frequência, com uma calamidade para nações inteiras.

KOFI ANNAN

Páginas anteriores: Pessoas se reúnem junto ao Muro de Berlim no momento em que ele começa a vir abaixo, novembro de 1989.

BEM CEDO, NUMA MANHÃ CINZENTA em 1979, embarquei num trem militar na Alemanha Ocidental em direção à estação de Charlottenburg, no setor da Alemanha Ocidental de Berlim, antiga capital de uma Alemanha unificada. Na época, o Muro de Berlim estava de pé havia dezoito anos e parecia um elemento permanente em nossas vidas, algo que nos manteria separados para sempre. Não parecia haver nenhuma perspectiva de que poderíamos viver de outra maneira — o presente estava fixado em concreto e arame farpado, parte de um conflito que ameaçava dividir átomos suficientes para nos matar a todos.

Como membro ativo da Força Aérea Real, eu tinha uma carteira de identidade militar e por isso não precisava de passaporte para essa viagem em particular. Na fronteira, paramos numa estação em que não faltavam cercas de arame farpado e uma torre de vigia. Guardas de fronteira soviéticos ríspidos, de cara amarrada, entraram no trem e verificaram nossos documentos, enquanto a Polícia dos Transportes da Alemanha Oriental, conhecida como TraPos, usava cães farejadores para inspecionar a parte inferior dos vagões. A locomotiva e a tripulação capitalistas foram substituídas por versões comunistas, e, cerca de duas horas depois, começamos a avançar lentamente pelo corredor militar que ligava a Alemanha Ocidental a Berlim Ocidental.

As portas do vagão foram trancadas por fora com correntes, as janelas foram vedadas e assim entramos num mundo velho, opaco e mal iluminado, em que a realidade parecia ser um cinza permanente. Fomos proibidos de nos levantar quando o trem parasse em estações ou de falar com quaisquer oficiais ou civis alemães orientais ou soviéticos. A extensão do corredor de 233 quilômetros era delimitada por altas cercas de arame intercaladas com torres de vigia a que não faltavam refletores e guardas com submetralhadoras. Atrás das cercas ficavam as "zonas de morte" desmatadas, proporcionando uma clara linha de fogo caso alguém fosse corajoso — ou tolo — o bastante para tentar atravessar a fronteira. Após quatro horas de uma viagem barulhenta e com uma infinidade de paradas, chegamos a Berlim e nos dirigimos ao símbolo da maior divisão ideológica do século xx. Era uma muralha de cidade como nenhuma outra — construída não para repelir invasores, mas para manter as pessoas do lado de dentro.

Quando minha geração estava crescendo, a matemática da divisão era simples: havia "eles" e "nós". Havia um mundo bipolar, relativamente fácil de entender. "Eles" viviam atrás de uma Cortina de Ferro, numa terra estranha em que, se um cidadão quisesse ir de uma cidade para outra — digamos, de São Petersburgo para Moscou —, precisava solicitar uma autorização.

Hoje em dia, a maioria dos europeus considera a liberdade de ir e vir um direito óbvio. Mas não faz tanto tempo que as viagens pelo continente eram severamente restringidas. Durante a Guerra Fria, para atravessar fronteiras na Europa Ocidental, você precisava de um passaporte, mas era uma coisa rotineira. Atravessar a Cortina de Ferro para entrar na Eu-

União cada vez mais estreita?: Europa 241

ropa Oriental, por outro lado, exigia um passaporte, papelada e postos de controle, e isso era feito sabendo-se que cada um dos seus movimentos seria monitorado. A Cortina de Ferro e o Muro de Berlim eram os duros lembretes físicos de que um continente com uma história compartilhada, culturas interligadas e antigas rotas de comércio havia sido completamente fendido pela ideologia e as políticas das Grandes Potências.

No rescaldo da Segunda Guerra Mundial, quando os vencedores comunistas e capitalistas se avaliavam mutuamente por trás dessa nova divisão, o sistema econômico soviético logo começou a decepcionar seus cidadãos. Bastava olhar pela janela ou atravessar uma rua, e os cidadãos do Leste podiam ver a reconstrução espetacularmente bem-sucedida da Alemanha Ocidental. A tv alemã ocidental chegava à maior parte da Alemanha Oriental, transmitindo imagens de uma florescente sociedade de consumo para lares de pessoas comuns. Os alemães orientais costumavam até brincar, chamando as regiões mais ao leste, fora do alcance dos transmissores da Alemanha Ocidental, de Vales dos Desinformados. Cada dia em que as pessoas podiam testemunhar o progresso era um golpe para a ideia de que o sistema soviético era superior. O Partido Socialista Unificado da Alemanha, no poder, havia se gabado em 1958 de que sua principal missão era superar a Alemanha Ocidental na compra de bens de consumo num período de dois anos. Isso não aconteceu, mas a União Soviética de fato assumiu a liderança na corrida espacial; uma paródia popular da Alemanha Oriental de um slogan da época dizia: *"Ohne Butter, ohne Sahne, auf dem Mond die rote Fahne"* ("Falta manteiga, falta creme, mas na Lua ondula a bandeira vermelha").

242 *A era dos muros*

Antes de o muro ser erguido, tantos berlinenses orientais tinham optado por migrar para os setores ocidentais, fosse para trabalhar ou para viver permanentemente, que a economia da Alemanha Oriental estava em apuros. Na década anterior, cerca de 2 milhões de pessoas tinham demonstrado seu desagrado abandonando o setor oriental, e o fluxo estava crescendo. Entre janeiro de 1960 e o final de julho de 1961, outras 330 mil pessoas se mudaram para o oeste. A Alemanha Oriental estava perdendo sua força de trabalho e sua credibilidade.

No meio da noite de 13 de agosto, com a aprovação de Moscou, o Exército da Alemanha Oriental começou a cercar uma das grandes capitais do mundo. As autoridades de um lado o chamaram de *Antifaschistischer Schutzwall* (Muro de Proteção Antifascista), as do outro o chamaram de Muro da Vergonha. Durante os primeiros anos ele era formado por trechos ocasionais de muro entre ruas bloqueadas, janelas muradas e trechos de arame farpado. No entanto, dentro de uma década, havia de fato um muro de concreto reforçado por torres de vigia, bunkers, cercas elétricas, cães, campos de tiro e centenas de guardas armados.

No lado oriental, as pessoas eram proibidas de se aproximar dele, mas no lado ocidental era possível percorrer as ruas que terminavam onde estava o muro e tocar a loucura lógica da divisão dos povos alemão e europeu. Desse lado, o humor pesado dos anos de Guerra Fria podia ser pintado com spray. Lembro de dois exemplos de pichações, ambas em inglês: "Pule o muro e ingresse no Partido", e "Atenção! Área de treinamento de salto em altura da Alemanha Oriental". Na realidade, ninguém poderia pular o muro, mas dezenas de milhares tentaram atravessar do leste para o oeste de outras maneiras, e pelo menos

União cada vez mais estreita?: Europa 243

140 pessoas foram mortas na tentativa, embora alguns pesquisadores situem o total muito acima. Túneis pareciam a rota de fuga mais óbvia, mas houve outros esforços memoráveis e bem-sucedidos.

Apenas quatro meses depois que o muro foi erguido, o maquinista de 28 anos Harry Deterling apontou o trem de passageiros que estava conduzindo para a barreira, acelerou e atravessou as fortificações, destroçando-as. Não por coincidência, seis membros de sua família estavam entre os passageiros. Dois anos depois, Horst Klein, um acrobata, notou que havia um cabo de aço abandonado estendendo-se sobre a fronteira. Dezoito metros acima dos guardas que faziam a patrulha lá embaixo, ele avançou, uma mão depois da outra, até Berlim Ocidental. Talvez a fuga mais audaciosa e brilhante tenha acontecido em 1979. Hans Strelczyk e Gunter Wetzel usaram seu conhecimento de mecânica para construir um sistema rudimentar de balão de ar quente com cilindros de propano. Suas esposas confeccionaram o balão com lona e lençóis. Reunindo seus quatro filhos (e tendo testado a direção do vento), eles flutuaram a até 2400 metros de altitude e vários quilômetros para o oeste, rumo à liberdade.

Ainda assim, o muro, julgado por sua *raison d'être*, pode ser considerado um sucesso. Não se sabe quantos conseguiram atravessá-lo, mas estima-se que o número não passe de cerca de 5 mil; o êxodo em massa foi contido. A economia da Alemanha Oriental começou a se estabilizar depois que sua força de trabalho foi aprisionada, e, em meados dos anos 1960, o Estado tinha controle sobre seu comércio e moeda e era capaz de funcionar, junto com os demais Estados vassalos do Império Russo.

No entanto, os alemães orientais não haviam tido escolha, e a maioria deles sabia disso. Estavam confinados atrás de um muro que aprisionou tanto física quanto mentalmente várias gerações. Pouco depois que ele foi erguido, psicólogos e psiquiatras começam a usar a expressão "Doença do Muro" (*Mauerkrankheit*). A barreira, teorizava-se, criou uma síndrome em que algumas pessoas se consideravam encarceradas, o que por sua vez levava a distúrbios psicológicos e comportamentais como esquizofrenia, alcoolismo, depressão e suicídio. O psicanalista suíço Carl Jung adotou um ponto de vista mais amplo, afirmando que a Cortina de Ferro significava que a Europa em geral estava "dissociada como um neurótico". É claro que algum grau de doença mental teria estado presente na população de qualquer maneira, mas é também difícil acreditar que o muro não tivesse nenhum papel nisso.

Para aqueles que, como nós, estavam no Ocidente, o Leste ficava "do lado de lá" — atrás da Cortina de Ferro. Várias gerações de pensadores e intelectuais estavam convencidas de que o sistema alemão oriental era superior ao do Ocidente em termos tanto econômicos quanto morais. Quando o óbvio se tornou evidente para eles, em 1989, foi, e continua sendo, difícil para alguns admitir que uma vida inteira de crenças estava baseada no entulho de um gigantesco sistema prisional. Quanto ao restante de nós, ninguém saiu correndo para pegar um trem e passar as férias de verão em Budapeste, Dresden ou em Varsóvia, nem passar o final de semana em Praga ou em Talín. A maioria de nós já estava na casa dos trinta antes de conhecer alguém do "lado de lá", porque era difícil chegar lá — e praticamente impossível para eles chegarem "aqui". Muitas pessoas atrás da Cortina de Ferro viviam num sistema

União cada vez mais estreita?: Europa 245

em que precisavam de uma autorização para viajar de uma cidade para outra dentro do próprio país, que dirá cruzar uma fronteira internacional para o Ocidente. Durante 28 anos foi exatamente assim. E então, de repente, não foi mais.

Em 1985, Mikhail Gorbachev tinha se tornado secretário-geral do Partido Comunista da União Soviética. Pouco a pouco, ele começou a afrouxar as correntes em torno das vidas das pessoas. A palavra *perestroika* começou a ser usada, significando "reestruturação", mas também "ouvir". Dentro disso veio a ideia de *glasnost*, ou "abertura". Em centenas de pequenas maneiras a sociedade e a política se abriram, e as pessoas

A Europa durante a Guerra Fria (1947-89), dividida pela Cortina de Ferro.

se escutaram umas às outras. No final da primavera de 1989, a ideia havia se espalhado até tão longe que a Hungria, atrás da Cortina de Ferro, começara a desmantelar parte da cerca fronteiriça que a separava da Áustria. Naquele verão, milhares de alemães orientais decidiram passar férias na Hungria.

Em agosto, centenas de famílias alemães orientais estavam acampadas em frente ao consulado da Alemanha Ocidental, em Budapeste, e outras centenas tinham se refugiado no terreno da igreja Sagrada Família, tudo sob o olhar vigilante de funcionários do Serviço Secreto da Alemanha Oriental — a Stasi. Correu um rumor sobre um Piquenique Pan-europeu a ser realizado na fronteira austríaca, e, de repente, as pessoas se puseram em movimento. No fim da tarde de 19 de agosto, várias centenas tinham se reunido em torno de um portão de madeira, dezenas passaram por ele, e depois centenas literalmente correram pela abertura, algumas chorando de alegria, algumas rindo, e algumas simplesmente continuando a correr, incapazes de acreditar que tinham mesmo atravessado a fronteira. Três semanas depois, a Hungria abriu por completo os postos fronteiriços, e 60 mil pessoas saíram às pressas. O então chanceler alemão, Helmut Kohl, disse mais tarde: "Foi na Hungria que a primeira pedra do Muro de Berlim foi removida".

No outono, houve manifestações em massa contra o governo na Alemanha Oriental. Em outubro, o muito odiado líder Erich Honecker renunciou e foi substituído pelo pouco menos odiado Egon Krenz. Sem orientação de seus senhores russos, o politburo seguiu fazendo política de improviso. Ele decidiu permitir aos berlinenses orientais solicitar vistos de viagem para visitar a Alemanha Ocidental. Esse processo poderia ter sido administrado, e as autoridades comunistas poderiam

União cada vez mais estreita?: Europa 247

ter ganhado tempo e engendrado maneiras de permanecer no controle, mas um daqueles pequenos detalhes que podem mudar a história se interpôs no caminho. O homem encarregado de anunciar a decisão sobre os vistos em 9 de novembro foi o ministro da Propaganda, Günter Schabowski. Ele tinha acabado de voltar de férias, não comparecera à reunião em que a política fora decidida e não tinha a menor ideia de nenhum dos detalhes do processo, que incluía instruções para os comandantes dos guardas de fronteira no dia seguinte, de modo que eles pudessem cumprir ordens. Quando lhe perguntaram: "Quando as novas regras começam?", ele hesitou, e então respondeu: "Até onde sei, imediatamente, agora mesmo". Já havia milhares de berlinenses orientais junto do muro; dentro de horas havia dezenas de milhares dos dois lados.

A princípio, os guardas na fronteira da Alemanha Oriental se recusaram a permitir que alguém saísse, mas depois, no meio da confusão, carimbaram alguns passaportes e, em seguida, recuaram para dar passagem às multidões. As cenas, que um ano antes ninguém teria previsto, foram incríveis. Alemães orientais e ocidentais se abraçavam, rolhas de champanhe estouravam, e berlinenses dos dois lados subiram no topo do muro com cinzéis, de martelo e machadinha, e puseram mãos à obra, botando abaixo a grande barreira. A palavra da noite foi *wahnsinnig* — "de arrepiar".

Foi um dia eletrizante e emocionante para todos os europeus. Na época, eu morava em Paris e, cerca de 36 horas mais tarde, vi um maltratado Trabant, um carro de Berlim Oriental, com quatro jovens dentro, engasgando pela Champs-Élysées. Com a fronteira aberta, eles tinham decidido que a primeira coisa que queriam fazer era ver a Cidade Luz, e dirigiram

248   *A era dos muros*

quase sem parar até chegarem lá. Ao longo de toda a grande avenida, parisienses paravam para aplaudir seus vizinhos alemães e a nova era.

As duas Alemanhas se uniram politicamente em 1990, após 45 anos de separação. Em 1989, Willy Brandt, o ex-chanceler da Alemanha Ocidental, teria declarado: "Agora o que está interligado crescerá em conjunto". Supôs-se que ele estava se referindo à Alemanha, embora de fato estivesse falando da Europa em geral.

Então, uma Alemanha unida? Uma Europa unida? Até certo ponto. Ainda havia uma divisão que cinzéis e martelos não podiam destruir — "o muro dentro das cabeças". O muro não impedira apenas as pessoas de viajar, ele criara golfos profundos — econômicos, políticos e sociais —, que se provariam mais difíceis de superar que a barreira física. Assim, depois das lágrimas de alegria e das declarações de fraternidade, o trabalho duro da reunificação começou. Não era uma fusão de iguais. Em 1990, o Leste tinha uma população de 16,1 milhões, o Oeste de 63,7 milhões e a economia do Oeste era muitíssimo maior que a do Leste. O sistema democrático capitalista ocidental começou a destruir a máquina comunista com o mandato de eleições unificadas, que tinham esmagado o ex-Partido Comunista no Leste.

Todos os países grandes têm diferenças culturais entre regiões, mas este era um país grande em que as pessoas não haviam tido nenhum contato umas com as outras e viviam sob sistemas diferentes. Por exemplo, no Oeste a crença em Deus e a frequência à igreja declinavam lentamente, ao passo que no Leste tinham se tornado uma relíquia do passado. Os alemães orientais podiam ter rejeitado o comunismo, mas isso

União cada vez mais estreita?: Europa 249

não significava que estavam prontos para os aspectos mais duros e egoístas do capitalismo. Por outro lado, muitos alemães ocidentais podem ter saudado a unificação, mas logo começaram a resmungar diante do custo financeiro de absorver uma economia falida e uma população que precisava ser "reeducada" nos costumes do mundo moderno.

Tudo se reduziu a uma versão alemã do "nós contra eles" — Ossis (orientais) e Wessis (ocidentais). Pesquisas de opinião em 2004 constataram que um em cada oito alemães orientais tinha saudade dos velhos tempos antes que o muro viesse abaixo, e, em 1999, muitos alemães orientais ainda falavam sobre sentimentos de humilhação provocados pelas perdas de emprego, programas compulsórios de retreinamento e suas dificuldades em se adaptar ao novo sistema e à cultura de consumo. Mesmo em 2015, um estudo realizado pelo Instituto de Berlim para a População e o Desenvolvimento concluiu que pelo menos metade de todos os alemães ainda sentia a diferença em termos tanto econômicos quanto culturais. As áreas orientais ainda são muitas vezes denominadas "os novos estados federais", o que é um lembrete de que, para algumas pessoas, o Leste estava se incorporando ao Oeste, e não que as duas entidades se uniam mutuamente.

A despeito do investimento de mais de 2 trilhões de dólares, as regiões orientais continuam mais pobres que o Oeste, e, no final de 2017, o desemprego na região era de 12%, o dobro do Oeste. Não é uma história de fracasso: a região se tornou consideravelmente mais rica e mais eficiente do que era — Dresden, Leipzig e outras cidades estão florescendo, os padrões de vida se elevaram —, mas, passado mais de um quarto de século da unificação, as divisões permanecem. Das vinte cidades mais

250 — A era dos muros

prósperas da Alemanha, Iena é a única do Leste que integra a lista. Isso não se dá apenas porque os salários são mais baixos; ocorre também porque, em razão do sistema comunista, a posse de imóveis era muito baixa. Por ocasião da unificação, todas a economias que as pessoas possuíam foram convertidas à taxa de dois marcos orientais para um marco ocidental.

Em 2010, sociólogos da Universidade de Bielefeld descobriram que, apesar de compreender cerca de 20% da população, menos de 5% das pessoas definidas como a elite na política, nos negócios e na mídia eram do Leste, ainda que os níveis de educação sejam mais elevados ali, sobretudo em matemática e ciências — graças, em parte, ao alto nível de investimento em escolas desde a reunificação. Essa discrepância educacional fez com que os mais brilhantes das regiões orientais se dirigissem para o Oeste para ocupar os empregos mais bem remunerados. Com as mulheres alcançando patamares educacionais mais altos que os homens, a proporção de mulheres para homens entre os jovens caiu no Leste, com uma queda concorrente na taxa de natalidade na região. Relacionamentos prolongados e casamentos entre pessoas do Leste e do Oeste antes eram incomuns, mas agora começaram a aparecer. Ainda assim, a maioria deles compreende homens do Oeste e mulheres do Leste; o fato de eles ainda estarem longe de ser a norma é revelado pelo apelido para um casal Ossi/Wessi — "Wossis". Tudo isso contribuiu para um encolhimento da população na Alemanha Oriental, embora a taxa tenha se desacelerado. Alguns relatórios sugerem que o declínio pode até ter cessado, em parte graças ao sucesso de cidades como Dresden e Leipzig ("a cidade mais legal da Alemanha"), embora isso tenha ocorrido à custa do êxodo de jovens das áreas rurais.

União cada vez mais estreita?: Europa 251

Há também diferenças regionais na cultura: tanto a comida quanto os bens de consumo desempenharam um papel na identidade alemã pós-unificação. Vinte e cinco anos atrás, os alemães orientais inundavam as lojas que vendiam calças Levi's, câmeras de vídeo e chocolate de qualidade. Mas o consumo dos "novos" produtos sublinhava mais uma vez o domínio do lado ocidental na nova relação conjunta. Pouquíssimos produtos da Alemanha Oriental chegavam aos supermercados do Oeste, e o carro "Trabbie", com seus estouros e engasgos, tornou-se objeto do humor pan-europeu. As piadas com o Trabant desapareceram (assim como muitas das fábricas que produziam as antigas mercadorias orientais), e as diferenças culturais e regionais se tornaram menos políticas com o passar dos anos, mas mesmo em 2010 virou manchete em todo o país o fato de a chanceler Merkel, uma Ossi, ter apontado como sua comida preferida a *solyanka*, uma sopa de carne com picles da Alemanha Oriental de origem russa. Com o tempo, comidas locais como a *solyanka* e o pepino *Spreewald* se tornarão apenas um elemento da identidade culinária regional e deixarão de ter conotação política. Não há como voltar atrás, à medida que a *Ostalgie* (uma mistura de nostalgia com *Ost*, ou Leste) se desvanece.

As divergências na Alemanha moderna estão longe de ser tão acentuadas quanto eram durante a Guerra Fria, e algumas se devem a fatores anteriores à divisão comunista/capitalista. No entanto, os contornos do muro e da Cortina de Ferro ainda podem ser vistos — e ainda podem ser sentidos. É possível vislumbrar vestígios físicos ao longo da Bernauer Strassse, na Niederkirchnerstrasse, junto ao Bundestag, o parlamento de Berlim, e o Museu do Muro situado no que era o Posto de Controle Charlie. Nos mercados de pulgas, pode-se até comprar um pedaço de concreto "arrancado do muro a cinzel naquela famosa noite de 1989", embora as chances de ser genuíno sejam mínimas, uma vez que o volume já vendido teria transformado o muro numa das maiores estruturas jamais erigidas. De qualquer forma, você pode levar para casa um pequeno símbolo cinzento da história, do sofrimento humano, da máxima fratura política do século XX que dividiu a Europa de uma maneira que hoje em dia parece inimaginável para muita gente.

ESPERAVA-SE QUE TUDO fosse alegria e amor depois que o Muro de Berlim caiu, e de fato nos sentimos unidos. Esse sentimento agora está se desvanecendo — rapidamente.

Depois que o muro veio abaixo, as coisas aconteceram depressa. Quando os europeus orientais foram aceitos de volta e os alemães se reuniram, o consenso político era que o futuro pertencia a uma Europa unificada, sem fronteiras e com uma única moeda, na qual o Estado-nação desapareceria. Essa federação da UE iria interagir com outros grandes blocos num mundo globalizado dominado por enormes pactos comerciais. Pessoas, bens, serviços e dinheiro iriam todos poder se mover livremente entre os Estados-membros.

Os pais fundadores da UE ajudaram a reconstruir uma Europa despedaçada e dividida após a Segunda Guerra Mundial, baseando-se na restauração da prosperidade dos Estados-nações dentro de uma área comercial compartilhada; por isso ela foi chamada originalmente de Comunidade Econômica Europeia. Seus descendentes consideraram que os Estados europeus poderiam ser integrados numa nação unificada man-

União cada vez mais estreita?: Europa 253

tida coesa pela ideologia. É uma nobre aspiração enraizada no desejo de pôr fim a 2 mil anos de tribos europeias guerreando umas contra as outras. Nos anos 1990, a Iugoslávia descobriu tarde demais que não tinha conseguido extinguir as chamas do nacionalismo balcânico sob o cobertor do socialismo eslavo e assistiu enquanto a casa toda pegava fogo; aqueles que buscavam um superestado europeu viram a Iugoslávia como evidência de exatamente por que o projeto da UE precisava ter êxito. No entanto, uma variedade de pequenos detalhes e alguns fatores de grande escala e alto impacto expuseram problemas no sistema.

Quando a comunidade de Estados-nações começou a se transformar numa união de Estados-membros nos anos 1980, um número cada vez maior de poderes foi transferido para Bruxelas, numa diluição da soberania que nem todos apoiaram. Ao longo dos anos, os países exigiram mais independência e a capacidade de tomar decisões de acordo com os interesses de suas próprias populações em termos de orçamentos, leis, regulamentações comerciais e assim por diante. Eles não queriam receber ordens de um poder centralizado em Bruxelas. E seguir as diretrizes da UE levou a sérios problemas econômicos em alguns países. O Ato Único Europeu de 1986 estabeleceu o mercado único, e, em 1999, foi criada uma moeda única, o euro. No entanto, não havia uma política financeira ou fiscal única simultânea, e o sistema do euro tampouco tinha flexibilidade para absorver choques financeiros regionais. Quando as coisas corriam bem, as pessoas ficavam menos inclinadas a questionar a sabedoria de criar esse sistema interdependente. Hoje, contudo, o euro às vezes tem dificuldade de conservar sua força nos mercados mundiais e pode flutuar de maneira preocupante, o que não chega a ser exatamente um incentivo para candidatos à UE; e houve vencedores e perdedores financeiros. A Grécia, por exemplo, sofre níveis terríveis de desemprego entre os jovens, decorrentes em parte de políticas econômicas impostas a ela por Berlim e Bruxelas.

A UE enfrentou também o desafio de unir a Europa Oriental e Ocidental após se expandir em 2004, admitindo a entrada de vários Estados orientais. A liberdade de trânsito é um dos ideais da UE, dando aos europeus o direito de morar, trabalhar e viajar por todos os países-membros. Isso se destinava tanto a permitir o crescimento em toda a Europa quanto a estimular

A expansão da União Europeia (UE) desde sua formação.

União cada vez mais estreita?: Europa 255

a integração entre as populações. É um ideal que muitos abraçaram, viajando pelo continente de uma maneira que não teria sido possível poucas décadas antes, sobretudo para lugares antes escondidos atrás da Cortina de Ferro. Sob alguns aspectos, isso reduziu o sentimento do "outro", que prevalecera durante a Guerra Fria. Mas, assim como a Alemanha experimentou um impacto duradouro do Muro de Berlim, ainda há muitas diferenças entre o Oeste e o Leste. Estados como a Hungria, a Polônia e a Bulgária haviam sido submetidos às mesmas restrições de viagens e declínio econômico que a Alemanha Oriental, e tiveram suas economias drasticamente afetadas pelo colapso da União Soviética. Progressos foram feitos, mas muitos dos países mais pobres da UE são os que integravam o bloco oriental.

Quando os Estados do Leste foram incorporados à UE, o PIB per capita em países como o Reino Unido e a França era quase seis vezes maior que na Polônia. Apesar disso, muitos na classe política dos países da Europa Ocidental subestimaram severamente o número de pessoas que se deslocariam para o Ocidente à procura de trabalho e estavam despreparados quando vários milhões fizeram justo o mesmo. É um fato econômico que trabalhadores migrantes são necessários e que com frequência fazem trabalhos que a população nativa rejeita. No entanto, a dura lógica da economia nem sempre funciona para persuadir um bombeiro hidráulico, pedreiro ou motorista de táxi francês, holandês ou britânico dos benefícios para o país da mão de obra migrante quando eles se veem competindo com os recém-chegados por emprego, habitação e assistência médica. Quando tantos migrantes econômicos começaram a viajar dos países europeus pobres para os ricos, as pessoas começaram a reclamar diante do influxo de trabalhadores do Leste Europeu e a questionar os benefícios do livre trânsito. Isso foi sentido mais fortemente no Reino Unido, com a ascensão do Partido de Independência do Reino Unido (UKIP, na sigla em inglês), e acabou contribuindo para o voto a favor do Brexit.

A esse crescente descontentamento vieram se juntar o colapso financeiro de 2008 e os subsequentes cortes governamentais em gastos sociais e investimento em toda a União. À medida que os bancos quebravam, restou aos contribuintes de cada Estado-nação arrumar a bagunça. Com o desemprego crescendo e a migração aumentando em toda uma região livre de fronteiras, as debilidades do sistema começaram a aparecer. Os escandinavos se reuniram para discutir a possibilidade de uma União Nórdica, na eventualidade de um colapso da UE. O Grupo de Visegrado (Eslováquia, República Tcheca, Polônia e Hungria) apresenta cada vez mais uma frente unida a Bruxelas. O esforço em prol de "uma Europa unida" encontra obstáculos no Brexit, nos movimentos separatistas da Escócia, da Bélgica, da Itália e da Espanha e no crescimento de partidos eurocéticos em quase todos os países. O final de 2017 tornou isso muito evidente, com a crise na Catalunha realçando as tensões que existem quando há várias nações dentro de um Estado.

O conceito de "uma Europa única" ainda tem muitos defensores. O mais proeminente deles é o presidente Macron, da França, que traçou planos para aumentar a soberania dentro da UE e, crucialmente, propõe um só ministro da Economia para todos os países. Macron parece pensar que há uma vaga para o posto de Líder do Mundo Livre e se posiciona sob essa luz, sobretudo depois do fraco desempenho da chanceler Merkel nas eleições de 2017. Para outros, no entanto, seu sonho europeu é

União cada vez mais estreita?: Europa 257

um pesadelo. São poucos os países que endossam suas ideias, e até a Alemanha está cautelosa, pois teme a possibilidade de ter que pagar por quaisquer problemas econômicos mais adiante.

Os verdadeiros defensores do projeto europeu vão apoiá-lo aconteça o que acontecer e os nacionalistas ferrenhos sempre irão lutar contra ele, mas os agnósticos só o defenderão se funcionar a favor deles — e grandes partes do eleitorado europeu começaram a sentir que ele não estava mais cumprindo o prometido. Sem prosperidade econômica para uni-los e vendo o declínio do apoio a um sistema deficiente, níveis crescentes de nacionalismo não podiam mais ser suprimidos ou ignorados.

A UE nunca conseguiu substituir de fato o Estado-nação no coração da maioria dos europeus. Seria possível argumentar que seus fundadores avançaram depressa demais, e com arrogância demais, acreditando que a criação da Europa iria resultar numa população cuja identificação seria, em primeiro lugar, europeia e, em segundo, nacional. Em 1861, um dos pioneiros da unificação italiana, Massimo d'Azeglio, disse: "Fizemos a Itália, agora temos que fazer italianos". Isso se provou um desafio, e, sob alguns aspectos, ainda está em curso; ocorreu até mesmo onde as regiões tinham uma religião, uma história e, em certa medida, uma geografia comuns. Criar a UE e a zona do euro e depois começar a fazer europeus é um projeto infinitamente mais difícil, em que os interesses, necessidades e prioridades da Finlândia e da Hungria têm de se combinar com os da Grécia e de Portugal.

Muitos acadêmicos gostam de argumentar que o nacionalismo é uma "construção falsa" porque se fundamenta em "comunidades imaginárias", mas não há nada de falso nos sentimentos das pessoas em relação a sua identidade nacional, e imaginário não quer dizer inexistente. Os palestinos, por exemplo, através da língua, da religião e da cultura, desenvolveram um forte senso de identidade e, por conseguinte, acreditam que são uma nação e, como tal, merecedores de um Estado. São poucos os acadêmicos que contestam essa narrativa, e no entanto, intelectualmente, continua-se argumentando que o nacionalismo é ultrapassado, até primitivo. Quanto a esta última alegação podem até ter razão, mas ignorar a realidade do nacionalismo, que pode ser encontrado no mundo todo, é uma insensatez. Alguns acadêmicos, intelectuais e setores da mídia, do empresariado e da classe política se veem como livres de nacionalismo. Em 2016, o presidente da Comissão Europeia, Jean-Claude Juncker, descreveu as fronteiras nacionais como "a pior invenção de todos os tempos". Ele pode ter razão, mas afirmar isso de forma tão franca não é uma boa maneira de conquistar nacionalistas para sua ideia de um superestado europeu.

A nova elite, da qual Juncker é um ótimo exemplo, não parece realmente compreender o nacionalismo e o rejeita com demasiada rapidez. Como o falecido historiador Tony Judt escreveu em 1996, ao afirmar com relutância que um vínculo cada vez mais estreito entre os europeus era impossível: "Deveríamos reconhecer a realidade das nações e dos Estados, e atentar para o risco de que, quando desprezada, ela se torne um recurso eleitoral de nacionalistas virulentos".

Foi o que aconteceu. À medida que as nações viveram rápidas mudanças em decorrência da migração, as atitudes em relação aos imigrantes endureceram, e o apoio a partidos nacionalistas virulentos cresceu. A pressão desse último desafio, junto com o fato de que a UE já vinha lutando para conseguir

União cada vez mais estreita?: Europa

unificar seus membros, que ainda estavam se recuperando dos efeitos da crise financeira, exacerbou as rachaduras que começaram a aparecer na estrutura da UE, do Báltico ao Mediterrâneo, e ameaça o sonho europeu. Cercas, muros e divisões são agora parte da vida na Europa.

A crise dos migrantes aumentou de maneira constante a partir de 2011, atingindo um pico em 2015. A princípio, a maioria dos líderes europeus era acolhedora, mas, à medida que um número cada vez maior de refugiados ia chegando, tornou-se claro que a UE estava despreparada para lidar com o influxo — mais de 1 milhão apenas em 2015 — e que um número crescente de pessoas ficava cada vez menos disposto a isso. À medida que as atitudes começaram a mudar, certas fronteiras dentro da UE passaram a se tornar mais rigorosas de novo, uma vez que muitos países procuravam recuperar o controle sobre o número de imigrantes que cruzavam suas fronteiras.

Sem relação com a crise dos migrantes, o ressurgimento da Rússia também teve papel importante na ascensão do Continente das Barreiras. Após a anexação da Crimeia pela Rússia, a Ucrânia começou a construir fortificações defensivas ao longo de sua fronteira oriental. Em 2015, a Estônia e a Letônia começaram a construir cercas em suas fronteiras com a Rússia, e em 2017, a Lituânia, que, alarmada com as ações russas, já tinha reintroduzido o serviço militar obrigatório, seguiu o exemplo. Todas elas sabem como seria difícil para seus colegas membros da Otan defendê-las. A construção de cercas não chega a ser de fato uma barreira física contra uma invasão russa, um tanque poderia simplesmente atravessá-las, mas a delimitação do território é um repúdio psicológico a Moscou. Ela diz "estamos dispostos a nos defender" e torna mais difícil para as tropas russas em exercício entrarem "acidentalmente" num dos países bálticos.

Estão todos preocupados com o Corredor de Suwalki, uma faixa de terra de 104 quilômetros de largura no território polonês que conecta o enclave russo de Kaliningrado com a aliada de Moscou — a Bielorrússia. As tropas russas têm permissão para transitar pela Lituânia, no trecho que segue paralelo ao Corredor, para abastecer suas formidáveis bases em Kaliningrado. Caso haja hostilidades, os russos poderiam facilmente fechá-lo, isolando assim completamente os países bálticos de seus aliados da Otan. A situação é complicada pelo fato de que a área de Suwalki foi outrora parte da Lituânia, e ainda existem tensões entre a Polônia e a Lituânia. No entanto, é a possível ameaça por parte da Rússia que explica por que ela está se tornando uma das mais perigosas e fortificadas fronteiras da Europa.

No entanto, a crise migratória é a principal razão pela qual a Europa tem agora aproximadamente a mesma extensão de barreiras físicas ao longo de fronteiras nacionais que tinha durante a Guerra Fria. A situação começou ao longo das fronteiras da própria UE. Já havia cercas e muros em alguns lugares, por exemplo envolvendo Melilha e Ceuta, enclaves marroquinos da Espanha — um pedacinho da África que a Espanha finge ser Espanha. No primeiro, como no caso de muitas barreiras, a cerca dupla de seis metros de altura provou-se porosa. No início de 2018, pelo menos duzentos migrantes africanos investiram contra a cerca, alguns tão desesperados que atacaram os policiais que tentavam detê-los. A maioria foi apanhada e levada para um centro de detenção de migrantes, mas milhares conseguiram chegar à Espanha por essa rota nos últimos anos.

União cada vez mais estreita?: Europa 261

Uma das primeiras novas barreiras a se erguer em 2011 foi uma cerca de arame farpado ao longo da fronteira grega com a Turquia, para impedir a entrada de migrantes e refugiados do Oriente Médio e da África. Em 2015, a Bulgária seguiu o exemplo.

No entanto, as barreiras fronteiriças nesses pontos de entrada não impediram que novas ondas de migrantes chegassem. Os caminhos da migração tendem a mudar — muita gente opta por fazer a perigosa travessia por mar da Turquia para a Grécia, por exemplo —, e embora um acordo de 2016 entre a UE e a Turquia tenha permitido que esta última aceitasse receber de volta grandes números desses migrantes, muitos ainda conseguem chegar à UE. Em resposta, vários controles e barreiras fronteiriços começaram a surgir ao longo de fronteiras entre países da UE também.

A Hungria foi um dos primeiros; 26 anos depois que as barreiras da Guerra Fria vieram abaixo, outras começaram a ser erguidas. Ela começou construindo uma cerca, primeiro ao longo da fronteira com a Sérvia, depois com a Croácia, terminando com mais de 480 quilômetros de arame farpado para manter as pessoas do lado de fora. Durante o verão de 2015, muitos milhares de imigrantes atravessaram para a Hungria todos os dias; em 2017, esse número tinha sido reduzido a praticamente nenhum. O governo húngaro foi um dos mais francos contra a imigração e os planos da UE para reassentar pessoas. O primeiro-ministro Viktor Orbán anunciou um referendo em 2016 para apurar se os húngaros queriam que a UE tivesse o poder de estabelecer cotas de imigrantes. Uma vasta maioria votou com o governo, embora o comparecimento às urnas tenha sido baixo. Ainda assim, a maioria da população parece de fato simpatizar com esse ponto de vista: segundo uma enquete do Pew Research Center, 76% dos húngaros acham que os refugiados aumentariam os incidentes terroristas, e 82% os veem como um fardo para o país, tomando empregos e benefícios sociais. O governo húngaro continua impulsionando seu programa, tirando partido do medo que as pessoas têm de ameaças estrangeiras e concentrando-se nos perigos da imigração no tocante ao terrorismo e à difusão do islã, e endurecendo ainda mais suas políticas de imigração. Embora a Hungria tenha sido amplamente criticada por suas atitudes e políticas em relação a migrantes, a UE não lhe impôs sanções, e a popularidade do primeiro-ministro no país não foi abalada; Orbán venceu a eleição geral de 2018 com outra confortável maioria.

Há o que parece ser uma divisão cultural se abrindo entre as nações da UE do Leste e do Oeste. Como vimos, em alguns dos países orientais da UE as populações e os políticos que elas elegem são hoje muito mais francamente anti-imigrantes que seus homólogos ocidentais. Orbán, por exemplo, faz declarações a esse respeito que, no Ocidente, poderiam encerrar a carreira de um político. Uma das maiores diferenças é que muitos políticos de direita no Leste formulam o debate político sobre imigração em termos de cultura, e não de economia. É comum ouvi-los declarar que seu país tem uma cultura cristã e que, portanto, seria errado permitir a entrada de pessoas de sociedades não cristãs. Alguns defensores desse ponto de vista mostram-se horrorizados com o quanto a Europa Ocidental se tornou multiétnica e multicultural, e estão determinados a não permitir que isso ocorra em seus países. Nisso eles contrariam fortemente os valores da UE. Esse é um sério problema para a organização, que ameaça se fender ao longo de linhas geográficas.

União cada vez mais estreita?: Europa   263

Seja como for, várias outras nações — tanto no Leste quanto no Oeste — seguiram o exemplo da Hungria, e controles de fronteira "temporários" foram erguidos, inclusive dentro da zona Schengen, que é "sem fronteiras". A Eslovênia ergueu uma cerca ao longo de sua divisa com a Croácia; a Macedônia, ao longo de sua fronteira grega; a Áustria, ao longo de suas passagens fronteiriças mais transitadas com a Eslovênia e a Itália; e há planos de construir um muro em Calais para impedir que migrantes atravessem o canal da Mancha. Ao norte, a Noruega construiu uma cerca percorrendo sua fronteira com a Rússia, e a Suécia começou a restringir o fluxo de migrantes que entram na cidade de Malmö através da ponte Øresund, que a liga com a Dinamarca. Mais do que muros e cercas, outros países começaram a reforçar suas fronteiras com medidas adicionais. Estas são destinadas sobretudo a restringir o movimento de migrantes e refugiados não europeus que conseguiram entrar na UE por meio de fronteiras menos seguras — e a onda de ataques terroristas nos últimos anos ajudou a tornar a ideia de controles mais aceitável para muita gente. No entanto, a própria existência dessas barreiras ainda tem um impacto e ameaça um dos ideais básicos por trás da UE.

As barreiras também têm um sério efeito sobre os países em que os imigrantes já estão encurralados atualmente — sobretudo nos lugares a que continuam a chegar. A Grécia, por exemplo, tem hoje dezenas de milhares presos em seus centros insulares sem ter para onde ir, drenando seus recursos. Com a crise migratória afetando alguns países mais do que outros, e com alguns se recusando a compartilhar o fardo, as relações entre os Estados-membros são ainda mais postas à prova.

264 *A era dos muros*

Ainda assim, enormes números de europeus têm uma opinião positiva sobre a imigração e se sentem felizes em acolher recém-chegados a seus países. Muitos sentem que o Ocidente tem uma obrigação moral de ajudar os que fogem da violência e da perseguição, ao passo que outros apoiam o argumento, apresentado por muitos políticos, economistas e líderes empresariais, de que os países europeus de fato precisam de imigrantes: em razão do envelhecimento das populações e dos baixos índices de natalidade, alguns países — a Alemanha, por exemplo, onde a idade média é de 46,8 — enfrentam um declínio populacional e por isso precisam de imigrantes para assegurar uma economia saudável no futuro. Mas embora os governos expliquem isso repetidas vezes, as pessoas tendem a fundamentar seus sentimentos na situação presente, não em algum vago problema no futuro, e o número dos que apoiam a imigração está se reduzindo. Por isso pesquisas de opinião como a realizada em 2014 pelo Pew Research Center constataram que 86% dos gregos e 80% dos italianos queriam que menos imigrantes fossem autorizados a entrar em seus países. A pesquisa foi feita quando a crise migratória estava crescendo, mas mais de um ano antes que ela atingisse os picos de 2015. Quanto a querer mais migrantes? Só 1% dos gregos e 14% dos alemães pesquisados eram dessa opinião.

Ao que parece, muitos líderes da UE estavam despreparados para a revolta contra a imigração. Ela se origina por várias razões, à medida que as pessoas começam a ver e a sentir em suas vidas o impacto de tantos recém-chegados. Em todo o continente houve, e há, uma clara divergência a esse respeito baseada na educação. Um número muito maior de gente sem educação universitária quer menos imigração, e isso provavel-

União cada vez mais estreita?: Europa 265

mente se liga ao fato de que elas estão muitas vezes competindo com imigrantes de dentro e de fora da UE por empregos mal remunerados. Muitas pessoas nessa categoria ficam especialmente ressentidas quando são chamadas de intolerantes por se sentirem perturbadas diante da escala e do ritmo da mudança que veem à sua volta; igualar falta de formação a intolerância é visto como um insulto duplo.

Um aumento do número de incidentes terroristas em toda a Europa levou pessoas a associar terrorismo com altos níveis de imigração. As pessoas temem que terroristas estejam vindo para a UE fazendo-se passar por refugiados e requerentes de asilo, tornando-se aptas a viajar livremente entre as nações europeias. Alguns dos agressores nos ataques de novembro de 2015 em Paris haviam entrado através de canais migratórios, mas a maior parte dos ataques foi levada a cabo por cidadãos da UE.

Algumas pessoas também sentem uma ameaça a seus serviços públicos, preocupadas em não poderem arcar com a carga adicional, e isso também condiz com um sentimento de justiça. Imagine estar na sala de espera de um consultório médico na Hungria ou na França, digamos, em que um número significativo das pessoas à sua volta não nasceu naquele país. Você pode querer que todos sejam tratados, mas pode também pensar que você vem pagando pelo sistema de saúde há décadas, ao passo que a pessoa ao seu lado não. Quanto mais espera pelo próprio tratamento, é mais provável que você pense que isso não é justo. Podem ser instintos básicos, mas são previsíveis. É claro que o sistema da UE foi criado para ser justo, na medida em que muitos Estados-membros contribuem e os cidadãos de todos os Estados-membros podem se beneficiar, não importa em que Estado estejam. Mas se a pessoa na sala de espera não é sequer de um outro Estado-membro da UE, o sentimento de injustiça é, para alguns, intensificado.

Em toda a UE, líderes vêm buscando maneiras de administrar os níveis de imigração e descontentamento na população. Em 2016, a Dinamarca introduziu um projeto de lei sob o qual requerentes de asilo que chegam ao país com dinheiro e joias só poderiam conservar o equivalente a 10 mil coroas (cerca de 1300 dólares); tudo acima disso deveria ser usado para contribuir para o custo da "manutenção básica, assistência médica e acomodação". Itens sentimentais, como alianças de casamento, foram isentos depois de comparações com o tratamento dado aos judeus pela Alemanha nazista. Alguns estados alemães e a Suíça já tinham, discretamente, introduzido medidas semelhantes, embora a prática seja menos difundida: os suíços, por exemplo, registraram apenas 112 casos em que bens foram tomados, de um total de 45 mil refugiados que chegaram em 2015.

Há pouca dúvida de que, na Dinamarca, essa e outras medidas do mesmo projeto de lei foram introduzidas para amenizar a crescente ansiedade com o número cada vez maior de refugiados, o custo de cuidar deles e muito possivelmente para dissuadir pessoas de irem para lá. O governo estava de olho no aumento do apoio a grupos de extrema direita. No entanto, o que se ignorou foi o fato de que a lei dinamarquesa já exigia que os dinamarqueses que ficassem desempregados e não tivessem seguro vendessem bens de valor até um certo nível antes de poderem receber auxílio estatal. Tendo recebido 21 mil requerentes de asilo em 2015, estava ficando cada vez mais difícil para os políticos vender a ideia de caridade para uma cultura impregnada do princípio escandinavo do igualitarismo

União cada vez mais estreita?: Europa 267

social. Os dinamarqueses estavam acolhendo mais requerentes de asilo que a França, apesar de terem apenas um duodécimo de sua população — e, embora haja quem condene as novas regras dentro da própria Dinamarca, o que aborreceu muita gente foi a crítica de que as medidas eram racistas e o fato de estarem sendo feitas comparações com os nazistas.

Há também quem se preocupe com o fato de que os recém--chegados não compartilham os "valores europeus". É difícil definir que valores seriam esses, mas a maioria das pessoas concordaria que os países da UE têm ideias similares sobre liberdades individuais, igualdade de gênero, igualdade sexual, liberdade religiosa e liberdade de expressão. O influxo de habitantes de culturas em que essas coisas não são normas pode fazer as pessoas sentirem que seus próprios valores estão sob ameaça. Em todas as nações da UE, eclodiram guerras culturais em torno da ideia de multiculturalismo e valores. Por exemplo, deveria a segregação de gênero ser permitida em locais de ensino superior? A burca completa é compatível com o conceito francês de laicidade — a manutenção da religião fora da vida pública? Que sentenças deveria haver para a prática da mutilação feminina se alguns cidadãos a consideram uma norma cultural? Deveria a liberdade de expressão permitir a propagação de crenças que condenam certos grupos de pessoas como "as piores criaturas" como, por exemplo, judeus e cristãos são descritos no Corão? Ou que em termos religiosos uma mulher não pode "ter autoridade sobre um homem; ela deve silenciar", como ensinado no Novo Testamento?

A Europa abriga hoje pessoas provenientes do mundo todo. Ela recebeu centenas de milhares de vietnamitas no final dos anos 1970 e durante os anos 1980, grandes números de chineses e indianos chegaram, e há comunidades latino-americanas na maioria das capitais. Todos fazem parte da mistura da nova Europa a que todos estão se adaptando, mas o ajuste mais difícil parece ser entre não muçulmanos e muçulmanos. Isso pode se dever a muitas razões, mas algo que parece aflorar com frequência é a percepção de que os muçulmanos vieram em grandes quantidades, excedendo em número as populações locais.

Os muçulmanos europeus na realidade constituem uma proporção bastante pequena da população em toda a UE. O estudo mais exaustivo anterior à mais recente crise de migrantes/refugiados foi realizado pelo Pew Research Center em 2010. Ele constatou que, na UE, os maiores contingentes muçulmanos estão na Alemanha (4,8 milhões) e na França (4,7 milhões). Isso constitui 5,8% e 7,5% de suas respectivas populações. A participação do Reino Unido era de 2,9 milhões (4,8%), a da Suécia de 430 mil (4,6%) e a da Grécia de 610 mil (5,3%). Os números estão crescendo — houve um aumento constante de 1% por década durante os últimos trinta anos, de modo que enquanto 6% da população da UE (13 milhões de pessoas) era muçulmana em 2010, projetava-se que o número se elevaria (antes do fluxo em massa de 2015) a 8% em 2030. Mas os números ainda são muito mais baixos do que muitos acreditam.

A percepção errônea pode se dever a várias razões: por exemplo, alguns representantes de comunidades muçulmanas (muitas vezes autodesignados) são muito mais eloquentes sobre questões religiosas que os de qualquer outra comunidade, e por isso mais perceptíveis na cobertura da mídia. Contudo, um fator mais importante é provavelmente o fato de haver concentrações muito visíveis de etnias em centros urbanos.

União cada vez mais estreita?: Europa 269

Aproximadamente 20% da população de Estocolmo é de muçulmanos; em Amsterdã esse número é de 13%, em Bruxelas 15% e em Colônia 12%. Seria fácil para muitos supor a partir do que veem à sua volta em suas vidas diárias que o resto do país é semelhante. Por exemplo, um relatório do governo do Reino Unido do final de 2016 constatou que em partes esmagadoramente muçulmanas de cidades ao norte, como Bradford, os próprios muçulmanos achavam que o Reino Unido era mais de 50% muçulmano.

A enquete de 2010 também sugere que há uma clara divisão entre a maior parte da Europa Ocidental, por um lado, e a Europa Meridional e Oriental, por outro, em atitudes em relação a muçulmanos. No Sul e no Leste, atitudes negativas prevaleciam; por exemplo, 72% dos húngaros tinham uma opinião negativa a respeito dos muçulmanos, assim como 69% dos italianos, 66% dos poloneses e 65% dos gregos. Quando nos deslocamos para o Norte e o Oeste, claras maiorias dão aos muçulmanos uma qualificação favorável. No Reino Unido "só" 28% dos entrevistados tinham uma atitude negativa; na Alemanha eles somavam 29%.

Entretanto, em algumas partes da Europa Ocidental, os sentimentos antimuçulmanos parecem estar aumentando. A ansiedade pública em relação ao islã é provavelmente mais elevada na França. Na enquete de 2010, por exemplo, apenas 29% das pessoas tinham uma atitude negativa em relação aos muçulmanos, mas desde então houve um aumento constante da hostilidade em relação à religião, que pode estar ligada tanto à onda de ataques terroristas que a França sofreu quanto ao aumento da migração. Um levantamento do Ipsos para o *Le Monde*, intitulado "Fraturas francesas 2017", constatou que 60%

dos entrevistados "acreditam que a religião do islã é incompatível com os valores da República Francesa". Sobre a questão da imigração, 65% disseram que havia estrangeiros demais na França. Com relação a esse ponto havia uma clara cisão política nas atitudes — 95% dos eleitores da Frente Nacional concordavam, contra 46% dos socialistas. Alguns meses antes o então presidente François Hollande havia sido um desses 46%. Num livro intitulado *Un Président ne devrait pas dire ça* [Um presidente não deveria dizer isso] ele é citado como tendo declarado: "Penso que há chegadas demais, imigrantes que não deveriam estar aqui". Ele também reconheceu que a França tem um "problema com o islã... Ninguém duvida disso".

A França de fato tem um problema com integração. Há agora áreas inteiras de vilas e cidades francesas que são esmagadoramente muçulmanas. Os bairros tendem a se situar na periferia das áreas urbanas e estão quase sempre entre as partes mais pobres da cidade. Já vimos isso antes. Substitua algumas palavras deste fascinante ensaio de 1928, publicado na revista *Foreign Affairs* por Charles Lambert, e ele poderia ter sido escrito em 2018:

> Os estrangeiros que migram para a França tendem também a se reunir, e alguns de nossos departamentos tornaram-se verdadeiros centros de irredentismo. Várias aldeias no Département du Nord são inteiramente povoadas por poloneses que trouxeram consigo suas mulheres, seus filhos, seus padres e seus professores. Imigrantes da Polônia constituem 20% da população de Lens, 40% da população de Courrières, 68% da população de Ostricourt. Trinta mil italianos se estabeleceram no Sudoeste. A conquista de nossas províncias fronteiriças por um processo de

União cada vez mais estreita?: Europa

infiltração prossegue sistematicamente. No distrito da Riviera quase um terço de toda a população é estrangeira, enquanto a proporção alcança quase a metade em Nice.

Essas comunidades acabaram sendo assimiladas, e isso pode acontecer também com as crescentes populações muçulmanas. No entanto, há diferenças, que se aplicam à experiência europeia das últimas ondas de imigração como um todo. Em primeiro lugar, se aceitamos que o racismo ainda existe em todo o continente, então a cor da pele da maioria dos muçulmanos europeus pode atrapalhá-los, tanto social quanto economicamente. E em segundo lugar, diferente das comunidades italianas e polonesas nos anos 1920, há vozes dentro das comunidades muçulmanas dizendo-lhes que o lugar para o qual vieram é abominável e é preciso resistir a ele. Esses pregadores do ódio, que com frequência expõem uma visão de mundo religiosa extremada, podem não representar a maioria, mas em comunidades em que a fé desempenha um papel central, eles têm uma plataforma e uma influência maior que as de seus equivalentes brancos de extrema direita. Comunidades de imigrantes com frequência têm dificuldade para se estabelecer em arredores desconhecidos e ganhar a aceitação da população nativa, e essa luta é agravada se alguns dos "líderes" das comunidades lhes disserem para abraçarem a separação.

Uma década atrás o único partido europeu de extrema direita (além daqueles de seu próprio país) que a maioria das pessoas conseguia nomear era provavelmente a Frente Nacional Francesa. Agora há muitos que são conhecidos em toda a Europa, entre eles Aurora Dourada (Grécia), Democratas Suecos, Partido pela Liberdade (Holanda), Partido da Liberdade (Áustria) e Jobbik (Hungria). A maior parte dos partidos ultranacionalistas é contrária a uma maior integração da UE, mas um dogma central para todos é o medo do islã, e isso é claramente uma força propulsora para muitos de seus partidários. Os nacionalistas sustentam que são apenas contra o islamismo na forma do islã político radical, mas os ultranacionalistas frequentemente atravessam essa linha para a franca islamofobia e uma aversão pelos muçulmanos como pessoas.

Quando abriu as portas da Alemanha para migrantes e refugiados em 2015 — muitos oriundos de países de maioria muçulmana no Oriente Médio e na África —, Angela Merkel foi criticada por outros líderes da UE, certamente, mas também começou a enfrentar crescente oposição dentro da própria Alemanha. Isso não significa que a Alemanha tenha sido inospitaleira. O Estado tem trabalhado intensamente para acomodar os recém-chegados, e milhares de pessoas se dispuseram a ajudar como voluntários nos centros de refugiados, bem como ofereceram uma ampla gama de serviços, incluindo ensino da língua e orientação para o emprego. Porém, à medida que um número cada vez maior de pessoas chegava, problemas emergiram, porque as pessoas começaram a compreender a escala da tarefa que tinham pela frente para a criação de uma sociedade integrada. Só em 2015, quase 1 milhão de não cidadãos da UE chegaram à Alemanha; eles eram em sua maioria sírios, seguidos por afegãos, iraquianos, iranianos e eritreus. Os alemães não viam um movimento de povos em tal escala desde a Segunda Guerra Mundial.

União cada vez mais estreita?: Europa

Um dos problemas iniciais é que, à medida que as pessoas chegam, elas tendem a gravitar para áreas onde comunidades etnicamente similares já se estabeleceram, o que pode levar a problemas com a integração e mudar a demografia e o caráter cultural de certos bairros. Como o Departamento Federal para Migração e Refugiados observou: "Os refugiados querem ir para lugares onde estão entre os seus: os paquistaneses querem ir para a área do Reno-Meno, os afegãos se mudam para Hamburgo, os sírios para Berlim. Mas em áreas densas, o espaço habitacional é escasso e os aluguéis são altos. Guetos se desenvolvem rapidamente".

À medida que a onda inicial de boa vontade do público diminuiu, o que foi estimulado também por incidentes como as numerosas agressões sexuais em Colônia, na véspera do Ano-novo de 2015, em grande parte atribuídas à população imigrante (embora não tenha havido nenhuma condenação), houve um aumento constante da violência em toda a Alemanha. Em 2015, houve mais de mil ataques a abrigos de refugiados. Isso foi no auge da crise migratória, mas, mesmo em 2016, quando o número de pessoas que chegavam caiu significativamente para menos de 300 mil em consequência do acordo com a Turquia para reduzir o fluxo através do mar Egeu, ainda houve um número semelhante de incidentes.

Na Alemanha os contornos do muro e da Cortina de Ferro ainda podem ser identificados em assuntos mais sérios que comida e sotaques, e isso é especialmente verdadeiro quando se trata de imigração. As atitudes em relação aos imigrantes são muito mais negativas depois que atravessamos o rio Elba. Simplificando, há mais imigrantes na Alemanha Ocidental que no Leste (com exceção de Berlim), devido a um sistema de cotas usado para distribuir refugiados e requerentes de asilo pelo país; como os estados orientais são mais pobres e menos povoados, eles receberam uma parcela menor de recém-chegados. Tanto em 2015 quanto em 2016 três dos estados ocidentais, Baviera, Renânia do Norte-Vestfália e Baden Württemberg, receberam quase 50% dos migrantes/refugiados. Em contrapartida, em 2015, a Alta Saxônia recebeu 2,8%, Mecklemburgo-Pomerânia 2% e Brandemburgo 3,1%. Apesar disso, porém, tende a haver muito mais ataques físicos a imigrantes no Leste. O serviço interno de inteligência da Alemanha (BfV, na sigla em alemão) publicou um relatório referente a 2016 declarando que, nos estados ocidentais, houve uma média de 10,5 ataques extremistas por milhão de pessoas. No estado oriental da Saxônia esse número se elevou a 49,6 ataques, em Brandemburgo a 51,9 e em Mecklemburgo-Pomerânia a 58,7. As três regiões abrigam também os maiores grupos neonazistas organizados.

Em 2016, o relatório anual do governo alemão sobre o "Status da unidade alemã" observou não só os efeitos sobre aqueles que sofrem discriminação, mas, segundo Iris Gleicke, do Ministério Federal para Assuntos Econômicos e Energia, as dificuldades de assegurar "paz social na Alemanha Oriental" estavam causando uma "ameaça muito grave ao desenvolvimento econômico" dos estados orientais. Ela observou também: "A grande maioria dos alemães orientais não é xenófoba ou de extrema direita". Os alemães são cuidadosos com referências históricas, mas a escala dos ataques levou Gleicke a invocar a lembrança dos anos 1930 e dos camisas-marrons de Hitler: "Nós alemães orientais temos de tomar a questão em nossas próprias mãos e decidir se queremos proteger nossas cidades e aldeias ou deixá-las para o pesadelo marrom. A sociedade não deve

União cada vez mais estreita?: Europa

desviar os olhos quando pessoas são atacadas ou abrigos de refugiados são incendiados". Comentários como esse ressoam profundamente na psique alemã, mas há um crescente contingente de pessoas que não quer que os erros passados do país ditem a maneira como elas devem se sentir ou o que podem ou não dizer. O que nos leva aos Europeus Patriotas Contra a Islamização do Ocidente (Pegida, na sigla em alemão) e ao Partido Alternativa para a Alemanha (AfD, também em alemão).

Já em 2014, membros do Pegida estavam marchando em Dresden e em outras cidades do Leste. Essa hostilidade explícita o colocava para além da política convencional, mas, no início de 2015, ele estava reunindo enormes multidões e havia se espalhado por todo o país. Uma demonstração em Leipzig atraiu 30 mil pessoas, 20 mil compareceram em Munique, 19 mil em Hanover e 10 mil em Dresden. Como acontece com frequência quando a política se desloca da periferia para a sociedade mais ampla, muitos dos gritos de mobilização ouvidos nas manifestações vinham das arquibancadas dos estádios de futebol. Um exemplo notável são os "Ultras" do Dynamo Dresden, que se anteciparam ao presidente Trump no uso do termo *Lügenpresse* ("imprensa mentirosa") em pelo menos um ano. Das arquibancadas de Dresden o canto se espalhou para as ruas. As multidões sentiam que as autoridades, em aliança com a mídia, não estavam dizendo a verdade sobre a imigração.

No meio daquele ano, o apoio ao partido diminuíra em decorrência de uma combinação de "fadiga de manifestações" e uma série de escândalos envolvendo líderes do Pegida, entre eles um em que o fundador do movimento, Lutz Bachmann, foi retratado posando como Hitler. Mas os sentimentos subjacentes não tinham desaparecido, e, quando a crise migratória chegou ao auge, naquele verão de 2015, eles reapareceram, criando o espaço político para uma versão mais palatável do Pegida — o AfD, uma espécie de UKIP vitaminado.

Na verdade, o AfD havia se formado em 2013, mas seu foco na época era fazer campanha contra o euro. À medida que a crise migratória começou a crescer, ele voltou sua atenção para a imigração e estabeleceu contatos com o Pegida. No verão de 2016, com o Pegida tendo problemas, ele estava bem posicionado para assumir como o maior movimento radical de direita. Cresceu rápido tanto em número de filiados quanto em representação nos parlamentos estatais. O alarme começou a soar quando ele ficou em segundo lugar na eleição de Mecklemburgo-Pomerânia, conquistando 21% dos votos e deixando o Partido CDU, da chanceler Merkel, para trás, em terceiro lugar. Na época das eleições gerais, no final de 2017, ele estava organizado e popular o bastante para entrar no Bundestag com números expressivos. Foi a primeira vez desde o início dos anos 1960 que a extrema direita esteve representada ali. Embora o partido de Angela Merkel tenha levado a maior parcela dos votos, o AfD obteve ganhos significativos, em particular no Leste do país, ficando em terceiro lugar geral nas eleições. O centro de gravidade político da Europa não estava conseguindo se sustentar.

As políticas do AfD incluem a rejeição da zona Schengen e a criação de controles fronteiriços permanentes tanto em nível nacional quanto no da UE. Ele defende um maior escrutínio de requerentes de asilo e diz não haver lugar na Alemanha para práticas e crenças muçulmanas se estas forem de encontro ao "livre fundamento democrático social, nossas leis e as bases judaico-cristãs e humanísticas de nossa cultura", segundo o

União cada vez mais estreita?: Europa 277

material de divulgação do partido. Suavizando sua postura, ele aceita que muçulmanos possam ser "valiosos membros da sociedade", mas argumenta que o multiculturalismo não funciona. É também contrário ao euro, faz campanha para que o marco alemão seja restabelecido e quer que poderes sejam devolvidos ao Estado-nação.

Todas essas ideias encontram eco pelo continente. As fissuras regionais e políticas que vemos na Alemanha estão se abrindo em toda parte. Nas eleições gerais holandesas de março de 2017, o Partido pela Liberdade, de extrema direita, tornou-se o segundo maior partido. Em maio, a Frente Nacional, de Marine Le Pen, chegou ao segundo turno na eleição presidencial francesa e obteve 33,9% dos votos, quase o dobro da votação que seu pai Jean-Marie conseguira em 2002. O Partido da Liberdade, da Áustria, também desfrutou de maior apoio, ficando em terceiro lugar em outubro de 2017. No verão de 2018, a eleição eslovena resultou na conquista pela extrema direita da maior parcela dos votos. Até a chanceler Merkel se desviou bruscamente à direita na campanha eleitoral de 2017, quando tentava conter o crescimento da extrema direita. Há uma verdade sobre as democracias liberais: as que não conseguem esmagar movimentos antidemocráticos domésticos precisam encontrar maneiras de administrá-los. Em alguns setores da mídia europeia houve uma excepcional complacência em relação a esses resultados eleitorais. A narrativa tem sido que a Europa é capaz de conter os extremos, mas ter o número de votos duplicado, como no caso de Le Pen, certamente não dá a impressão de que a Frente Nacional esteja sendo contida.

Já em 2014, as tensões da migração instigaram o primeiro-ministro húngaro Viktor Orbán a dizer que queria criar uma "democracia iliberal". Por trás dessa frase está a ideia de que políticas e valores liberais podem ser rejeitados por um eleitorado que vota num partido nacionalista hostil a esse tipo de coisa, mas o país continua sendo uma democracia. O governo polonês eleito em 2015 tinha opiniões semelhantes. Essa ideologia se choca com os ideais da UE e é uma das crescentes divisões que ameaçam rachar a união. Como o Brookings Institute declara num relatório sobre migração: "A crise desestabilizou a política de todo o continente europeu, turvando os sistemas políticos dos países individuais e ameaçando a solidariedade da UE como um todo".

Esse é um desafio fundamental para uma Europa dividida. Não se trata apenas de imigração: é também uma questão de economia, comércio, soberania e liberalismo em geral. Mas, enquanto enfrentamos as novas realidades da imigração em massa e a necessidade moral de receber refugiados, não devemos perder de vista valores fundamentais. Se o fizermos, podemos condenar todos os futuros europeus, de qualquer origem, a viver numa sociedade mais repressiva que no presente. Vale a pena lembrar que a maioria dos que chegam à Europa está tentando escapar de regimes despóticos que os negligenciaram. Precisamos lidar com o islamismo radical, administrar a migração em massa e cuidar dos refugiados, mas de uma maneira que não solape nossos valores liberais e sistemas baseados no Estado de direito.

Essas leis, esses valores e esse sistema são o que enfim curou o mais recente grande cisma da Europa, aquele que se desenvolveu após 1945. Agora divisões, novas e antigas, estão novamente aparecendo. Os próximos anos nos mostrarão se vamos conseguir construir uma casa europeia segura ou se iremos retroceder para um futuro dividido.

CAPÍTULO 8

Os lamentos dos britânicos
Reino Unido

Cada homem é uma ilha em si mesmo.
Mas embora um mar de diferenças possa
nos separar, há um mundo inteiro
de semelhanças por baixo.

JAMES ROZOFF

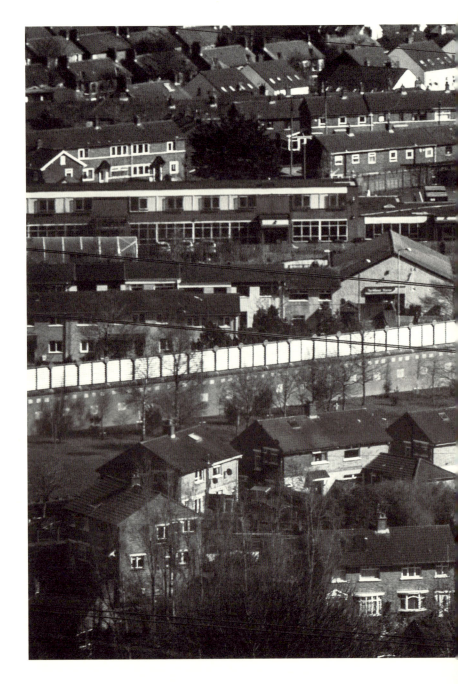

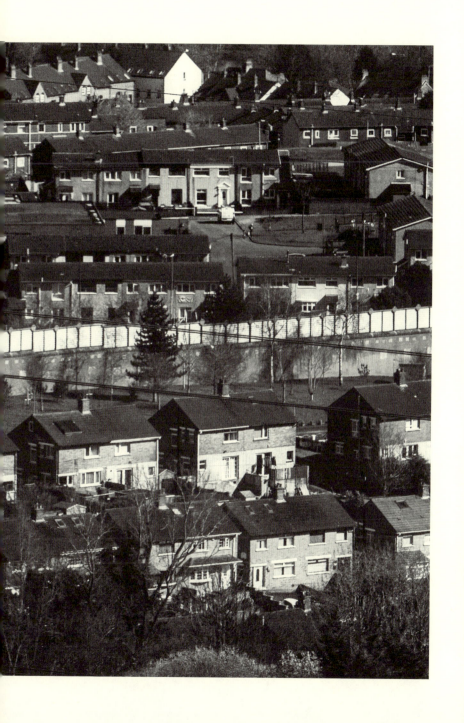

Páginas anteriores: Um "muro da paz" separando as comunidades católica e protestante em Belfast, na Irlanda do Norte.

IMAGINE QUE VOCÊ É UM SOLDADO romano destacado para a Muralha de Adriano, *c.* 380 d.C. Você é da região da Etrúria/ Toscana, um dos poucos soldados servindo em sua legião que são realmente da península italiana. É fevereiro, faz um frio glacial e você está no turno da noite, espreitando das muralhas. Não pode nem ver as estrelas, porque está nublado, há uma garoa e o raiar do dia se aproxima. Um vento forte enfuna a sua túnica, e você mais uma vez agradece a Júpiter por suas *braccae* (calças de lã), que chegaram na semana passada, só com três meses de atraso. É difícil saber o que é pior, o tempo ou os ataques esporádicos dos bárbaros ao norte da muralha. O colega na vigia noturna no seu trecho da muralha não serve de muito consolo, uma vez que ele é do norte da Gália, não domina o latim e só se alistou para, depois de 25 anos de serviço, poder obter cidadania romana.

Você contempla os contornos vagos dessa terra estéril, seus esparsos capins e juncos curvados pelo vento, pensa em casa, nas cidades de Lucca e Siena, na zona rural, no litoral. Nessa altura, suspira profundamente e pergunta a si mesmo: *"Pro di immortales, quid hic facio?"* ("Que diabo estou fazendo aqui?"), ou algo do gênero.

A Muralha de Adriano devia ser uma visão impressionante para as tribos insulares "primitivas". Construída em 122 d.C., tinha 117 quilômetros de comprimento e partes que chegavam a 4,5 metros de altura e três metros de espessura. Havia um "fosso de combate" com quatro metros de profundidade e nove metros de largura cavado em frente. Entre os dois subiam touceiras de espigões. Numerosos portões fortificados, e a cada milha romana ao longo da muralha surgia um pequeno forte, e entre cada um desses, dois torreões. De um lado dessa muralha estava a "civilização", do outro, os "bárbaros". Até hoje alguns ingleses e escoceses brincam que esse ainda é o caso, embora a muralha não esteja mais lá para separá-los.

Ao longo de 1500 anos, a Muralha de Adriano, símbolo do grande alcance do Império Romano — bem como de suas limitações —, quase desapareceu. Depois que os romanos se foram, ela se deteriorou. Agricultores pegaram pedaços para construir casas e cercados para ovelhas, as florescentes comunidades cristãs pegaram para as igrejas, e, pouco a pouco, à medida que a lembrança da presença dos romanos na Grã-Bretanha se dissipava, assim também sua muralha se desintegrou na paisagem que eles haviam tentado conquistar.

Os romanos nunca conseguiram unir as terras. A Muralha de Adriano foi construída para defender o território conquistado das partes que eles não foram capazes de dominar. Assim que chegaram ao sudeste da Inglaterra, em 43 d.C., encontraram uma variedade de tribos da Idade do Ferro. Essas tribos sabiam quem eram os romanos; já haviam tido algumas interações culturais e econômicas com o império, e também ouvido histórias das proezas militares de Roma nas incursões de Júlio César, quase um século antes. Naquela época, tinham resistido ferozmente, mas quando as legiões caíram sobre elas dessa vez, as tribos estavam despreparadas e, o que foi deci-

Os lamentos dos britânicos: Reino Unido 285

sivo, não estavam unidas. Foram invadidas pelos romanos, que se instalaram em Colchester enquanto se preparavam para a ocupar toda a ilha.

Os historiadores acreditam que, em 47 d.C., onze tribos no Sudeste tinham se rendido, e os romanos controlavam a área desde o sul do Humber até o estuário do rio Severn, perto da fronteira galesa. A partir de então, começou a árdua ofensiva para o País de Gales e o norte. Em 84 d.C., eles já tinham avançado rumo ao norte até o estuário de Moray, cerca de 240 quilômetros dentro do que é hoje a Escócia. Há provas de que os romanos navegaram até a península de Kintyre e de que os legionários exploraram as Highlands, mas o estuário de Moray foi o limite de seu poder estabelecido na Grã-Bretanha. Se tivessem sido capazes de continuar, pôr a ilha toda sob um único governo e permanecer, a história do Reino Unido poderia ter sido muito diferente.

Mas as fronteiras do Império Romano estavam sendo ameaçadas em outros lugares, e as tropas eram necessárias para defender a área central, não para avançar nos confins do império. Os romanos retrocederam, parando mais ou menos onde está a atual fronteira entre a Inglaterra e a Escócia. Depois que pararam, construíram a muralha: o mais importante testemunho sobrevivente da força e do alcance das proezas militares de Roma. Geograficamente, a região não tem os rios ou montanhas que tantas vezes formam fronteiras naturais. Mas foi onde os romanos traçaram a linha militarmente.

A muralha ajudou a moldar o lugar que seria conhecido como Reino Unido. Por dois séculos e meio a linha se manteve. Abaixo dela, a vida se tornou cada vez mais romanizada; acima, uma cultura celta diferente permaneceu. O futuro País de Gales e a Escócia nunca foram completamente derrotados e iriam sempre conservar um sentimento de diferença em relação à região que se tornou conhecida como Inglaterra — a parte da Britânia onde a Pax Romana dominou e onde a maioria das estradas e vilas romanas foram construídas.

Em 211 d.C., a Inglaterra meridional foi chamada de Britânia Superior, sob a alegação de que era mais próxima de Roma. A capital foi transferida para Londres. A Inglaterra setentrional foi chamada de Britânia Inferior (outra distinção ainda relevante hoje), e York foi declarada sua capital. Em 296, o território foi novamente dividido. Agora, o sul era chamado de Britânia Prima, o norte até a Muralha de Adriano era Máxima Cesariense, as Midlands eram governadas como Flávia Cesariense e o País de Gales era conhecido como Britânia Secunda. Nada disso permaneceria com esses nomes, mas os contornos dessas demarcações ainda são vistos hoje.

Finalmente, contudo, os acontecimentos no continente conspiraram contra os romanos. Alguns anos depois que nosso soldado romano fez a si mesmo sua pergunta retórica, o general Magno Máximo se perguntou a mesma coisa, e, em 383, sua resposta foi levar as legiões para casa e desafiar o imperador. Alguns anos mais tarde, todo o aparato do posto avançado mais setentrional do império recolheu suas coisas e voltou para Roma.

Depois que Máximo partiu, os "bárbaros" (pictos e escoceses) invadiram o sul, o que levou os britânicos a pedirem a Roma que enviasse uma legião para expulsá-los, o que foi feito. A muralha de Adriano já tinha caído em ruínas a essa altura, por isso os romanos aconselharam os britânicos a construírem uma barreira fronteiriça para manter os invasores do norte afastados. Não compartilharam, no entanto, o

Os lamentos dos britânicos: Reino Unido 287

conhecimento que tinham no uso de pedras, e os britânicos ergueram uma muralha feita de turfa. Os "bárbaros" a transpuseram imediatamente, o que resultou num segundo apelo a Roma: "Salvem-nos!". Então a legião retornou, repeliu os invasores, e, dessa vez, mostrou aos nativos como construir uma muralha de pedra.

Foi inútil. Sem os romanos, nem mesmo as pedras podiam conter as hordas do norte. Um terceiro apelo foi feito — e ficou conhecido como os Lamentos dos Britânicos. Dessa vez, a resposta não foi a que eles queriam, mas entrou nos anais da história britânica e até hoje é usada no discurso político. Roma disse: "Cuidem de suas próprias defesas". O poder unificador na Europa rejeitou os britânicos, os britânicos rejeitaram o poder unificador e ficaram de fato sozinhos, cuidando das "próprias defesas". Comparar isso com o Brexit é engraçado, mas não necessariamente pertinente. O problema então era que não havia defesas. As sombras estavam se alongando; o crepúsculo da Britânia romana estava dando lugar à Idade das Trevas.

No final dos anos 600, ainda havia o suficiente da muralha de pé para que o Venerável Beda, grande estudioso saxão, descrevesse uma seção da construção perto do rio Tyne como tendo "2,5 metros de largura e 3,5 de altura, numa linha reta de leste para oeste, como é claro para os que a contemplam até hoje". Mas ela já estava se tornando uma estrutura diminuída. Por volta do século XVIII, significava tão pouco para o povo que ocorreu o que parece ser um dos maiores atos de vandalismo cultural na história britânica.

Em 1745, o marechal de campo George Wade foi encarregado de interceptar o exército jacobita de Carlos Eduardo

288 *A era dos muros*

Stuart em sua marcha para o sul. Suas tropas e artilharia, marchando para oeste a partir de Newcastle, fracassaram em razão da falta de boas estradas. Isso instigou Wade a construir uma nova via através do país até Carlisle, ao longo da antiga rota da Muralha de Adriano. Ele tinha um vasto histórico de construção de estradas na Escócia, e uma reputação de militar sensato. O material disponível estava dentro de seu campo de visão — deve ter parecido óbvio que a coisa certa a fazer era derrubar grandes partes da muralha e usá-la como base para 48 quilômetros de sua estrada.

A destruição da muralha continuou até o século xix, quando seu valor como monumento histórico começou a ser mais amplamente reconhecido. Os conservacionistas abraçaram a causa e trechos da muralha foram limpos de detritos e folhagem e preservados. As seções mais bem conservadas estão num trecho de 32 quilômetros em Northumberland, entre Hexham e Haltwhistle, e são hoje uma das grandes atrações turísticas do Reino Unido. Nos meses de verão, milhares de pessoas seguem a trilha pela mesma zona rural gloriosamente desoladora que os romanos encontraram há tantos séculos. No inverno, porém, tem-se uma ideia melhor do que eram para eles as bordas exteriores da civilização. A maior parte das torres, ameias e portões pode ter desaparecido, mas a muralha ainda está de pé, tanto fisicamente como na imaginação dos britânicos. Ela lhes lembra a época em que estiveram pela primeira vez politicamente conectados com o continente europeu, e quando a linha divisória foi traçada entre as duas maiores circunscrições da ilha — a Inglaterra e a Escócia.

Mesmo hoje, com grande parte da muralha há muito desaparecida — e embora a maior parte se situe, na realidade, ao sul

Os lamentos dos britânicos: Reino Unido 289

da fronteira escocesa —, a fortificação romana ainda simboliza uma das principais divisões no que, paradoxalmente, continua sendo um Reino Unido.

ENQUANTO NA EUROPA VEMOS a dificuldade de conseguir que os Estados-nações e aqueles que eles representam se unam sob uma só bandeira, o Reino Unido vem unindo diferentes povos e identidades há centenas de anos.

Neste exato momento, o Reino Unido está passando por um verdadeiro momento do "nós contra eles", entre as nações que compreende e no seio de sua população, e muita gente se sente mais dividida que nunca. Isso foi exacerbado nos últimos anos com o voto, em 2016, para sair da União Europeia e suas consequências. Culturas e identidades estão divergindo e interagindo de novas maneiras com questões importantes como a globalização, o nacionalismo e a UE.

Em sua maioria, os britânicos estão ligados entre si legal, linguística e, numa grande medida, culturalmente. A Escócia e a Inglaterra foram nações distintas durante boa parte de sua história, tendo uma relação por vezes turbulenta. Muitos dos problemas começaram no século XIII, quando Eduardo I da Inglaterra tentou reivindicar a Escócia. Depois de muitos anos de luta contra os invasores ingleses, a independência da Escócia foi reconquistada por Roberto de Bruce, em 1314. Durante os séculos subsequentes, a fronteira foi um foco de problemas, com ataques e incursões de ambos os lados, mas os dois países foram reaproximados em 1603, quando Jaime VI da Escócia se tornou também Jaime I da Inglaterra, e por fim foram oficialmente unidos no Tratado de União de 1707.

290 *A era dos muros*

A Escócia pode não ser um Estado-nação separado, mas os escoceses são uma nação muito distinta dos ingleses — e, talvez o mais importante, de fato se sentem assim. As diferenças entre eles podem ser exageradas, mas elas existem, e não apenas porque uma maior proporção de homens usa saia ao norte da fronteira.

Até alguns séculos atrás, havia uma ligeira diferença étnica. Os escoceses eram descendentes de povos celtas, assim como os galeses e os córnicos. Eles aportaram nas ilhas cerca de 4 mil anos atrás e chegaram a habitar partes do que é hoje a Inglaterra, ainda que tenham sido gradualmente substituídos ali por frísios, anglos, jutos e saxões. Embora atualmente as diferenças genéticas entre ingleses e escoceses sejam quase imperceptíveis, até hoje os ingleses são às vezes chamados de *sassenachs* pelos escoceses — o que em gaélico significa "saxões".

O gaélico, ou *Gàidhlig*, foi a primeira língua para a maioria do povo no noroeste da Escócia durante o século XVII. Cinquenta anos depois do Tratado de União, contudo, apenas cerca de 23% da população a falavam; esse número encolheu para 4,5%, em 1901, e 1,2% na virada deste século. Cerca de 60 mil pessoas falam gaélico hoje, sobretudo nas Hébridas Exteriores, e elas são bilíngues. Os escoceses estão cientes de que sua língua nativa atual não é derivada de sua língua original. O que lhes resta é uma memória histórica — o conhecimento de que outrora eles foram muito diferentes. Os ingleses têm uma vaga lembrança de serem a força muito maior, e às vezes dominante, na relação; os escoceses têm um sentimento muito mais intenso de opressão.

A questão da autodeterminação não desapareceu, contudo, apesar da maior independência da Escócia dentro da União.

Os lamentos dos britânicos: Reino Unido

Quando a Inglaterra e a Escócia se uniram pela primeira vez, a Escócia conservou o controle sobre sua educação e sistemas legais — por exemplo, a lei inglesa permite as categorias Culpado e Não Culpado, mas a lei escocesa tem uma terceira categoria, Não Provado. Deixemos de lado a piada de que isso por vezes se traduz como "Não Culpado — e que isso não se repita"; essa terceira categoria satisfaz um dos princípios fundamentais da autodeterminação: supervisionar seu próprio sistema judiciário. Mas a Escócia e a Inglaterra eram em grande parte governadas como uma só coisa. Foi só em 1885 que o posto de secretário para a Escócia foi criado, e mesmo então era um cargo subalterno. Finalmente se tornou um cargo ministerial, com o título de secretário de Estado para a Escócia, em 1926.

Em 1997, foi realizado um referendo sobre propostas de devolução de poderes, em que uma firme maioria votou a favor. Em 1998, foi introduzida a Lei da Escócia, que criou um Executivo e um parlamento próprios baseados em Edimburgo, com poderes significativos, devolvidos por Londres, para lidar com assuntos que fossem considerados especificamente escoceses. Em 2007, o Executivo se rebatizou de governo escocês, uma expressão que ganhou reconhecimento legal em 2012. No ano seguinte, convocou um referendo sobre a independência para 2014. A dissolução do Reino Unido parecia agora uma nítida possibilidade. Quando faltavam apenas dois dias para a votação, os três principais partidos políticos britânicos, a essa altura extremamente incomodados e torcendo por um voto pelo Não, disseram que se a independência fosse rejeitada "novos e amplos poderes" seriam dados ao parlamento escocês. Essa foi provavelmente uma das causas do resultado: 55% votaram contra a independência.

Após o referendo, Westminster seguiu adiante com a Lei da Escócia de 2016, que atribuiu ao parlamento escocês controle sobre uma gama mais ampla de questões, inclusive a capacidade de emendar a Lei da Escócia de 1998, a administração da Polícia Britânica de Transportes na Escócia, o direito de reter metade do imposto sobre valor agregado arrecadado no país e a tomada de decisão sobre limites de velocidade e sinalização rodoviária. Os dois últimos parecem ser relativamente triviais, comparados a poderes sobre a educação e o sistema legal, mas o controle de questões menores, tanto quanto como de grandes assuntos de Estado, satisfaz a necessidade de domínio sobre o que se entende como um assunto próprio.

Talvez essa seja a razão para o aparente declínio no apoio à independência. Depois do resultado, não demorou muito para que o povo falasse num segundo referendo, e nas eleições gerais de 2015 houve um aumento significativo do apoio ao Partido Nacional Escocês, cujo número de assentos na Câmara dos Comuns aumentou de seis para 56. No entanto, desde então, com a chegada dos novos poderes, as pessoas pareceram menos interessadas, e o foco do Partido Nacional Escocês num segundo referendo talvez seja a razão por que eles tiveram muito menos apoio nas eleições gerais de 2017, perdendo 21 assentos. Parece agora que, pelos próximos tempos, o reino permanecerá unido. A identidade escocesa é forte, mas não forte o suficiente para que a maioria da população queira que ela se reflita num Estado independente. O Reino Unido como um conceito ainda suplanta as diferenças de identidade que existem entre as várias nações que ele compreende.

Muito do que foi dito aqui sobre a relação entre os escoceses e os ingleses poderia ser dito sobre o que ocorre entre os gale-

Os lamentos dos britânicos: Reino Unido 293

ses e os ingleses. Novamente, os ingleses são menos conscientes da opressão pela qual são responsáveis que os galeses, o que por sua vez dá uma aresta afiada à relação. Contudo, poderes foram atualmente transferidos para um parlamento nacional galês, o que contribuiu bastante para responder a questões sobre governo autônomo. A repressão da língua galesa terminou há muito tempo: várias leis do Parlamento asseguraram sua igualdade perante a lei com o inglês, e foram criadas estações de TV e rádio em língua galesa; isso encorajou um ressurgimento de seu uso. Aproximadamente 20% do povo galês fala *Cymraeg* — algo em torno de meio milhão de pessoas. É uma língua celta, estreitamente relacionada ao córnico, e ambas remontam à língua falada nessas regiões no século VI.

Os córnicos também se veem como uma região separada do restante do país — os nacionalistas córnicos dizem que a Inglaterra começa "a leste do rio Tamar", que separa a Cornualha de Devon. Os córnicos foram oficialmente reconhecidos como um grupo minoritário nacional em 2104; no entanto, o apoio à independência ainda não se espalhou além das franjas da política.

Embora tendo um senso muito forte de sua própria identidade, a maior parte das pessoas nas ilhas Britânicas convive bem, concordando com os mesmos valores e com a ideia dominante da União. É claro que há histórias de sentimento anti-inglês tanto no País de Gales quanto na Escócia, e isso de fato acontece — uma vez se recusaram a me atender num clube de trabalhadores em Perthshire. No entanto, incidentes assim são raros, e para cada fanático há milhares de outras pessoas que raramente pensam duas vezes nas diferenças, exceto quando se trata de piadas inofensivas.

Como um jovem inglês, tive o privilégio de estar num trem junto com várias centenas de escoceses que iam para Wrexham ver a Escócia jogar contra o País de Gales. A viagem foi uma longa sessão de bebedeira pontuada por canções que incluíam "Se você odeia os malditos ingleses bata palmas". Minhas mãos podem ter ficado doloridas de tanto bater palmas, mas não confundi os sentimentos de alguns torcedores de futebol com os de toda a nação escocesa. "Ódio" é uma palavra jogada de um lado para o outro nas arquibancadas; fora do estádio, a maioria das pessoas se comporta de maneira mais adulta. Assim como muitos britânicos que votaram pela saída da UE não o fizeram por serem nacionalistas extremos e chauvinistas, muitos escoceses que votaram para sair do Reino Unido não eram anti-ingleses.

Em sua maior parte, as antigas tribos britânicas estão misturadas, trabalhando, vivendo e se divertindo juntas. À medida que a população dessa ilha relativamente lotada se aproxima dos 70 milhões, é crucial que a coesão permaneça — ou, se um dos povos decidir de fato romper os laços legais, que isso seja feito pacificamente. No século passado, houve apenas um canto do reino onde esse nem sempre foi o caso — a Irlanda do Norte.

A Irlanda do Norte é a menor das quatro principais regiões do Reino Unido, representando apenas 5,7% da superfície terrestre e, com 1,8 milhão de pessoas, 2,9% de sua população. Ela foi criada em 1921, depois que o governo britânico dividiu a Irlanda em duas jurisdições separadas. A Irlanda do Sul se tornou independente em 1922, ao passo que a Irlanda do Norte continuou parte do Reino Unido. Algumas pessoas pensam que os termos Reino Unido e Grã-Bretanha significam a mesma coisa, mas este último se refere somente a Inglaterra, Escócia e País

Os lamentos dos britânicos: Reino Unido 295

de Gales (e algumas pequenas ilhas adjacentes), enquanto o Reino Unido compreende também a Irlanda do Norte. O título completo é Reino Unido da Grã-Bretanha e Irlanda do Norte.

Desde o princípio, a população da Irlanda do Norte estava dividida entre protestantes (a maioria) e católicos. Os protestantes tendiam a ser descendentes de colonos vindos da Escócia e, numa menor medida, da Inglaterra. A maioria deles era e é "unionista" e quer permanecer no Reino Unido; a maioria dos católicos era e é "nacionalista" e quer uma Irlanda unida, embora discorde quanto à maneira de levar isso a cabo. Sempre houve um grau de animosidade entre as duas comunidades, que por vezes irrompeu em violência, sendo o pior momento durante as três décadas conhecidas como The Troubles [Os Distúrbios], que começaram no final dos anos 1960 e custaram a vida a mais de 3500 pessoas, com outras 50 mil feridas.

O Acordo da Sexta-Feira Santa sobre a partilha do poder pôs fim à maior parte da violência, e o "dividendo de paz" daí resultante ajudou a impulsionar o crescimento econômico e a reduzir o desemprego. Ainda assim, a Irlanda do Norte continua sendo um lugar profundamente dividido — com uma entrincheirada cultura de "nós contra eles". Poucos elementos da vida são tão divididos como a educação e a habitação, algo que se torna muito óbvio na capital, Belfast, pelos muros físicos construídos entre os dois lados. Eles são conhecidos, coletivamente, como os Muros da Paz, mas a triste ironia é que simbolizam conflito. Não é uma barreira contínua e imponente como a que fica ao longo da Cisjordânia ou da fronteira entre a Arábia Saudita e o Iraque, mas sim de uma série de estruturas um tanto dilapidadas de concreto e metal que ziguezagueiam por vários dos bairros mais pobres de Belfast, sobretudo no norte da cidade. Eles começaram a surgir no início dos Distúrbios. Muitos começam e acabam aparentemente sem razão, mas os moradores da região sabem por quê: eles marcam a divisão de territórios protestantes e católicos, nos quais, sem os muros, a violência poderia surgir com muito mais frequência.

Henry Robinson compreende essas divisões melhor que a maioria das pessoas. Ex-membro do IRA Oficial, ele foi preso na juventude por ter atirado nos joelhos de um homem do rival IRA Provisório. Contudo, depois de cumprir pena na prisão de Crumlin Road, ele dedicou a vida à solução de conflitos na Irlanda do Norte, assim como em outros lugares do mundo, como a Colômbia. Ele acredita que os muros estão se interpondo no caminho da reconciliação: "Eu os chamo de Muros do Conflito ou Muros do Ódio. O conflito terminou, mas se permitiu que o sectarismo continuasse entranhado na sociedade, e a prova disso é o aumento do número de muros desde que o conflito terminou".

Ao todo há cerca de uma centena deles em Belfast. Tornaram-se até uma espécie de atração turística, e nos meses de verão é possível ver turistas chegando de ônibus dos navios de cruzeiro para contemplá-los. São uma estranha justaposição dos benefícios econômicos que o "dividendo da paz" trouxe junto com um lembrete de que a paz é frágil. De cada lado dos muros, os bairros estão enfeitados com os símbolos e as mensagens dos antagonistas. Levante os olhos dos meios-fios, pintados com as cores das bandeiras irlandesa ou do Reino Unido, e você verá paredes exibindo palavras como "Os Britânicos não foram embora — nem nós", em apoio ao IRA Real, ou "O Ulster sempre permanecerá britânico — não há rendição". Lados inteiros de alguns prédios dão lugar a murais homena-

Os lamentos dos britânicos: Reino Unido 297

geando grupos paramilitares como o IRA e os Combatentes da Liberdade do Ulster. Henry não se deixa impressionar por essa lealdade tribal: "Acho que ambas as comunidades se acostumaram com o terrorismo e quase sentem um orgulho perverso, macabro, com a continuação desses monumentos do ódio. Esse é um sinal de que talvez as coisas possam correr mal no futuro, caso isso não seja resolvido".

A divisão existe em todo o país e há muros em outras áreas urbanas como Londonderry/Derry, embora em menor medida. Nas cidades menores é mais difícil identificar as divergências, mas elas estão lá. Um conjunto habitacional é predominantemente protestante, outro católico. O rio de uma cidade pode ser a fronteira. É fácil encontrar bairros em que 90% dos residentes são ou unionistas ou nacionalistas. Na vida cotidiana as pessoas interagem, e nas áreas mais de classe média há uma maior diversidade na habitação; a maior parte não faz uma escolha consciente de não interagir com os vizinhos. Mas as estruturas políticas e religiosas incorporadas na sociedade moldam a maneira como elas funcionam e asseguram que as comunidades levem vidas paralelas, mas separadas.

É difícil encontrar maneiras de romper essas divisões que se autoperpetuam. Assim como bairros estão divididos, sobretudo em áreas de habitação social, as escolas também estão. Um plano para integrar o sistema fracassou, e uma pesquisa recente descobriu que em quase metade das escolas da Irlanda do Norte 95% dos alunos eram da mesma religião. Mais uma geração de crianças está pronta para crescer pertencendo a uma ou outra de duas facções principais, num sistema educacional descrito em 2010 por Peter Robinson, então primeiro-ministro na Irlanda do Norte, como uma "forma benigna de apartheid que é fundamentalmente prejudicial para nossa sociedade". Henry Robinson concorda:

> Os muros simbolizam muros não físicos e a divisão em que a maioria das pessoas educa seus filhos, em escolas religiosas separadas. Há uma cultura da separação na Irlanda do Norte e uma política de integração que não se combinam [...]. Não há, de ambos os lados, apoio comunitário suficiente ou foco em construir pontes. Por que o orçamento do Reino Unido para a Irlanda do Norte não está sujeito a condições em matéria de religião, educação e harmonia comunitária? Não seriam necessários muitos recursos para que essas comunidades encontrassem maneiras engenhosas de aprender a conviver.

Embora os esforços para pôr fim à ruptura pareçam ter chegado a um impasse, existe algo que poderia ter um impacto em breve: a mudança demográfica. Após a divisão da Irlanda em 1921, os protestantes suplantavam os católicos na Irlanda do Norte em dois para um, uma proporção que perdurou até o início dos anos 1970. Agora, contudo, os protestantes não são mais sequer a maioria da população total: segundo o censo de 2011, eles representavam 41,6% (entre várias denominações), e os católicos 40,8%. O aspecto religioso do conflito se atenuou nas últimas décadas com o declínio da prática religiosa, mas foi substituído por um de identidade cultural: o fato de uma pessoa ser católica ou protestante indica se ela é unionista ou nacionalista. Com as taxas de natalidade e de identificação religiosa declinando mais rápido nas áreas protestantes, é provável que os católicos se tornem a maioria, uma situação que trará implicações políticas e questões sobre a posição da Irlanda do Norte no Reino Unido.

Os lamentos dos britânicos: Reino Unido 299

Essa posição já se tornou problemática após o voto pelo Brexit. A fronteira entre a Irlanda do Norte e a Irlanda é a única fronteira terrestre no Reino Unido; como ela deveria ser tratada agora? As pessoas e as empresas na região estão habituadas a poder se deslocar e negociar livremente através da fronteira. Uma mudança poderia ter consequências de grande alcance, e ameaça perturbar a frágil paz bem como estimular o apoio à união da Irlanda do Norte com a República da Irlanda. O governo britânico declarou que não tem planos de instalar controles fronteiriços, mas isso por si só suscita vários problemas — deixando uma rota aberta para pessoas e bens entre o Reino Unido e a UE, exatamente uma das coisas que pessoas que votaram a favor da saída queriam controlar.

O Brexit expôs divisões profundas em todo o Reino Unido. Ele exacerbou as mais antigas — a maioria das pessoas tanto na Escócia quanto na Irlanda do Norte votou por permanecer na UE —, mas também expôs uma variedade de diferenças dentro da população.

UMA DAS MAIS CLARAS demarcações na sociedade britânica sempre foi a de classe, e continua sendo o caso. Ela pode ser menos nítida que no passado — é bem possível que um professor de classe média ganhe menos que um bombeiro hidráulico da classe trabalhadora, um maquinista pode ganhar mais que um administrador de nível médio — e há maior mobilidade social e diversidade. No entanto, a maior parte dos estudos de mobilidade social constata que homens e mulheres que frequentaram escolas particulares e depois uma das universidades do Grupo Russell (as 24 principais universidades do Reino

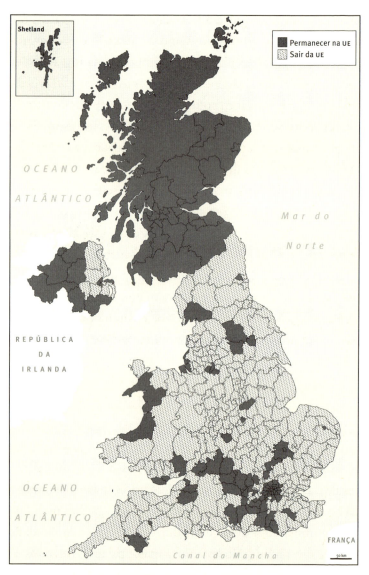

Como as diferentes regiões do Reino Unido
votaram no referendo de 2016.

Os lamentos dos britânicos: Reino Unido 301

Unido) ainda dominam as posições mais elevadas no país em números muito maiores que sua proporção da população como um todo. Pode-se argumentar que essas pessoas são de fato as mais instruídas e, em muitos casos, as mais indicadas para seus cargos; mas pode-se alegar também que esse sistema impede cada país de encontrar e utilizar o melhor de seus talentos.

Somente 7% da população do Reino Unido frequenta escolas particulares, mas eles dominam os níveis mais elevados do Judiciário, das Forças Armadas, da BBC, das principais corporações, do serviço público e de ambos os principais partidos políticos. Por exemplo, 55% dos secretários permanentes do serviço público tiveram educação privada, assim como 71% dos juízes mais graduados. Cerca de metade dos colunistas de jornal do Reino Unido recebeu educação privada. Um relatório de 2014 da Comissão de Mobilidade Social e Pobreza Infantil constatou que no influente programa *Question Time*, da BBC, 43% dos convidados tinham frequentado as universidades de Oxford ou de Cambridge. E há outros fatores em jogo que ajudam a perpetuar o desequilíbrio em toda a sociedade. Muitas grandes empresas oferecem apenas estágios não remunerados, impedindo que um jovem se candidate a menos que seus pais possam sustentá-lo. Consequentemente, os mais ricos, muitos deles egressos do ensino particular, ganham a experiência e os contatos que os ajudam a ter sucesso no mundo do trabalho.

Com a política e a mídia desproporcionalmente tomadas por egressos da educação privada, estes tendem a dominar o discurso, o que pode ter um enorme impacto em termos de influência sobre a opinião pública. Mas também pode significar que eles representam um ponto de vista minoritário, o que corre o risco de obscurecer a popularidade que a visão oposta de fato tem, resultando numa situação em que um grande número de pessoas se torna cada vez mais frustrado porque suas vozes não estão sendo ouvidas. Isso foi em parte o que aconteceu com o Brexit, razão pela qual as classes política, empresarial e dos meios de comunicação receberam o choque de suas vidas quando o Reino Unido votou por estreita maioria a favor de sair da União Europeia. Os menos arrogantes despertaram e se deram conta do quanto estavam sem contato com enormes faixas do eleitorado.

Desde o Brexit, tem-se falado muito nos "deixados para trás", o que em geral se refere àqueles para quem o pertencimento à UE e a globalização não levaram a uma vida melhor, mas a competição por empregos menos qualificados ou desemprego. Aqueles que votaram pela saída da UE fizeram isso por razões diversas e vinham de todos os estratos sociais, mas certamente muitos eram das regiões mais pobres da Inglaterra e do País de Gales, antigas áreas de classe trabalhadora, refletindo a cisão tradicional entre ricos e pobres.

Já é difícil superar velhas divisões, e, ao mesmo tempo, alguns comentaristas começaram a identificar novas fissuras na sociedade.

O escritor David Goodhart caracterizou uma nova diferença importante, em seu livro de 2017 *The Road to Somewhere*, "entre as pessoas que veem o mundo a partir de Qualquer Lugar e as que o veem a partir de Algum Lugar". Ele explica: "As que veem o mundo de Qualquer Lugar dominam nossa cultura e sociedade. Elas tendem a se sair bem na escola e depois se vão para um alojamento universitário no final da adolescência, seguindo para uma carreira em uma profissão que podem levá-los a Londres ou mesmo para o exterior por um ano ou dois". As pessoas de Qualquer Lugar tendem a se sentir em casa onde quer

Os lamentos dos britânicos: Reino Unido 303

que estejam, seja em Berlim, Nova York, Xangai ou Mumbai. Por outro lado, as de Algum Lugar tendem a ter um senso de identidade muito mais claramente definido. Como a maioria das pessoas no Reino Unido, elas vivem a cerca de trinta quilômetros do lugar onde cresceram e se identificam com localidade, região e país — são mais "enraizadas".

Entres os de Algum Lugar há muitos cujos empregos foram desaparecendo em consequência de mudanças econômicas ligadas à globalização e cuja cultura da classe trabalhadora foi marginalizada recentemente, sobretudo no discurso nacional. A palavra "cosmopolita" vem do grego e significa "cidadão do mundo". Somos de fato todos um só povo, mas é realmente um desafio convencer alguém que vive perto do lugar onde cresceu, que tem uma forte identidade local e que não possui habilidades profissionais que possam ser aproveitadas em outros continentes de que ele é cosmopolita.

Goodhart sugere que até 25% dos habitantes do Reino Unido são de Qualquer Lugar, cerca de 50% são de Algum Lugar e os demais são Intermediários. São números aproximados e definições grosseiras, mas úteis para se compreender o Reino Unido moderno a partir do prisma não apenas da classe, mas da visão de mundo. Muitos "progressistas" de Qualquer Lugar podem se envergonhar de expressar amor pelo país, já os de Algum Lugar nem tanto — sua visão de mundo era um fato aceito na sociedade britânica até pelo menos o final dos anos 1970, mas a ascensão da sociedade multicultural, de culturas paralelas e a difusão da educação superior a puseram em questão.

O Partido Trabalhista do Reino Unido, o tradicional partido da classe trabalhadora, é cada vez mais o dos "progressistas" de classe média, muitos dos quais se inclinam para a visão de mundo dos de Qualquer Lugar. Nas eleições gerais de 1966, o Partido Trabalhista de Harold Wilson conquistou o poder com aproximadamente 11 milhões de votos da classe trabalhadora e 2 milhões da classe média; em 2015, os números ficaram em cerca de 4,2 milhões de votos da classe trabalhadora e 4,4 milhões da classe média. Essa mudança de padrão se deve a uma série de fatores, em especial o declínio dos empregos tradicionais da classe trabalhadora, mas ocorre também porque o partido, que tradicionalmente se concentrava em questões de importância vital para a classe trabalhadora — empregos, habitação e criminalidade —, pareceu se concentrar mais em outras questões, inclusive política identitária.

Essas identidades diferentes — sejam elas globais ou enraizadas — foram postas em conflito em debates sobre identidade, nacionalismo e, sim, imigração, antes e depois do voto no Brexit. Durante décadas esse foi de muitas maneiras um discurso oculto, visto que círculos políticos e da mídia pareciam se recusar a se envolver nele. Apesar disso, porém, uma grande parte da população o estava discutindo em toda parte.

Sucessivos governos apoiaram a ideia de que, para manter a saúde atual e futura de sua economia, o Reino Unido precisava de imigração em massa. Há de fato fortes argumentos a favor disso. Uma olhadela em qualquer uma das grandes cidades do Reino Unido é suficiente para mostrar que transporte, saúde e muitas outras indústrias seriam paralisados se todos os imigrantes no país resolvessem tirar seu dia de folga ao mesmo tempo. No entanto, faltava o financiamento concomitante da habitação social e da assistência médica, e os que estavam no poder tendiam a não dar importância às preocupações das pessoas sem parar para ouvi-las devidamente.

Um exemplo disso ocorreu na campanha para as eleições gerais de 2010. O então primeiro-ministro, Gordon Brown, envolveu-se numa conversa televisionada, na rua, com uma mulher da classe trabalhadora que sempre votara no Partido Trabalhista, Gillian Duffy, de 65 anos, na cidade setentrional de Rochdale. A sra. Duffy fez uma série de sugestões sobre a dívida nacional, educação e assistência médica, e acrescentou: "A gente não pode falar nada sobre os imigrantes, porque é o mesmo que dizer que você é... mas todo esse pessoal do Leste Europeu que está chegando aos bandos, de onde eles vêm?". Seus comentários pareciam indicar que ela sentia que, se expressasse a opinião de que estava insegura quanto ao ritmo da mudança em sua cidade natal, seria considerada racista. Inadvertidamente, o primeiro-ministro acabou confirmando sua opinião. Após brincar com ela, sorrir, dar-lhe palmadinhas nas costas e desejar-lhe o melhor, ele entrou no carro. Então, esquecendo-se de que ainda estava com o microfone ligado, disse para um auxiliar: "Que desastre. Eu nem... nunca deveria ter me metido com aquela mulher. De quem foi a ideia?". E em seguida, em resposta a um auxiliar que perguntou o que ela dissera: "Ah, tudo aquilo, era uma fanática". Naquele instante, milhões de pessoas no Reino Unido que estavam preocupadas com as mudanças nas cidades onde moravam se deram conta de que seu primeiro-ministro achava que elas eram fanáticas.

Muitos economistas afirmam que o Reino Unido precisa de fato de imigração; o problema é que ela ocorreu muito rápido, e o governo não levou em conta as consequências ao avaliar as projeções para imigração depois que dez países do Leste Europeu ingressaram na UE em 2004. As projeções se revelaram muito pouco realistas. Um relatório de 2003 do Ministério do

Interior afirmava que apenas 13 mil pessoas por ano viriam de países como a Polônia e a Hungria, se a Alemanha e outros grandes países da UE também mantivessem seus mercados de trabalho abertos. Esse "se" acabou por se revelar muito importante. "Venham", disse o governo do Reino Unido; "Não venham", disse a maioria dos outros países da UE — de fato, somente três países (o Reino Unido, a Irlanda e a Suécia) concederam aos europeus orientais acesso imediato a seus mercados de trabalho em 2004. Os demais Estados-membros introduziram uma variedade de restrições, cumprindo um processo mais gradual ao longo de anos. Em meados de 2015, cerca de 900 mil pessoas tinham chegado ao Reino Unido vindas apenas da Polônia. Segundo o Departamento de Estatísticas Nacionais do Reino Unido, entre 2004 e 2016, a migração líquida para o Reino Unido foi em média de 250 mil pessoas por ano. Combinado, isso equivale aproximadamente à população de seis cidades, cada uma do tamanho de Liverpool.

Dadas essas estatísticas, não é de surpreender que numa enquete feita pela YouGov em 2011 62% dos entrevistados tenham concordado com a declaração: "O Reino Unido mudou nos últimos tempos a ponto de se tornar irreconhecível; às vezes, parece um país estrangeiro e isso faz com que eu me sinta incomodado". Algumas pessoas se apressam a ver nesses sentimentos uma prova de xenofobia e uma resposta irracional aos benefícios tanto do pertencimento à UE quanto da globalização. Isso é um tanto injusto para com pessoas comuns que viram seus bairros ou as áreas urbanas que frequentam sofrerem uma mudança drástica. Que algumas regiões foram transformadas é um fato; que isso pode fazer com que alguns britânicos se sintam incomodados é uma declaração tão óbvia

Os lamentos dos britânicos: Reino Unido 307

quanto dizer que se um grande número de estrangeiros se mudasse para alguns bairros da Cidade de Ho Chi Minh, a população local se sentiria igualmente incomodada.

É irônico que muitas vezes o mesmo tipo de pessoa que condena a gentrificação de classe média de uma área da classe trabalhadora, e que compreende como a classe trabalhadora pode não acolher exatamente de braços abertos essa mudança, se apresse a criticar pessoas que ficam desgostosas com o modo como a imigração pode alterar um bairro. A gentrificação é às vezes até chamada de "limpeza social", ao passo que a imigração é denominada "diversificação". O que quase sempre é verdade é que muitos dos que usam esses termos são menos afetados por eles do que os que vivem nesses locais. Desconsiderar pessoas que desfrutavam de suas culturas relativamente homogêneas e que estão agora inseguras de seu lugar no mundo apenas as joga nos braços daqueles que explorariam suas ansiedades — os verdadeiros fanáticos.

Atualmente a maior parte do povo britânico aceita as ideias de igualdade étnica, igualdade de gênero e casamento gay. Ser anti-imigração não significa necessariamente ser anti-imigrante. Assim como há diferença entre ficar incomodado com uma mudança e ser racista, o mesmo pode ser dito para patriotismo e nacionalismo. Defino o primeiro em parte como "amor pelo próprio país e respeito pelos dos outros" e o segundo como "amor pelo próprio país e desprezo pelos dos outros". A história mostrou que leva tempo para que nos sintamos tranquilos com o "outro", mas também que, bem geridos, tanto "nós" quanto "eles" podemos aprender a nos abraçar uns aos outros.

Isso é igualmente verdade quando se trata da espinhosa questão da religião. O censo de 2011 contou dezenas de religiões na Inglaterra e no País de Gales, numa lista que incluía cavaleiros Jedi, heavy metal e satanismo. No entanto, essas fés, junto com o cristianismo, o islã e o hinduísmo, são praticadas por uma minoria da população de 65 milhões de pessoas.

Cerca de dois terços das pessoas não têm uma conexão participativa com uma religião ou lugar de culto, o que mostra que anomalia é a Irlanda do Norte — as fortes identidades religiosas ali existentes não refletem a realidade do restante do Reino Unido. A frequência à igreja de modo geral continua a declinar ano a ano, uma trajetória que começou nos anos 1950 e se acelerou. Apesar do abrupto declínio do cristianismo, 59,3% dos entrevistados no censo de 2011 — 33 milhões — afirmaram ser cristãos. Isso é claramente uma relíquia cultural de tempos em que quase todo o país professava acreditar no cristianismo e mostra que mesmo que muitas pessoas não aceitem os dogmas da fé, elas se identificam culturalmente com sua história e tradições. Mas isso também está desaparecendo: no censo de 2001, 72% das pessoas tinham se identificado como cristãs.

Além dos 59,3% cristãos, o censo de 2011 constatou que 4,8% das pessoas se identificavam como muçulmanas, 1,5% como hindus, 0,8% como siques e 0,5% como judeus. Isso se traduz aproximadamente em 2,7 milhões de muçulmanos, 800 mil hindus, 423 mil siques e 263 mil judeus. Junto com os sem religião, essas são as seis principais categorias em termos numéricos. Para constar, os cavaleiros Jedi ficaram em sétimo lugar, com 176 mil adeptos — ou possivelmente pessoas com um senso de humor peculiar. Houve apenas 1800 satanistas declarados.

O aumento futuro dos cavaleiros Jedi e dos que de fato creem em Belzebu pode ser difícil de prever, diferente do que

Os lamentos dos britânicos: Reino Unido 309

ocorre com as principais religiões. A fé que está crescendo mais rápido no Reino Unido é o islã, em parte por causa das taxas de natalidade, da imigração e da devoção. Enquanto a maioria dos britânicos que se identifica como sendo de herança cristã não é religiosa — na realidade, menos de 7% da população se classifica como cristão praticante —, uma enquete de 2014 constatou que 93% dos muçulmanos disseram praticar sua religião. É difícil julgar em que medida isso é devoção e em que medida é pressão cultural, pois na maioria das culturas muçulmanas não é aceitável declarar uma "crença" no ateísmo. Dada a força de seus adeptos e o fato de que um em cada três muçulmanos no Reino Unido tem menos de quinze anos, a ascensão do islã como a segunda maior religião declarada no Reino Unido parece propensa a continuar. E com a imigração contínua e o declínio da frequência à igreja na comunidade cristã, o islã se tornará provavelmente a religião mais praticada do país.

Isso é uma coisa diferente, porém, do tamanho real da população muçulmana. Em 2011, cerca de uma em cada vinte pessoas no Reino Unido era muçulmana, mas a percepção pública da proporção é muito diferente, como em toda a Europa: uma enquete da Ipsos Mori sugeriu que a maioria dos britânicos superestima o número de muçulmanos por um fator de três. Isso se aplica tanto aos não muçulmanos quanto à população muçulmana e pode se dever em parte à concentração de muçulmanos em áreas urbanas — 80% dos muçulmanos vivem em apenas quatro regiões: Yorkshire, o Noroeste, as Midlands Ocidentais e a Grande Londres.

Essa concentração deu origem a uma situação em que emergiram sociedades paralelas, o que pode levar a divisão e desafiar a coesão social. Há partes de algumas áreas urbanas (Luton, Burnley, Manchester e Oldham, por exemplo) que são esmagadoramente muçulmanas e têm pouco contato com bairros próximos, em que predominam não muçulmanos. O multiculturalismo não ajudou nesse aspecto — ele impede a assimilação e solapa a coesão social: corremos o risco de nos tornar muitas sociedades com diferentes culturas, com mentalidades e estilos de vida "nós contra eles" reforçados.

Nos anos do pós-guerra, o Reino Unido esforçou-se para se acostumar a ser, em algumas regiões, uma sociedade multicultural. Agora os britânicos estão empenhados num ajuste semelhante numa era de acelerada migração em massa, mas uma migração que inclui um significativo fator adicional — a religião, que, como vimos na Irlanda do Norte, pode ser uma das fissuras mais difíceis de sanar. Como a maioria das fés professa, em sua essência, que o seu é o verdadeiro caminho, e que os outros estão na melhor das hipóteses equivocados, elas tendem a separar as pessoas — uma ocorrência desagradável que alguns líderes religiosos encorajam ativamente. É o que ocorre com o islã, porque, comparado a outras religiões, há um maior grau de envolvimento político por parte de grupos muçulmanos, e um concomitante grau de atenção da mídia. Sem dúvida, há muitos exemplos de homens e mulheres religiosos interconfessionais que se esforçam para transpor as lacunas, mas um número excessivo de mesquitas mantém pregadores com uma cultura de promover a mentalidade "nós contra eles" — e muitos na direita da política britânica são culpados da mesma coisa.

Há muito existe uma presença islâmica no Reino Unido — um documento de 1641 se refere a uma "seita de maometanos", e a primeira tradução do Corão foi publicada na Inglaterra em

Os lamentos dos britânicos: Reino Unido 311

1649. Entretanto, há cinquenta anos, estimava-se que a população de muçulmanos era de 50 mil; agora ela se aproxima de 3 milhões. Esse é um aumento veloz, que ocorreu quase todo nos últimos cinquenta anos, junto com rápidas mudanças nas atitudes sociais no Reino Unido. Como vimos, a frequência à igreja declinou, a crença foi erodida, e, no entanto, liberdades religiosas se tornaram cada vez mais aceitas. O aborto foi legalizado, da mesma maneira que a homossexualidade. O casamento gay e a adoção de crianças por homossexuais são comuns hoje em dia, e a maioria da população, independente do que dizem alguns cristãos, aceita a maior parte das mudanças.

A tensão aqui vem com o crescimento de uma religião na qual muitos adeptos e líderes não aceitam esses exemplos de vida liberal moderna, porque violam os dogmas básicos de sua fé. Uma enquete realizada pela ICM Research em 2106 constatou que 52% dos muçulmanos britânicos acreditavam que a lei inglesa deveria ser modificada para tornar a homossexualidade ilegal novamente. Essa atitude não é um problema quando seus adeptos são tão pouco numerosos que não têm nenhum poder de mudar o status quo. Por exemplo, a minúscula população judaica hassídica ultraortodoxa do Reino Unido tende a não se envolver nas guerras culturais da população majoritária e se contenta em seguir sua própria agenda dentro de sua própria comunidade. No entanto, o islã está agora, e estará cada vez mais, em condições de tornar seus pontos de vista conhecidos e considerados, o que poderia ter um grande impacto sobre a sociedade dependendo de que tipo de islã se trata — um que seja pluralista e em sintonia com a cultura da maioria, ou um empenhado em revogar as mudanças liberais para todos, ou um que insista em leis diferentes para pessoas diferentes.

Haverá então, seja no Reino Unido ou em outros lugares, uma europeização do islã ou uma islamização de áreas urbanas europeias? No momento, há exemplos de ambas as coisas. Há milhões de europeus modernos que por acaso são muçulmanos e participam plenamente do tecido de qualquer país europeu de que sejam cidadãos. Mas há também exemplos de áreas urbanas esmagadoramente muçulmanas em que a ideologia islâmica (por vezes violenta) é propagada por pessoas que buscam controlá-las. Quanto mais se permitir que esta última se propague, mais difícil será para os primeiros resistirem a ela.

A resposta à pergunta "O que a minha religião tem a ver com você?" é que somos todos britânicos, e como tais gozamos do direito de ter e expor opiniões sobre o tipo de sociedade que queremos. No momento em que a religião se choca com a arena política de leis feitas pelo homem, todos nós temos o direito de nos manifestar: qualquer proprietário cristão de pousada que tente proibir casais homossexuais de se hospedar em seu estabelecimento não tardará a descobrir isso. Aqueles que afirmam apoiar a sociedade relativamente progressista que foi criada devem expressar confiança na legitimidade desse progresso para continuar a gozar os frutos do trabalho político de gerações anteriores. Essa confiança parece ter diminuído ao longo dos anos com o aumento da "relevância cultural" e um medo paralisante de que qualquer crítica a aspectos de uma cultura diferente fosse tachada de racista. Naturalmente há pessoas sagazes o suficiente para detectarem essa ansiedade e a usarem para encerrar o debate. O racismo é um termo cada vez mais fácil e raso de se lançar a esmo e, em muitos casos, desvia nossa compreensão do que está realmente acontecendo em nossa sociedade.

Os lamentos dos britânicos: Reino Unido 313

Em sua raiz, esse medo parece proceder de uma vergonha esmagadora, talvez até de uma culpa, da miríade de males do colonialismo. Por isso poderia ser perturbador hastear a bandeira britânica, mas içar a de uma ex-colônia num evento cultural no Reino Unido seria uma expressão legítima de orgulho de sua cultura. Um tipo de patriotismo, ruim — um outro, bom. Essa atitude é uma interessante mistura de culpa, paternalismo e autoritarismo. Muitas pessoas no Reino Unido se sentem desconcertadas com essas bajulações culturais, porque não habitam o escopo intelectual daqueles que propagam a narrativa dominante. George Orwell estava ciente de tudo isso. Já nos anos 1940, ele escreveu em seu ensaio "O leão e o unicórnio":

> A Inglaterra talvez seja o único grande país cujos intelectuais se envergonham da própria nacionalidade. Nos círculos esquerdistas, sempre se considera que há certa ignomínia em ser inglês, e que é um dever zombar de todas as instituições inglesas, das corridas de cavalos aos empadões de massa com banha. É um fato estranho, mas é uma verdade inquestionável que quase todo intelectual inglês sentiria mais vergonha de se perfilar durante a execução do hino "God Save the King" do que de ser flagrado roubando uma caixa de esmolas.

Orwell estava se referindo especificamente à Inglaterra, e talvez suas observações forneçam uma chave para a lógica de alguns eleitores ingleses pró-Brexit — aqueles que têm um forte senso de identidade nacional e orgulho e que estão aturdidos por uma classe política e midiática aparentemente desligada das vidas das pessoas comuns. Orwell era parte do *commentariat* antes que a expressão fosse inventada. Ele era um exemplo incomum então pela mesma razão pela qual seria hoje — dava-se ao trabalho de experimentar a cultura inglesa tal como ela era vivida por grande parte da população. Isso o ensinava a tentar compreender melhor.

O Reino Unido se manteve unido apesar dos sentimentos nacionalistas e das divisões de classe e religiosas do passado. Ele está sendo posto à prova novamente — ainda não sabemos se será mais uma vez capaz de superar essas divisões e recriar as sociedades relativamente coesas do século xx. A Muralha de Adriano nos mostra quão antigas são nossas divisões, e os muros de Belfast, o quanto ainda temos de avançar e o quanto as coisas podem desandar.

É possível olhar para as fissuras na sociedade britânica moderna, e para as narrativas concorrentes, e perceber como é importante equilibrar as preocupações razoáveis das diferentes facções. Quer seja na Inglaterra, na Irlanda do Norte, na Escócia ou no País de Gales, comunidades precisam estar unidas na experiência compartilhada, constituindo cumulativamente o Estado-nação — unidas, até certo ponto, com valores compartilhados, por mais difícil que seja defini-los. Nosso pior pesadelo é um futuro em que nos retiramos para nossos vários enclaves — a soma das partes não igualando, mas enfraquecendo o todo.

Conclusão
Espaços intermediários

O que foi tornará a ser, o que foi feito se fará novamente;
não há nada novo debaixo do sol.

Eclesiastes 1,9

Quando trabalhava como repórter, uma vez saí da Zona Verde, em Bagdá, com dois colegas no auge da campanha de bombardeios e sequestros, no início dos anos 2000. Na época, o modus operandi fora da Zona Verde era viajar deitado no banco de trás de um carro velho com vidro fumê, acompanhado por dois homens com metralhadoras nos bancos da frente. Ao passar pelo último posto de controle guardado por soldados americanos, cada passo ganhava importância. A cada um, eu estava mais longe da segurança — e de assistência médica, caso alguma coisa desse errado.

É um lugar estranho, onde há pouca gente e ninguém está realmente no comando. Não há qualquer estrutura ou lei, e as pessoas que se aventuram nessa terra de ninguém caem muito enfaticamente nas categorias "nós" ou "eles". Os jornalistas costumavam ser reconhecidos como neutros, mas em geral esses dias ficaram para trás, e em muitos conflitos somos vistos como alvos para represálias ou minas de ouro a serem vendidas ou trocadas por resgates. Nessa ocasião, avançamos algumas centenas de metros, conversamos com um grupo de civis, fomos ficando cada vez mais nervosos e corremos de volta para a relativa segurança da Zona. Na época, ela era sempre bombardeada com morteiros, mas todos concordávamos que era melhor perder a cabeça rápido em estilhaços que para o bando de Abu Musab al-Zarqawi, de faca em punho — a embrionária Al-Qaeda no Iraque.

Esses lugares estranhos — os espaços intermediários — são frequentemente criados por nossos conflitos e divisões. Por vezes ainda são território contestado, por vezes são zonas-tampão mutuamente acordadas. Sejam o que forem, pisar neles pode ser uma experiência inquietante. Você o faz por sua conta e risco, ciente de que ambos os lados estão apontando armas para você à medida que avança.

Existem, infelizmente, muitos exemplos modernos. O Chipre está dividido ao meio, entre gregos e turcos cipriotas, por uma zona-tampão de 178 quilômetros de extensão. A parte mais sombria é o bairro Varosha, da cidade de Famagusta. Em 1974 os habitantes fugiram, temendo um massacre por tropas turcas, e nunca retornaram. Varosha está agora isolado por arame farpado, torres de vigia e tropas turcas. Dentro dessa cidade-fantasma reina o silêncio, só quebrado pelo canto dos pássaros. As ruas estão vazias, as calçadas cobertas de mato, e muitos dos prédios abandonados ainda estão em ruínas por causa da guerra que se seguiu à invasão turca de 1974. À noite, o lugar desaparece na escuridão: não há luzes, porque não há pessoas. Não se pode cruzar a divisão em Varosha, embora haja hoje sete outros pontos no Chipre em que um funcionário de um lado irá verificar seu passaporte antes que você avance algumas centenas de metros para chegar ao outro, quando deverá apresentá-lo de novo. Ambos os lados vigiam o espaço intermediário; um lugar

Conclusão: Espaços intermediários 317

sombrio, fora dos limites da segurança e do conforto, onde você é vigiado, e além do qual está o "outro".

Separação forçada e confrontações violentas são os efeitos extremos do que acontece quando construímos muros — e quando as divisões que eles representam são aparentemente insuperáveis. Ninguém quer isso: esses espaços e essas situações são amedrontadores e desumanizadores. Passar de um lado para o outro sob escrutínio e ameaça pode ser perturbador.

Deslocar-se entre Israel e Gaza é uma experiência fria, isoladora: tem-se a impressão de ter sido apanhado em algum lugar entre um pesadelo de ficção científica e algum tipo de experimento de laboratório. Para atravessar a partir de Israel, é preciso passar por dois postos de controle israelenses. Guardas armados vigiam de trás de um vidro à prova de bala. Seus pertences são minuciosamente examinados. No fim de um longo corredor, você aperta um botão; a câmera no alto dá uma longa olhada em você antes que a porta se abra. Uma vez do lado de fora, você está em Gaza. Mas não há pessoas ali; você está num corredor cercado, num trecho de terra de ninguém de mais de mil metros de largura (em alguns lugares é mais largo). Finalmente você emerge na áspera luz do sol e no matagal. Várias centenas de metros à frente, um posto de controle palestino aguarda, embora ali as inspeções sejam menos minuciosas. A viagem de volta tem controles muito mais rigorosos no lado israelense: guardas de fronteira monitoram os painéis de câmeras por trás de janelas de vidro escuro; sensores de som e toque estão embutidos ao longo de todo o muro e perto dele; scanners de corpo inteiro, do tipo que encontramos hoje nos aeroportos, são utilizados; a bagagem sofre uma varredura em busca de indícios de explosivos.

318 *A era dos muros*

Isso talvez pareça uma rotina hostil e excessivamente rigorosa, mas pode-se dizer que funciona. O muro reduz a probabilidade de que homens-bomba de Gaza entrem em Israel, e o pedaço de terra de ninguém afasta para trás em pelo menos mil metros o alcance de mísseis disparados contra Israel. É uma verdade incômoda. Sim, a simples visão do Muro de Gaza, das barreiras em volta de Bangladesh, do arame farpado entre a Hungria e a Sérvia ofendem nossas sensibilidades e são um testemunho de nosso fracasso em resolver nossas diferenças.

É fácil censurar a tendência a construir muros; e muros podem de fato dar a questões difíceis uma falsa aparência de resolução. No entanto, embora barreiras possam ser exemplos de fracassos no discurso humano, elas podem fornecer alívio temporário e parcial de problemas, mesmo quando os países trabalham por soluções mais duradouras, especialmente em áreas de conflito. O Muro de Gaza, junto com muitas outras medidas, por exemplo o sistema antimísseis Cúpula de Ferro, reduziu enormemente o número de fatalidades no lado israelense do conflito. O muro saudita na fronteira com o Iraque ajudou a evitar infiltração pelo EI. É difícil de engolir, mas às vezes muros de fato funcionam. Pessoas bem-intencionadas querem que todos os muros venham abaixo — e elas estão do lado dos anjos. Mas tente dizer isso a alguém na Irlanda do Norte que não quer ser alvo de um coquetel molotov.

Às vezes, parece também que é mais fácil dividir do que unir. Veja, por exemplo, as múltiplas complexidades que envolvem as Coreias do Norte e do Sul. Uma das razões para essa divisão particular durar há tanto tempo é que existem cinco atores no jogo — e cada um tem uma visão diferente do futuro.

Conclusão: Espaços intermediários 319

Para os Estados Unidos, é imperativo evitar que a Coreia do Norte se torne capaz de atingi-los com uma arma nuclear, mas manter uma presença militar na Coreia do Sul é importante também para se opor ao crescente poder naval da China no mar Amarelo e além. Isso se choca tanto com a estratégia da China quanto com os projetos da Coreia do Norte de dominar toda a península, o que por sua vez vai de encontro aos interesses da Coreia do Sul. Enquanto isso, o Japão, que abriga suas próprias bases americanas, ficaria alarmado com a perspectiva de uma Coreia unificada, sobretudo uma sob influência chinesa, pois considera a península como um amortecedor entre ele e a China. As dificuldades envolvidas aqui servem como um lembrete de por que pode ser tão difícil superar divisões no nível político.

E quanto aos muros em áreas em que não há conflitos? A política húngara do arame farpado, tanto no sentido físico quanto no sentido político, reduziu o fluxo de entrada de pessoas, mas é improvável que vá detê-lo por completo. E a migração em massa não vai terminar num futuro previsível. As pessoas que se deslocam estão fugindo da pobreza e/ou da violência, dirigindo-se para países mais ricos, mais estáveis. Enquanto esses níveis de pobreza e conflito prevalecerem — e em todo o Oriente Médio e a África isso provavelmente continuará — as ondas de migrantes continuarão, talvez até aumentem. A população do mundo ainda está crescendo: na África, que já abriga uma pobreza generalizada, espera-se que a população dobre, passando de 1,2 bilhão hoje para 2,4 bilhões dentro de cerca de trinta anos. Assim, embora o índice de pobreza esteja diminuindo, à medida que a população aumenta haverá provavelmente mais pessoas presas na pobreza generalizada, com pouca esperança ou oportunidade de mudar suas circunstâncias.

Vários dos países mais ricos continuarão a erguer muros para ajudar a estancar o fluxo de migrantes. Algumas pessoas argumentam, contudo, que deveríamos nos livrar não apenas dos muros, mas das próprias fronteiras — e permitir o movimento completamente livre, de modo que qualquer pessoa possa ir para qualquer lugar do planeta que deseje.

Num ensaio publicado em 2017 na *Foreign Affairs*, Nathan Smith, professor assistente de economia na Escola de Negócios da Fresno Pacific University, descreveu essa ideia de "fronteiras abertas" como

> um regime de liberdade de migração quase completa no mundo todo, com raras exceções para evitar terrorismo ou a propagação de doenças contagiosas [...]. Acabar com os controles migratórios dessa maneira aumentaria a liberdade, reduziria a pobreza global e aceleraria o crescimento econômico. Mas, mais fundamentalmente, contestaria o direito que têm os governos de regular a migração por motivos arbitrários de soberania [...]. A alocação mais eficiente da mão de obra resultaria em aumentos globais da produtividade, levando a economia mundial a quase dobrar em tamanho. Essa maior atividade econômica iria, ademais, beneficiar desproporcionalmente as pessoas mais pobres do planeta.

Smith sustenta que, abrindo as fronteiras, poderíamos pôr fim à pobreza no mundo, sendo portanto, de certo modo, um dever moral para aqueles de nós que estamos no Ocidente fazê-lo. Há até uma opinião de que a prática da cidadania dentro de um Estado é tão violenta e discriminatória

Conclusão: Espaços intermediários 321

quanto o comércio de escravos, porque põe os direitos dos cidadãos acima dos direitos humanos e assim legitima a ideia de que algumas pessoas são mais humanas que outras. Se isso viesse a ocorrer, a pressão sobre os recursos no Ocidente seria imensa: sistemas de Estados de bem-estar social, por exemplo, teriam efetivamente de ser desmontados. Smith reconhece que "fronteiras abertas iriam provavelmente levar a um grande aumento da extrema pobreza visível no Ocidente", mas contra-argumenta que "empobrecimento nos padrões ocidentais parece afluência para grande parte do mundo", e que os benefícios para milhões superam os inconvenientes e as desvantagens para os ocidentais.

Grande parte do que se escreveu sobre fronteiras abertas revela um profundo ódio ao Ocidente, ou pelo menos uma vergonha com relação a ele, em razão de sua história violenta e imperialista. É abertamente declarado que permitir o influxo em massa contribuiria em certa medida para corrigir erros históricos. Os defensores das fronteiras abertas raramente olham para o impacto potencial de suas ideias sobre lugares como o Japão, a Índia ou a África do Sul, mas quase sempre para a América do Norte e a Europa. Em seus próprios círculos, eles acreditam que são humanitários de mente aberta, mas isso pode às vezes ser traído por comentários como o seguinte, de Smith: "Direitos individuais como liberdade de expressão são, em certo sentido, antidemocráticos, porque significam que por mais que as pessoas em sua maioria odeiem o que alguém diz, elas não podem silenciá-lo". Esse é um reflexo do novo espírito de censura disseminado na academia americana.

Em termos puramente práticos, é possível defender o argumento humanitário de que, no geral, as coisas iriam "se nivelar" se o movimento fosse completamente livre. Contudo, essa teoria não parece levar em conta dois elementos decisivos. O primeiro é que efeito esse movimento em massa teria sobre os países que estivessem sendo abandonados. Os primeiros emigrantes seriam aqueles com recursos, não mais precisando se submeter a viagens perigosas à mercê de traficantes e através de desertos e mares. Com menos médicos, professores e outras pessoas instruídas, esses países entrariam em declínio — talvez até entrassem em colapso e se tornassem inteiramente indigentes — sem absolutamente nenhuma perspectiva de progresso.

O segundo problema é a natureza humana — ou, mais especificamente, a identidade de grupo. Uma visão otimista sustenta que os Estados-nações na ponta receptora terão de lutar mas enfrentarão a situação e absorverão os recém-chegados. Um olhar para a história e para o presente, contudo, sugere que uma visão mais cautelosa da humanidade pode ser necessária. Na realidade, movimentos em massa já provocaram mal-estar: populações locais não parecem ficar felizes quando grandes números de forasteiros caem sobre elas. O impacto sobre a política na Europa é claro: houve um nítido movimento para a direita e a extrema direita. É uma história semelhante em todo o globo. É comum ler artigos que condenam os países ocidentais por ter algumas das leis de imigração mais restritivas e os níveis de racismo mais elevados do mundo. Outras regiões são igualmente capazes de ser anti-imigrantes, violentas, intolerantes do ponto de vista religioso e racistas. As pressões da globalização e o aumento da população estão sendo sentidos no mundo todo, e estamos vendo um aumento dos nacionalismos — tanto seculares como religiosos — como resultado. Na Índia, por exemplo, dada a atitude predominante em relação

Conclusão: Espaços intermediários

aos níveis atuais de imigração para os estados do Nordeste, parece improvável que um aumento em massa da migração proveniente de Bangladesh reduziria o atrito.

Em outro ponto do planeta, desde 2014 os moradores da cidade paraguaia de Encarnación foram separados de seus vizinhos argentinos em Posadas por um muro de concreto de 4,5 metros de altura e 1,6 quilômetro de comprimento, ao longo do rio do lado argentino. As razões oficiais para a construção foram vagas, mas o contexto era claro: fez parte da crescente ansiedade, num dos países mais liberais da América do Sul, com relação à migração. Ao lado do Paraguai está a Bolívia, de onde também partem migrantes em direção à Argentina. Isso levou o congressista da província argentina setentrional de Salta, Alfredo Olmedo, a dizer: "Temos que construir um muro... Concordo 100% com Trump".

Fronteiras abertas não vão funcionar no clima atual — ou mesmo num futuro próximo. Entretanto, vale a pena considerar a ideia para ver de que lado dessa cerca particular você cai. Se você não apoia a crença audaciosa de que a experiência funcionaria, então talvez, dadas as estruturas atuais, fronteiras sejam necessárias. Se você de fato adota essa opinião, restam as perguntas: que tipo de fronteiras, e quantas pessoas podem se deslocar?

Não há soluções simples aqui, mas o que está claro é que se não deslocarmos mais dinheiro para onde a maioria das pessoas está, muita gente vai tentar se deslocar para onde está o dinheiro. Num futuro mais imediato, os orçamentos de ajuda externa deverão ser aumentados. No futuro próximo, precisaremos de um Plano Marshall do século XXI para que o mundo em desenvolvimento aproveite as riquezas do grupo de nações do

G20 numa redistribuição global da riqueza. Depois da destruição da Segunda Guerra Mundial, o Plano Marshall reconstruiu a Europa. Foi um enorme esforço, impulsionado pelos americanos e executado com a consciência de que iria beneficiar as duas partes. Precisamos agora de um plano de alcance e ambição ainda maiores, com a consciência de que ajudará a todos. Ele deve abranger o desenvolvimento, a infraestrutura, o comércio, a educação, a saúde e as mudanças climáticas.

Já tivemos uma prova do que vai acontecer sem essas medidas. A migração vai continuar, na verdade vai aumentar, e em face dessa "ameaça" à sua própria prosperidade e estabilidade as nações mais ricas irão apenas se tornar mais protetoras do que é delas — território, serviços, cultura —, alimentando ainda mais os movimentos nacionalistas e a mania de construir muros. Se a vasta maioria dos especialistas em mudanças climáticas estiver certa, o aumento dos níveis do mar significará que outros milhões de pessoas irão se deslocar. O nível da água do mar não é a única questão: a cientista do clima Katherine Hayhoe diz que estamos entrando num período de "estranheza global", com padrões climáticos estranhos afetando a maioria das partes do planeta de diferentes maneiras. Alguns rios estão inundando com mais frequência, por exemplo, ao passo que outros estão secando completamente. Milhares de rios na China já desapareceram neste século.

Esse tipo de mudança só fará a migração aumentar, à medida que as pessoas tentarem escapar de seus efeitos. Sem ação internacional conjunta, a política nacional se tornará mais maldosa, as barreiras ficarão mais altas e serão feitas tentativas cada vez mais violentas para repelir fisicamente aqueles que transpõem os muros. Muitos radicais e xenófobos (com fre-

Conclusão: Espaços intermediários 325

quência as mesmas pessoas) querem imigração zero. Isso é ruim, tanto do ponto de vista humanitário quanto econômico.

Os países ocidentais precisam de imigrantes para o futuro a médio prazo, a fim de poderem se sustentar. Digo médio prazo porque se prevê que a tecnologia substituirá muitos postos de trabalho. Durante as próximas décadas, o aumento dos robôs assegurará que grandes números de pessoas deixarão de ser necessários em suas atuais indústrias. Tendo em conta a engenhosidade humana, é provável que novas ocupações em que nunca sequer pensamos irão resolver parcialmente essa dura passagem para uma nova era, mas ela está chegando, e será difícil. Ainda não ouvi uma solução especializada para os problemas que surgirão quando o ponto de inflexão for atingido — quando a máxima automação se encontrar com a máxima migração. Mas, por enquanto, o mundo precisa de migração em níveis sustentáveis, que, por exemplo, não esvaziem Bangladesh e desestabilizem a Índia. Mas não está claro como controlar isso: quem deveria ser acolhido — migrantes econômicos benéficos para a prosperidade do país ou refugiados fugindo da guerra e da perseguição? Quem decide quem se enquadra nessa categoria?

E como podem esses recém-chegados ser integrados de uma maneira que não cause problemas com os nativos? A maior parte do Ocidente aceitou, e em alguns casos abraçou, a diversidade. Ideias de "pureza racial" desapareceram há muito, confinadas às margens, tal como vimos nas manifestações dos supremacistas brancos em Charlottesville, nos Estados Unidos, em 2017. Qualquer nível de violência para com o "outro" é inaceitável: o bombardeio de centros de migrantes na Alemanha, por exemplo, é uma vergonha.

Mas embora a maioria dos ocidentais não se envolva nesse tipo de comportamento extremado, eles querem preservar os valores subjacentes de sua cultura, e também algum senso de comunidade.

O Estado-nação foi uma maneira extremamente bem-sucedida de reunir pessoas, em muitos casos criando unidade a partir de desunião — e, apesar de todos os seus defeitos, essas enormes tribos constituídas por aldeias, cidades e regiões criaram o mundo moderno. O título do livro de Hillary Clinton, *É tarefa de uma aldeia*, vem de um provérbio africano, que dizem ter se originado na Nigéria: "Criar uma criança é tarefa de uma aldeia". A responsabilidade de criar uma criança é um esforço comunal compartilhado com a "família" mais ampla — é de fato tarefa de uma aldeia, e de uma cidade, e de uma região, e de um país criar uma cultura pela qual todos sejam responsáveis.

A ideia do Estado-nação como uma família causou sua cota de problemas, é claro. Ela pode levar a nacionalismo desenfreado, sobretudo entre aqueles que acreditam no conceito de "certo ou errado, é o meu país". O escritor geopolítico George Friedman descreve "o amor aos seus" como "uma questão que está no cerne de qualquer compreensão de como os seres humanos se comportam e se o seu comportamento pode ser previsto". Friedman afirma que o amor aos seus é uma parte inevitável de ser humano. De certo modo, o nacionalismo se baseia nessa emoção, razão pela qual é encarado com desconfiança e como algo negativo. No entanto, a autodeterminação nacional é vista como justa e positiva em certos contextos: o nacionalismo irlandês no século XIX, o nacionalismo kosovar no século XX e o nacionalismo palestino no século XXI são res-

Conclusão: Espaços intermediários 327

peitados como causas nobres ainda que estejam fundados no amor aos seus.

O fim do Estado-nação é frequentemente previsto por uma variedade de razões: globalização, superestruturas federais como a UE, a ascensão das cidades-Estados e, mais recentemente, a ascensão de criptomoedas, como o Bitcoin. Ainda assim, as nações e os Estados continuam sobrevivendo. Mais ainda, o mundo de Estados-nações em que vivemos trouxe com ele uma relativa estabilidade. Percorremos um longo caminho, mesmo que haja mais a percorrer. Compare a era do pós-Segunda Guerra Mundial com os 75 anos que a antecederam e você poderá ver quanto progresso fizemos. Em termos globais, os índices de alfabetização aumentaram e os de pobreza diminuíram. Esse progresso pode continuar por meio da ciência, de princípios democráticos e de boa liderança — e da adesão à máxima muitas vezes erroneamente atribuída a Voltaire: "Posso não concordar com o que você diz, mas defenderei até a morte o seu direito de dizê-lo".

Após séculos de derramamento de sangue, imperialismo e muitos outros males, os países ocidentais são agora sustentados por uma crença compartilhada na democracia, igualdade de gênero, liberdade de religião e liberdade de expressão. Naturalmente, às vezes uma nação não é conduzida de acordo com seus próprios valores civilizados, mas essa hipocrisia não significa que os valores não estão lá. O que a maioria do povo quer é que aqueles que chegam às suas comunidades compartilhem seus valores, ou no mínimo os tolerem e não militem contra eles. Uma grande proporção de europeus modernos não objetaria se um casal homossexual se mudasse para a casa ao lado, mas ficaria infeliz com um vizinho homofóbico tentando gerar ódio contra homossexuais. Precisamos, portanto, encontrar uma maneira para que os recém-chegados que ingressam na comunidade anfitriã não busquem solapar os seus valores. Isso não é uma questão de raça ou religião, ou simplesmente de boas maneiras: o único lugar em que o convidado pode quebrar os pratos é num restaurante grego. Nessa relação de mão dupla, é também responsabilidade do anfitrião acolher bem o convidado. Isso se aplica a convidados e anfitriões em países e culturas do mundo inteiro. Dessa maneira, ambos os lados podem construir pontes e estender os braços um para o outro.

Parece que reconhecemos nossas limitações ao redigir o Tratado do Espaço Sideral — as leis da Organização das Nações Unidas sobre a propriedade do espaço —, que declara que "o espaço sideral, inclusive a Lua e outros corpos celestes, não está sujeito a apropriação nacional por reivindicação de soberania, por meio de uso ou ocupação, ou por quaisquer outros meios". O Tratado estabelece a exploração e o uso do espaço sideral como a "província de toda a humanidade". O Tratado da Lua expande essas cláusulas declarando que

> nem a superfície nem o subsolo da Lua [ou outros corpos celestes no sistema solar], nem qualquer parte dela ou recursos naturais ali existentes passarão a ser propriedade de qualquer Estado, organização internacional intergovernamental ou não governamental, organização nacional ou entidade não governamental ou de qualquer pessoa física.

Conclusão: Espaços intermediários 329

Para a Terra, contudo, é tarde para começar de novo. O planeta e seus habitantes humanos são complexos demais para haver uma mudança súbita para um governo global em que os Estados-nações sejam dissolvidos e o mundo seja a "província de toda a humanidade".

Assim, até que haja uma aceitação da fraternidade universal do homem, e um mundo em que não haja competição por recursos, construiremos muros. Sempre foi assim. Somos animais. Maravilhosos, por vezes belos, por vezes feios, incríveis em nossa capacidade, infinitos em nossa imaginação, mas ainda criaturas deste mundo, e como todas as outras criaturas precisamos do nosso espaço.

"No princípio" já estragamos as coisas. Se nos fosse dado um novo começo, um pedaço de papel em branco e o conhecimento de como nos saímos até agora, iríamos provavelmente redigir um novo conjunto de regras sobre como viver e como compartilhar. A condição humana significa que talvez nunca possamos alcançar completa unidade, mas isso não elimina a obrigação de tentar.

Há um provérbio presente na maioria das línguas: "Boas cercas fazem bons vizinhos". Não é um dito simplório banal; ele afirma uma verdade inevitável sobre fronteiras tanto físicas quanto psicológicas. Fazemos planos para um futuro em que esperamos o melhor e tememos o pior, e porque tememos construímos muros.

Entretanto, se essa parece uma visão sombria da humanidade, há um lado positivo. Nossa capacidade de pensar e de construir também nos dá a capacidade de encher os espaços entre os muros com esperança — de construir pontes. Para cada muro entre países há uma autoestrada da informação, para cada Al-Qaeda há um grupo inter-religioso e para cada sistema de defesa antimísseis há uma estação espacial internacional. As nações ricas doam bilhões de dólares para caridade. O estabelecimento dos direitos humanos reconhece que, ao menos em teoria, os seres humanos são criados iguais. Construímos grandes salões onde nos reunir, discutir e resolver nossos desacordos. A Organização das Nações Unidas, a UE, a União Africana, a Associação de Nações do Sudeste Asiático (ASEAN), o Mercosul, a Organização dos Países Exportadores de Petróleo (OPEC), a Otan, o Banco Mundial e centenas de outras organizações pan-nacionais e globais foram criadas para ajudar a nos unir e mediar nossos conflitos. Elas são um reconhecimento formal da condição humana, e por meio delas as megatribos procuram resolver suas diferenças, mantendo seus muros enquanto buscam soluções mais duradouras. Uma das minhas palavras favoritas na língua inglesa é "compromise".*

Assim, embora neste momento o nacionalismo e as políticas identitárias estejam mais uma vez em ascensão, existe a possibilidade de que o arco da história se curve em direção à unidade.

---

* Além de compromisso, "compromise" significa acordo, concessão mútua, solução conciliatória. (N. T.)

Agradecimentos

Obrigado a todos na Elliott & Thompson pelo apoio constante num projeto de dois anos e por cortarem "floreios" suficientes para abrir uma floricultura. Obrigado também a Wen Qi, Sabrina Zeng, Sam Bamba, Sameer Bazbaz, Mina al-Oraibi, dr. Rogier Creemers, dr. Reece Jones, Fawaz Gerges, David Waywell, Henry Robinson, professor Stuart Elden e David Kornbluth.

Bibliografia

1. China (pp. 19-54)

BANDURSKI, David. "China's 'positive' prescription for dissent". China Media Project, 17 nov. 2014. Disponível em: <cmp.hku. hk/2014/11/17/37177/>.

ChinaKnowledge.de. Disponível em: <www.chinaknowledge.de/ Literature/Historiography/shiji.html>.

"China's urban-rural divide", *OECD Observer*, out. 2016. Disponível em: <oecdobserver.org/news/fullstory.php/aid/5669/China_92s_urban--rural_divide.html#sthash.4EDnGCMf.dpuf>.

CLAPP, Frederick G. "Along and across the Great Wall of China". *Geographical Review*, v. 9, pp. 221-49, abr./jun. 1920.

DENYER, Simon. "China's scary lesson to the world: Censoring the Internet works". *Washington Post*, 23 maio 2016.

GOH, Chor-ching, Xubei Luo e Nong Zhu. "Income growth, inequality and poverty reduction: A case study of eight provinces in China". *China Economic Review*, v. 20, n. 3, pp. 485-96, set. 2009.

MAN, John. *The Great Wall*. Londres: Bantam Press, 2008.

PIKETTY, Thomas e Gabriel Zucman. "Capital is back: Wealth-income ratios in rich countries 1700-2010". *Quarterly Journal of Economics*, v. 129, n. 3, pp. 1255-310, 2014.

WALDRON, Arthur N. "The problem of the Great Wall of China". *Harvard Journal of Asiatic Studies*, v. 43, n. 2, pp. 643-63, dez. 1983.

WHITELEY, Patrick. "The era of prosperity is upon us". *China Daily*, 19 out. 2007.

WONG, Sue-Lin e Michael Martina. "China adopts cyber security law in face of overseas opposition". Reuters, 7 nov. 2016.

2. Estados Unidos (pp. 55-96)

CHANNICK, Robert. "Illinois contractor bidding to build Trump's border wall — with a tourist draw". *Chicago Tribune*, 3 abr. 2017.

COOK, Lindsey. "US education: Still separate and unequal". US News, 28 jan. 2015.

DEAR, Michael. *Why Walls Won't Work: Repairing the US-Mexico Divide*. Nova York: Oxford University Press, 2015.

"Education at a glance 2012: OEDC indicators". OEDC Publishing, set. 2012. Disponível em: <www.oecd.org/edu/EAG%202012_e-book_EN_200912.pdf>.

GOODHART, David. *The Road to Somewhere*. Londres: Hurst Publishers, 2017.

HERSHBEIN, Brad. "A college degree is worth less if you are raised poor". Brookings Institution, 19 fev. 2016.

MARTINEZ, Oscar J. "Border conflict, border fences, and the 'Tortilla Curtain' incident of 1978-1979". *Journal of the Southwest*, v. 50, n. 3, "Fences", pp. 263-78, outono 2008.

Mexico's Constitution of 1917 with Amendments through 2015, Constitute. Disponível em: <www.constituteproject.org/constitution/Mexico_2015.pdf?lang=en>.

NEELEY, Jenny. "Over the line: Homeland Security's unconstitutional authority to waive all legal requirements for the purpose of building border infrastructure". *The Arizona Journal of Environmental Law & Policy*, 11 maio 2011.

NOWRASTEH, Alex. *Guide to Trump's Executive Order to Limit Migration for "National Security" Reasons*. Washington, D.C.: Cato Institute, 26 jan. 2017.

OBAMA, Barack. "Floor statement on immigration reform", discurso, 3 abr. 2006. Disponível em: <obamaspeeches.com/061-Immigration--Reform-Obama-Speech.htm>.

"Political polarization in the American public". Pew Research Center, 12 jun. 2014. Disponível em: <www.people-press.org/2014/06/12/political-polarization-in-the-american-public/>.

STOVALL, Preston. "Reassessing cultural divisions in the United States". *Quillette*, 13 jan. 2017.

Yearbook of Immigration Statistics. Washington, D.C., DHS Office of Immigration Statistics, 2015.

3. Israel e Palestina (pp. 97-130)

"Behind the headlines: Facts and figures — Islam in Israel". Israel Ministry of Foreign Affairs, 9 jun. 2016. Disponível em: <mfa.gov.il/

Bibliografia

MFA/ForeignPolicy/Issues/Pages/Facts-and-Figures-Islam-in-Israel. aspx>.

"A document of general principles and policies". Hamas, 1º maio 2017. Disponível em: <hamas.ps/en/post/678/a-document-of-general-principles-and-policies>.

"Internal fight: Palestinian abuses in Gaza and the West Bank". Human Rights Watch, jul. 2008. Disponível em: <www.hrw.org/report/2008/07/29/internal-fight/palestinian-abuses-gaza-and-west-bank>.

"OEDC reviews of labour market and social policies: Israel". OEDC, jan. 2010. Disponível em: <www.oecd-ilibrary.org/employment/oecd-reviews-of-labour-market-and-social-policies_20743408>.

STARR, Kelsey Jo e David Masci. "In Israel, Jews are united by homeland but divided into very different groups". Pew Research Center, 8 mar. 2016.

VALLET, Elisabeth (Org.). *Borders, Fences and Walls: State of Insecurity?*. Farnham: Ashgate Publishing, 2014.

4. Oriente Médio (pp. 131-59)

AL HOMAYED, Tariq. "Interview with His Majesty King Abdullah II". *Asharq Al Awsat*, 23 jan. 2007. Disponível em: <kingabdullah.jo/en/interviews/interview-his-majesty-king-abdullah-ii-71>.

"The Berm". GlobalSecurity.org, 4 dez. 2017. Disponível em: <www.globalsecurity.org/military/world/gulf/kuwait-the-berm.htm>.

TOMKINS, Richard. "Airbus, Saudi Arabia finish Northern Border Security project". United Press International, 23 set. 2014.

5. Subcontinente indiano (pp. 161-99)

AMBEDKAR, B. R. e S. Anand (Orgs.). *Annihilation of Caste: The Annotated Critical Edition*. Londres/Nova York: Verso, 2014.

COUDERÉ, Hanne. "India: Violence against Dalits on the rise". *The Diplomat*, 19 maio 2016.

HANSON, S. et al. "A global ranking of port cities with high exposure to climate extremes". *Climatic Change*, v. 104, n. 1, pp. 89-111, jan. 2011.

HASNAIN, tenente-general Syed Ata. "Why the fence on the line of control". *South Asia Defence and Strategic Review*, maio 2014.

JONES, Reece. *Violent Borders: Refugees and the Right to Move*. Londres/Nova York: Verso, 2016.

LINDLEY, Mark. "Changes in Mahatma Gandhi's views on caste and intermarriage". *Hacettepe University (Ancara) Social Sciences Journal*, v. I, 1999.

ROY, Arundhati. "India's shame". *Prospect Magazine*, 13 nov. 2014.

SHAMSHAD, Rizwana. "Politics and origin of the India-Bangladesh border fence", artigo apresentado à 17th Biennial Conference of the Asian Studies Association of Australia em Melbourne, 1-3 jul. 2008.

"Skin colour tied to caste system, says study". *Times of India*, 21 nov. 2016.

SUKUMARAN NAIR, P. *Indo-Bangladesh Relations*. Nova Delhi: APH Publishing, 2008.

TRIPATHI, Sanjeev. "Illegal immigration from Bangladesh to India: Toward a comprehensive solution". Carnegie India, 29 jun. 2016.

6. África (pp. 201-34)

AGYEMANG, Felix. "The emergence of gated communities in Ghana and their implications on urban planning and management". *Developing Country Studies*, v. 3, n. 14, pp. 40-6, jul. 2013.

AISIEN, Ebiuwa e Felix O. U. Oriakhi. "Great Benin on the world stage: Reassessing Portugal-Benin diplomacy in the 15th and 16th centuries". *IOSR Journal of Humanities and Social Science*, v. II, n. I, pp. 107-15, maio/jun. 2013.

BEEGLE, Kathleen G. et al. *Poverty in a Rising Africa: Overview*. Washington, D.C.: World Bank Group, 2015.

BREETZKE, Gregory D., Karina Landman e Ellen G. Cohn. "Is it safer behind the gates? Crime and gated communities in South Africa". *Journal of Housing and the Built Environment*, v. 29, n. I, pp. 123-39, mar. 2014.

EDIAGBONYA, Michael. "A Study of the Portuguese-Benin trade relations: Ughoton as a Benin port (1485-1506)". *International Journal of Humanities and Cultural Studies*, v. 2, n. 2, pp. 206-21, jul./set. 2015.

FISHER, Max. "The dividing of a continent: Africa's separatist problem". *The Atlantic*, 10 set. 2012.

Bibliografia

Global Study on Homicide 2013. United Nations Office on Drugs and Crime (UNODC), mar. 2014.

"International Court of Justice gives judgment in Cameroon-Nigeria boundary dispute". International Court of Justice Press Release, 10 out. 2002. Disponível em: <www.un.org/press/en/2002/icj603.doc. htm>.

"Land and Maritime Boundary between Cameroon and Nigeria". The Hague Justice Portal. Disponível em: <www.haguejusticeportal.net/ index.php?id=6220>.

ONUOHA, Mimi. "A 5-mile island built to save Lagos's economy has a worrying design flaw". *Quartz Africa*, 18 mar. 2017.

PEARCE, Fred. "The African queen". *New Scientist*, 11 set. 1999.

"Yoruba kingdoms — Benin and Ife". GlobalSecurity.org, 12 dez. 2017. Disponível em: <www.globalsecurity.org/military/world/africa/ yoruba.htm>.

7. Europa (pp. 235-78)

"Attitudes towards immigration in Europe: Myths and realities". European Social Survey, European Parliament, 19 jun. 2017. Disponível em: <www.europeansocialsurvey.org/docs/findings/ IE_Handout_FINAL.pdf>.

JUDT, Tony. *A Grand Illusion? An Essay on Europe*. Nova York/Londres: New York University Press, 2011.

KATZ, Bruce, Luise Noring e Nantke Garrelts. "Cities and refugees: The German experience". Brookings Institution report, 18 set. 2016.

LAMBERT, Charles. "French immigration problems". *Foreign Affairs*, jan. 1928.

LEUENBERGER, Christine. "Constructions of the Berlin Wall: How material culture is used in psychological theory". *Social Problems*, v. 53, n. 1, pp. 18-37, fev. 2006.

Pew-Templeton Global Religious Futures Project. Pew Research Center report, 2010.

ROSS, Corey. "East Germans and the Berlin Wall: Popular opinion and social change before and after the border closure of August 1961". *Journal of Contemporary History*, v. 39, n. 1, pp. 25-43, jan. 2004.

STEIN, Mary Beth. "The politics of humor: The Berlin Wall in jokes and graffiti". *Western Folklore*, v. 48, n. 2, pp. 85-108, abr. 1989.

STEINMETZ, Vanessa. "Das sollen Flüchtlinge künftig leisten". *Spiegel Online*, 24 maio 2016.

8. Reino Unido (pp. 279-314)

BRUCE, John Collingwood. *The Roman Wall*. Londres: J. R. Smith, 1851.

DIVINE, David. *Hadrian's Wall: North-west Frontier of Rome*. Nova York: Barnes and Noble, 1995.

NOLAN, Paul. "Two tribes: A divided Northern Ireland". *Irish Times*, 1º abr. 2017.

"Population of the UK by country of birth and nationality: 2015". Office for National Statistics, 25 ago. 2016.

TORNEY, Kathryn. "How integrated are the schools where you live?". *The Detail*, 23 nov. 2012.

United Kingdom 2011 Census, Office for National Statistics. Disponível em: <www.ons.gov.uk/census/2011census>.

Créditos das imagens

pp. 20-1: iStock.com/real444; pp. 56-7: Herika Martinez/AFP/Getty Images; pp. 98-9: iStock.com/Joel Carillet; pp. 132-3: Ahmad Al-Rubaye/Stringer/Getty Images; pp. 162-3: STRDEL/AFP/Getty Images; pp. 202-3: Stefano Montesi/Corbis News/Getty Images; pp. 236-7: The Washington Post/Getty Images; pp. 280-1: Dan Kitwood/Getty Images.

Mapas: JP Map Graphics Ltd.

Fontes dos mapas: pp. 31 e 37: The Economist/Sexto Censo Nacional da República Popular da China (2010); p. 65: Openstreetmap.org; p. 82: Pew Research Center; pp. 141-2: CRS, Pew Research Center, CIA World Factbook; p. 179: Diercke International Atlas; p. 214: John Bartholomew & Co; p. 300: BBC.

Índice remissivo

2001: Uma odisseia no espaço (filme), 11

Abbas, Mahmoud, 123
Abdulaziz al Saud, rei Salman bin, 154
Abdullah, rei, 139
Abu Dhabi, 155
Acordo da Sexta-Feira Santa (1998), 295
Acordo de Assam (1985), 173-4
Acordo de Normas Básicas da Fronteira entre a Índia e o Paquistão (1960-61), 189
Afeganistão, 10, 169, 191
África: Casas Provinciais de Líderes Tradicionais, 222; Cidade de Benin, 211-3; colonialismo, 16, 207, 212-4, 216, 220-1; condomínios fechados, 227-8, 232-3; corrupção política, 222; crescimento populacional e pobreza, 319; criação de Estados-nações, 207, 211, 213-5, 219, 233; desigualdade financeira, 224-6, 229-30, 232; disputa da península de Bakassi, 217, 220; divisões religiosas, 222-3; famílias extensas, 232; guerras civis, 207, 217-20; imigração, 225-6; movimentos de independência, 206-8, 217-9; Muro Marroquino, 205-6; secas e fome, 180; taxas de criminalidade, 226; tribalismo, 16, 208, 210; tribalismo e política, 221-2; *ver também países individuais pelo nome*
África do Sul, 209, 221, 225, 321
Agência de Alfândega e Proteção de Fronteiras, EUA, 60-1, 68, 70
Agência de Redução de Ameaças à Defesa (DTRA, EUA), 145

al-Ali, Naji, 103
Al-Aqsa, complexo de, 115
alauitas, 139
Alemanha: educação, 250; envelhecimento da população, 264; imigração, 264, 272-3, 275-7; Muro de Berlim, 9, 238-9, 241, 243, 245-7, 251-2; números da população muçulmana, 268; Oriental e Ocidental, 239-52; partidos de direita, 274-7; "Uma Europa", 257; unificação, 247-8, 250-2
Alemanha Ocidental, 239, 241-2, 246, 248-50
Alemanha Oriental, 238-47; deserção da, 243, 246-7
Ali ibn Abi Talib, 139
Alphaville, São Paulo, Brasil, 229
Al-Qaeda, 142, 147, 316
Ambedkar, B. R., 198
América Latina, 229; *ver também* México
Anfal, campanha militar, 151
Angola, 215-6, 219
Annan, Kofi, 235
Antifaschistischer Schutzwall, 242
antissemitismo, 94, 122; *ver também* Israel e Palestina
Arábia Saudita, 16, 63, 142-3, 157-8; construindo barreiras, 63, 144, 146, 318; divisões internas, 148; reformas iniciadas pela família real, 154-5
arap Moi, Daniel, 222
Arunachal Pradesh, 187
Assad, Bashar al-, 143, 149
Assad, Hafez al-, 143
Assam, Índia, 172-3, 177

Associação Nacional de Rifles, EUA, 77

Ato Único Europeu (1986), 253

Áustria, 10, 246, 263, 272, 277

Autoridade Palestina (AP), 122, 127-8

Baath, partido, 151, 158

Bachmann, Lutz, 275

Bakassi, península, 217, 220

bakongo, povo, 216

Balfour, Arthur, 104

Banco Mundial, 224

Bandurski, David, 52

Bangladesh, 11, 165-84, 187, 189, 192, 323; Guerra de Independência, 172; mudança climática, 178-81; povo rohingya, 181, 183-4

Bango Bhoomi, 177-8

Banksy, 102-3, 105

Barak, Ehud, 130

Batalha de Carbala (680), 140

BBC (British Broadcasting Corporation), 301

Beda, Venerável, 287

beduínos, 120

Bélgica, 256

Bielorrússia, 260

Birmânia ver Mianmar

bitcoin, 327

Botsuana, 223, 225

brâmanes, 194, 197

Brandt, Willy, 248

Brasil, 229

Brexit, 16, 256, 287, 289, 293, 295-6, 299, 302

Brown, Gordon, 305

Bruxelas, 253, 256, 269

budismo, 34

Bulgária, 255, 261

Bundu dia Kongo, movimento, 216

Burundi, 218

Bush, George W., 70

Butão, 187, 192

caçadores-coletores, 12

Caixa-d'Água asiática (Tibete), 33

Camarões, 217, 220

Cameron, David, 231

canal da Mancha, 263

Casamansa, província de, Senegal, 217

Casas Provinciais de Líderes Tradicionais, África, 222

castas, sistema indiano de, 193-4, 196, 198

Catalunha, 256

católicos e protestantes, Irlanda do Norte, 295, 297-8

Caxemira, 187-8, 190

Chicago Tribune, 61

China, 11, 15; Administração do Ciberespaço, 52; budistas, 34; comércio e indústria, 33, 36-7, 49, 53; Coreias do Norte e do Sul, 319; desigualdade financeira, 24, 35, 37-9, 43; dinastia Qin, 30; divisão urbano/rural, 24, 37; educação, 40; envelhecimento da população, 43; financiamento social, 40-1, 43-4; fomento da população urbana, 39; fontes hídricas, 33, 324; governo, 24, 28-9, 32-5, 38-46, 49, 51-2; Grande Firewall/Escudo Dourado, 45-54; Grande Muralha da China, 25-30; guerra civil, 35; legislação de segurança cibernética, 49-53; ocultação de informação, 45-52, 92; povo han, 26-7, 30-2, 34, 44, 54; reivindicações de Arunachal Pradesh, 187; relações com Mianmar, 186; Revolução Cultural, 29-30; sistema hukou, 40, 42; Tibete, 33, 169; uigures e divisão han, 31-2, 47-8

China Media Project, 52

Chipre, 316

Cidade de Benin, África Ocidental, 211-3

Cisjordânia, 101, 103, 105, 108-9, 127-8; ver também Israel e Palestina

Clayton Industries, 61

Índice remissivo

343

Clinton, Bill, 74
Clinton, Hillary, 70, 326
colonialismo, 35, 135, 151, 167, 313; África, 16, 207, 212-4, 216, 220-1
comércio e indústria: China, 33, 36-7, 49, 53; Estados Unidos, 76-7, 83
comércio eletrônico, 53
Coming to Birth (M. O. Macgoye), 210
Comissão de Mobilidade Social e Pobreza Infantil, Reino Unido, 301
Comissão Europeia, 258
Comunidade Econômica Europeia (cee), 252-3
condomínios fechados, 227-8, 230-3
conflito ucraniano-russo, 259
Congresso Nacional Africano, 221
Conselho Republicano de Mombaça, 217
contrabando através de fronteiras, 68, 75, 125, 192
contrabando de armas, 75, 125
Convenção Anglo-Otomana (1913), 148
Corão, 154, 158
Coreia do Norte, 319
Coreia do Sul, 319
córnicos, nacionalistas, 290, 293
Corte Internacional de Justiça (cij), 220-1
Cortina de Ferro, 240, 244, 246
"Cortina de Tortilhas", 69
Costa do Marfim, 208-9, 223
Coulter, Ann, 59
Creemers, Rogier, 46, 48, 50
crise financeira (2008), 256
Crisis Resolution Security Services, 61
cristianismo, 13, 112, 120, 124, 171, 184, 222, 262; no Reino Unido, 295-9, 308; nos Estados Unidos, 88
Croácia, 10, 261
Curdistão iraquiano, 151
Curdistão/curdos, 143, 150-1

d'Azeglio, Massimo, 257
dalits/intocáveis, 195-8

Darling, Patrick, 211
Declaração Balfour (1917), 103
Deng Xiaoping, 29, 36, 42
desigualdade financeira, 230-1; África, 224-6, 229-30, 232; Alemanha, 249; China, 24, 35, 37-9, 43; Israel, 114, 119; Reino Unido, 301-4
Deterling, Harry, 243
Dinamarca, 10, 263, 266
dinastia safávida persa, 144; *ver também* Irã
disputa por fronteira terrestre e marítima, 217, 219, 221
"Doença do Muro" (*Mauerkrankheit*), 244
Domo da Rocha, 115
Duffy, Gillian, 305
Durand, Henry Mortimer, 191

Economist, The, 228
Eduardo i da Inglaterra, rei, 289
educação: Alemanha, 250; China, 40; Estados Unidos, 86, 92-3; Israel, 119; Oriente Médio, 157; Reino Unido, 301
Egito, 111, 124, 135-6, 138, 142, 144
Emirados Árabes Unidos (eau), 143
envelhecimento das populações, 43, 264
Eredo de Sungbo, 213
Eritreia, 218
Escandinávia, 256
Escócia, 256, 285-6, 289-90; língua gaélica, 290; parlamento escocês, 291-2; Referendo sobre independência (2014), 291-2; relação com a Inglaterra, 290-2, 294, 299
escravidão, 66, 95
Eslovênia, 10, 263, 277
espaço sideral, 241; propriedade do, 328
Espanha, 65-6, 206, 220, 256, 260
Estado Islâmico (ei), 32, 111, 142, 145-6, 155, 318
Estados Unidos, 15, 321; Agência de Redução de Ameaças à Defesa

344   *A era dos muros*

(DTRA), 145; agências de proteção das fronteiras, 60-1, 68, 70; alargamento da divisão política, 90-1, 94-5; comércio e indústria, 76, 83; condomínios fechados, 228; Coreia do Norte, 319; direitos dos cidadãos e igualdade, 62-3; diversidade religiosa, 88; educação, 86, 92-3; extremismo estudantil, 92-3; fronteira com o México, 11, 64-77, 79, 81; Guerra do Iraque (2003-11), 136-7, 149; imigração, 61, 68-76, 83; plano de muro fronteiriço de Trump, 59-61, 63-4, 74, 77, 79; Plano Marshall, 323; população hispânica, 63-4, 81, 83-4; população negra, 83-4, 86-7; relações raciais/desigualdade, 16, 81-7, 93-5; republicanos, 16, 60, 73, 90; supremacistas brancos e separatistas negros, 94; terrorismo, 73-4

Estados-nações, 326-7; na África, criação colonialista de, 207, 211, 213-5, 219, 233

Etiópia, 218

Europa, 10, 15, 158, 244, 260, 321

Europeus Patriotas Contra a Islamização do Ocidente (Pegida), 275-6

exército jacobita, 287

exploradores portugueses, 212-3

Facebook, 13, 47-8

"família Zhao", 37-8, 43

Farook, Syed Rizwan, 74

Farrakhan, Louis, 94

Fatah, 122

Fergany, Nader, 152

Força de Segurança das Fronteiras (FSF), Índia, 166

forças houthis xiitas, 142, 147

Foreign Affairs, revista, 270, 320

França, 143, 256, 267-70, 277

Frente Nacional Francesa, 270-2, 277

Frente Nusra, 111

Frente pela Autodeterminação de Bakassi (FAB), 217

Frente Polisário (FP), 205-6, 220

Friedman, George, 326

"fronteiras abertas", teoria das, 320-3

Gana, 223, 232

Gandhi, Indira, 173

Gandhi, Mahatma, 168, 196

Gandhi, Rajiv, 173

Gaza, 105, 110, 121-9, 317-8

Gerges, Fawaz, 110, 156

glaciar de Siachen, 190

Gleicke, Iris, 274

globalização, 13, 77, 224, 252, 302-3, 327

Goodhart, David, 302-3

Goodwill Zwelithini kaBhekuzulu, rei, 225-6

Gorbachev, Mikhail, 9, 245

Graham, Lindsey, 60, 80

Grande Depressão, 68

Grande Firewall da China, 44-54

Grande Muralha da China, 25-30

Grécia, 10, 254, 261, 263, 268, 272

Grupo de Visegrado, 256

Guerra Árabe-Israelense (1948), 105

Guerra do Iraque (2003-11), 136-7, 149, 158

Guerra dos Seis Dias, 105

Guerra Fria, 240, 242, 251, 255, 260

Guerra Irã-Iraque, 14

Guerra Mexicano-Americana, 64, 67

hadith, 154

Hadrian, Rod, 61

Hamas, 110, 122, 124, 126, 128, 130

han, povo, 26-7, 30-2, 34, 44, 54

Handala, 103

Hari, Michael, 61

Harkat-ul-Jihad al-Islami, 177

Hayhoe, Katharine, 324

Heyer, Heather, 94

Hezbollah, 130, 139, 143

Himalaias, 33, 179, 187

hindus, 88, 167, 169, 171-3, 175-6, 193-8

Holanda, 272, 277

Índice remissivo

Hollande, François, 270
Honecker, Erich, 246
Houphouët-Boigny, Félix, 223
hukou, sistema, 40, 42
Human Rights Watch, 174
Hungria, 10, 246, 255-7, 261-2, 269, 272, 277, 318-9
Hussein, Saddam, 137, 141, 146, 148, 151
hutus, 218

Iêmen, 136, 138, 141-2, 147
ijtihad, 154
imigração: dentro da África, 225-6; Estados Unidos, 61, 68-76, 83; fronteira Egito-Israel, 111; fronteira Kuwait-Iraque, 149; importância da integração, 325; Índia, 166-7, 169, 171-5, 181, 323; México, 66, 73; Reino Unido, 304-7; teoria das "fronteiras abertas", 320-3; União Europeia, 254-6, 258, 260-7, 270-1, 273, 319, 321, 324-5
Império Romano, 283-6
Índia, 33, 321; agitação em Assam, 172-3; Caxemira, Linha de Controle, 187, 190; cerca na fronteira com Bangladesh, 11, 165-7, 174, 178; divisões religiosas, 167, 169, 172-3, 175-7, 181-4, 194-9; fronteira com Mianmar e tribos nagas, 184-6; fronteira com o Paquistão, 11, 187-90, 193; fronteiras com o Butão e o Nepal, 187; imigração, 166, 169, 171-5, 181, 323; partição da, 167, 169, 171-2, 187; Sistema Abrangente de Gestão Integrada de Fronteiras (Sagif), 188-9; sistema de castas, 193-4, 196-8; teoria de Bango Bhoomi, 177-8
Initium Media, 48
internet, 14, 44-54, 152-3
intocáveis/dalits indianos, 195-8
inundação, 178-81
Irã, 10, 14, 16, 136, 139, 141-4, 146, 150-1, 157-8, 192

IRA Oficial/Provisório, 296
Iraque, 10, 14, 32, 63, 136-7, 141-2, 146, 148-51, 158-9, 316, 318
Irlanda, 298-9, 306, 326
Irlanda do Norte, 294-5, 297-9, 308, 310, 318
Irmandade Muçulmana (IM), 125
islã: divisão entre sunitas e xiitas, 13-4, 16, 139-44, 146, 148, 156, 158, 192; Domo da Rocha, 115; *ijtihad* e o "fechamento da mente árabe", 153-4; integração na UE, 267-71; muçulmanos uigures, 32; na África, 224; na Índia, 167, 169, 172-3; no Reino Unido, 268, 308-10, 312; organizações radicais, 32, 75, 111, 138, 142-3, 145, 155, 171, 183, 272, 318
Israel, 10, 15, 143; comunidade beduína, 120; desigualdade financeira, 114, 119; divisão entre judeus, 112-8; divisões de gênero, 115-6; divisões étnicas, 112; divisões políticas, 117-8; educação, 119; estabilidade relativa, 130; Forças de Defesa de Israel (FDI), 120; população árabe, 119-21; população cristã, 120; sítios religiosos, 115-7
Israel e Palestina, 9, 16; assentamentos judaicos na Cisjordânia, 106; distúrbios pelo "direito de retorno" (2018), 126; fronteira de Gaza, 110, 126, 317; história da disputa de fronteiras, 105; homens-bomba, 108-10, 318; Jerusalém Oriental, 106; muro divisório da Cisjordânia, 101, 103-5, 108-9; ponto de vista israelense, 105, 108-11, 117, 127; ponto de vista palestino, 105-6, 108, 126-8; sistema antimísseis Cúpula de Ferro, 318; solução de dois Estados, 105, 109, 117-8, 129; Walled Off Hotel, 103, 105
Itália, 256-7, 263, 269
Iugoslávia, 253

Jabotinsky, Ze'ev (Vladimir), 109-10
Jaime vi da Escócia e i da Inglaterra,
  rei, 289
Jamaat-ul-Mujahideen, 177
Japão, 35, 319, 321
Jerusalém, 106, 130; *ver também* Muro
  das Lamentações
Jinnah, Muhammad Ali, 168
Jones, Reece, 62, 167, 178
Jordânia, 106, 127, 129, 136, 144-5
*Journal of Housing and the Built Envi-
  ronment*, 230
judeus: asquenazes, 112-3, 117;
  haredim, 113-4, 116-8; sefarditas,
  112-3, 117
Judt, Tony, 258
Juncker, Jean-Claude, 258
Jung, Carl, 244

Karachi, Acordo de (1949), 190
Kassem, Suzy, 131
Khan, Abdur Rahman, 191
Khan, Humayun, 89
Khan, Khizr e Ghazala, 89
Khatun, Felani, 199
Klein, Horst, 243
Kohl, Helmut, 246
Kornbluth, David, 109, 111, 118
Krenz, Egon, 246
Kuwait, 10, 144, 148

Lagos, Nigéria, 229
Lambert, Charles, 270
Le Guin, Ursula K., 161
Le Monde, 269
Le Pen, Marine, 277
legislação de segurança cibernética
  chinesa, 49-53
Lei da Escócia (1998), 291
Lei da Escócia (2016), 292
Lei Geral da População (México,
  1974), 73
Lei Seca, EUA (1920-33), 68
Líbano, 63, 129
Libéria, 219

Líbia, 138, 144
Lincoln, Abraham, 94
Linha Durand, 191
Lituânia, 260
Lu Wei, 52
Louisiana, compra da, 64

Macedônia, 10, 263
Machel, Graça, 228
Macron, Emmanuel, 256
Malik, Tashfeen, 74
Manchúria, 26, 30
Manusmriti, 194
Mao Tsé-Tung, 28-9, 31, 35
Maomé, profeta, 140
Marcha Verde marroquina, 206
Marrocos, 205-6, 220
Mauritânia, 206
Maximus, general Magnus, 286
McCain, John, 89
Merkel, Angela, 251, 256, 272, 276-7
México, 10-1, 64-81
Mianmar, 181-6, 192
migração *ver* imigração
migrantes europeus orientais, 254-6,
  305
Mimroth, P. L., 198
Moçambique, 225
Modi, Narendra, 176
mogol, dinastia, 168
Mongólia, 26
Mongólia Interior, 30
"Monte Liupan" (Mao Tsé-Tung), 28
movimentos de independência
  africanos, 206-8, 217-9
muçulmanos *ver* islã
mudança climática, 178-81, 324
MukaMunya, condomínio fechado,
  228
Mulheres do Muro (wow), 116
mundo é plano, O (Friedman), 13
Muralha de Adriano, 283-9
"Muro da Vergonha" marroquino,
  206
Muro das Lamentações, Israel, 115-6

Índice remissivo

Muro de Berlim, 9, 238-9, 241, 243, 245-7, 251-2
muro fronteiriço Egito-Israel, 111
muros de Belfast, Irlanda do Norte, 295, 297-9
Muro Marroquino, 205-6

nação comanche, 66
Nação do Islã, 94
nacionalismo, 15, 155, 173, 176-7, 185, 191, 193, 216, 253, 257, 273-8, 293, 307, 322, 324, 326, 330
naga, povo, 184, 186
Nairóbi, 210
Narayanan, K. R., 197
Ndadaye, Melchior, 219
Nepal, 187, 192
New Scientist, 211
Nigéria, 213, 217-8, 220, 225-6, 229, 326
Nkrumah, Kwame, 201, 223
Noruega, 263
Nowrasteh, Alex, 74
Nyerere, Julius, 223

Obama, Barack, 70-2, 78, 95
Orbán, Viktor, 261-2, 277
orçamentos de ajuda externa, 323
Organização das Nações Unidas (ONU), 149, 153, 156, 174, 182, 221-2, 226, 231, 328
Organização do Tratado do Atlântico Norte (Otan), 77, 150, 259-60
Organização Internacional para as Migrações, 180
Organização para a Libertação da Palestina (OLP), 103
organizações jihadistas, 32, 111, 138, 155, 157; *ver também* islã; Estado Islâmico (EI); terrorismo
Oriente Médio: ameaça terrorista, 135-6, 142; atitudes em relação à Palestina, 128-9; construção de barreiras, 135-7, 145, 147-50; divisão religiosa, 139-43, 146-7, 158-9;

educação, 157; grupos árabes minoritários, 150-1, 159; guerras civis, 142-3, 147; *ijtihad*, 154; muros urbanos defensivos, 135-7; relatórios de desenvolvimento, 152-3, 157; "Três Déficits", 152; união da Arábia, 156-9; Zona Verde, Bagdá, 136-7, 315-6; *ver também* países individuais pelo nome
Orwell, George, 313-4
Otomano, Império, 144

pachtos, 191
País de Gales, 285-6, 292-3
"pais Estrela Dourada", Estados Unidos, 89
Palestina, 326; Cisjordânia, 101, 103-6, 108-9, 127-8; desilusão com a liderança, 127-8; discriminação pelo Oriente Médio, 124-5; fronteira egípcia, 124, 126; Gaza, 105, 121-9, 317-8; Hamas e Fatah, 122, 124-6, 128; identidade nacional, 258; Novo Estatuto (2017), 122; população cristã, 124; túneis na fronteira, 125-6; *ver também* Israel e Palestina
pan-arabismo, 135, 139, 159
Paquistão, 168-9, 171, 177; fronteira com o Afeganistão, 191; fronteira com o Irã, 192; fronteira indiana, 11, 187-90, 193
Paquistão Oriental *ver* Bangladesh
Partido Alternativa para a Alemanha (AfD), 275-7
Partido Bharatiya Janata (PBJ, Índia), 176-7
Partido Comunista: governo chinês, 24, 28-9, 32-5, 38-46, 49, 51-2; União Soviética, 245
Partido da Liberdade Inkatha (África do Sul), 221
Partido da Liberdade, Áustria, 272
Partido de Independência do Reino Unido (UKIP), 256

348   *A era dos muros*

Partido do Congresso, Índia, 177
Partido Nacional Escocês, 292
Partido pela Liberdade, holandês, 277
Partido Socialista Unificado, Alemanha Oriental, 241
Partido Trabalhista, Reino Unido, 303-4
partidos de extrema direita, 94, 271-2, 274-8, 322
Pearce, Fred, 211
People's Daily, jornal, 38
perestroika, 245
perseguição religiosa, 16, 171, 175-6, 181-3; *ver também* islã; Israel e Palestina
Peru, 229
pictos, 286
Pinto, Lourenço, 212
Plano Marshall, 323
Polônia, 255, 260, 269-70, 306
Primavera Árabe, 138
Primeira Intifada (1987-93), 105, 127
primeiros assentamentos humanos, 12
Projeto da Fronteira Norte, Arábia Saudita, 146
protestantes e católicos, Irlanda do Norte, 295-8
protestos de Charlottesville (EUA), 94, 325
província de Guizhou, China, 40
Putin, Vladimir, 46

Qin Shi Huang, 30, 53
Qin, dinastia, 30
Quênia, 210, 217
Quesada, Vicente Fox, 79
Question Time, programa de TV, 301

Reagan, Ronald, 9, 69
redes privadas virtuais (VPN), 45, 47
redes sociais, 14, 45, 47-9, 75, 91
refugiados, 74; entrando na Europa, 259, 261-3, 266, 268, 272-3; sírios, 145, 150; *ver também* imigração
refugiados climáticos, 178, 180-1

Reino Unido: Brexit, 16, 256, 287, 289, 293, 295-6, 299, 302; colonialismo e culpa colonial, 213, 215, 313; "de Qualquer Lugar e de Algum Lugar", 302-3; divisão de classes, 301-4; educação, 301; imigração, 304-7; invasão romana, 283, 285-7; multiculturalismo e integração, 310-1, 313; Muralha de Adriano, 283-9; nacionalistas córnicos, 293; população muçulmana, 269, 308-10; protestantes e católicos norte-irlandeses, 295-8; relações entre Inglaterra e Escócia, 289-92, 294, 299; relações entre Inglaterra e Irlanda do Norte, 295, 299; relações entre Inglaterra e País de Gales, 292-3; religião, 295-9, 307-8, 310-2
Relatório do Desenvolvimento Humano Árabe (2002), 152-3
Repatriação Mexicana, 68
República Árabe Saaraui Democrática, 205-6, 233
República de Biafra, 218
República Democrática do Congo (RDC), 207, 216, 219
República do Turquestão Oriental, 31
Revolta Árabe (1916), 156
Revolução Cultural chinesa, 28, 30
Road to Somewhere, The (D. Goodhart), 302-3
Roberto de Bruce, 289
Robinson, Henry, 296
Robinson, Peter, 297
rohingya, povo, 181-3
Rota da Seda, 27
Rozoff, James, 279
RT, estação de TV russa, 46
Ruanda, 219
Rússia, 10, 46-7, 143, 259-60

Saara Ocidental, 205-7, 220
Sadat, Anwar, 159

Índice remissivo   349

safávida, dinastia, 144
Salman, príncipe herdeiro Moham-
  med bin, 154-5
San Bernardino, ataques terroristas,
  74
Schabowski, Günter, 247
Scioli, Mike, 70
Segunda Guerra Mundial, 68
Segunda Intifada, 105, 127
Segundo Templo, Israel, 115-6
Senegal, 217
separatistas negros, 94
Sérvia, 10, 261
Serviço de Imigração e Naturaliza-
  ção (EUA), 69
Singh, marajá Hari, 188
Síria, 63, 111, 129, 138, 142-5, 149-50,
  158
Síria-Israel, muro fronteiriço, 111
smartphones na China, 48
Smith, Nathan, 320-1
Somália, 217
Sri Lanka, 169
Stasi, 246
Strelczyk, Hans, 243
Stuart, Carlos Eduardo, 287-8
Sudão do Sul, 207
sudras, 194
Suécia, 10, 263, 268, 272, 306
Suíça, 266
sunitas, 13, 16, 139, 141-6, 148, 154, 156,
  158, 192
Suwalki, Corredor de, 260

Talibã, 191
Tanganica, 224
Tanzânia, 224
taxas de criminalidade africanas,
  226
Território Federal das Áreas Tribais,
  191-2
terrorismo: Estados Unidos, 73-4;
  islã radical, 32, 74, 111, 138, 142-5,
  155, 171, 183, 318; na Europa, 262,
  265, 269; no Oriente Médio, 135-6,

  142; no Quênia, 217; povo uigur
  da China, 31-2; teoria do Bango
  Bhoomi, 177-8; *ver também* Estado
  Islâmico (EI); Hamas
Texas, 63-7, 69, 76
Texas-México, Região do Superaglo-
  merado Automotivo, 76
Tibete, 30, 33, 47, 169
Tohono O'odham, nação, 78
tráfico de drogas, 68, 75
Tratado da Lua, 328
Tratado de Guadalupe Hidalgo
  (1848), 64, 67
Tratado de União (1707), 289
Tratado Norte-Americano de Livre
  Comércio (Nafta), 73, 76
tribalismo africano, 16, 208, 210,
  221-2
tribos indígenas americanas, 66, 78
Tripathi, Sanjeev, 175
Trump, Donald, 11, 16, 59-60, 62, 64,
  73, 75, 76-85, 89, 94-5, 130, 275; *ver*
  também Estados Unidos
Tunísia, 138, 144
Turquia, 143, 144, 149, 151, 261, 273,
  316
tútsis, 219
Twitter, robôs do, 47

uigur, povo, 31-2, 47
"Ultras" (torcedores do Dynamo
  Dresden), 275
"Uma Europa", 256
União Africana, 222
União Europeia (UE), 11, 16, 252, 254;
  controles de fronteira, 259-63, 276;
  crise financeira (2008), 256; diluição da soberania, 253; imigração,
  254-6, 258, 260-7, 270-1, 273, 319,
  321, 324-5; liberdade de trânsito,
  254-6; nacionalismo, 16, 253, 257-8,
  271-8; população muçulmana e integração, 267-71, 310, 312; serviços
  públicos, 265; terrorismo, 262-3,
  265, 269; "Uma Europa", 256;

união das Europas Oriental e Ocidental, 254-6; zona do euro, 253, 257; *ver também países individuais pelo nome*

União Nórdica, 256

União Soviética, 9, 239, 241, 255

Unicef, 143

unionistas e nacionalistas *ver* Irlanda do Norte

vaixás, 194

Vanguard, jornal, 221

Varosha, Chipre, 316

A verdadeira história de Ah Q (Lu Xun), 38

Wade, marechal de campo George, 287

Walled Off Hotel, Cisjordânia, 103, 105

Washington Post, 50

Weinstein, Bret, 93

Wetzel, Gunter, 243

Wilson, Harold, 304

World Wide Web *ver* internet

xátrias, 194

xhosa, tribo, 221

Xi Jinping, 19, 23-4, 32, 51

Xia, dinastia, 40

xiitas, 13-4, 16, 139, 141-4, 146-7, 156, 158, 192

Xinjiang, região de, 26-7, 30-2, 47

Zanzibar, 224

Zarqawi, Abu Musab, 316

Zayed Al Nahyan, príncipe herdeiro Mohammed bin, 155

Zimbábue, 225

Zona Verde, Bagdá, 136, 315

Zuckerberg, Mark, 13

zulu, tribo, 221, 225-6

ESTA OBRA FOI COMPOSTA POR MARI TABOADA EM DANTE PRO E
IMPRESSA EM OFSETE PELA GRÁFICA SANTA MARTA SOBRE PAPEL PÓLEN SOFT
DA SUZANO S.A. PARA A EDITORA SCHWARCZ EM MAIO DE 2021

A marca FSC® é a garantia de que a madeira utilizada na fabricação do papel deste livro provém de florestas que foram gerenciadas de maneira ambientalmente correta, socialmente justa e economicamente viável, além de outras fontes de origem controlada.